Gesund bleiben im Lehrerberuf

Julia Mach-Würth

Gesund bleiben im Lehrerberuf

Eine empirische Studie zu subjektiven Gesundheitstheorien von Lehrkräften.

Springer VS

Julia Mach-Würth
Bamberg, Deutschland

Diese Veröffentlichung lag dem Promotionsausschuss der Fakultät für Humanwissenschaften
(Dr. phil.) an der Otto-Friedrich-Universität Bamberg als Dissertation vor.
Erstgutachterin: Prof. Dr. Annette Scheunpflug
Zweitgutachterin: Prof. Dr. Julia Franz
Die mündliche Prüfung fand am 17.07.2020 statt.

ISBN 978-3-658-32927-3 ISBN 978-3-658-32928-0 (eBook)
https://doi.org/10.1007/978-3-658-32928-0

Die Deutsche Nationalbibliothek verzeichnet diese Publikation in der Deutschen Nationalbibliografie; detaillierte bibliografische Daten sind im Internet über http://dnb.d-nb.de abrufbar.

Planung/Lektorat: Stefanie Eggert
Springer VS ist ein Imprint der eingetragenen Gesellschaft Springer Fachmedien Wiesbaden GmbH und ist ein Teil von Springer Nature.
Die Anschrift der Gesellschaft ist: Abraham-Lincoln-Str. 46, 65189 Wiesbaden, Germany

Danksagung

Bei der Entstehung dieser Studie waren viele Menschen beteiligt, die mich auf unterschiedliche Art und Weise unterstützt und begleitet haben. Bei ihnen allen möchte ich mich herzlich bedanken.

Zu allererst gilt mein Dank meiner Doktormutter Frau Professorin Dr. Annette Scheunpflug, die mich mit ihrer konstruktiven Art stets ermutigt, motiviert und auf dem Weg in die Wissenschaft begleitet hat. Unsere Gespräche, in denen ich von ihrem Wissen und ihrer Analysefähigkeit profitieren konnte, waren für meine Arbeit überaus hilfreich.

Zudem möchte ich mich bei Frau Professorin Dr. Julia Franz herzlich für die Übernahme des Zweitgutachtens bedanken.

Als wichtige Unterstützung habe ich die beiden Interpretationsgruppen empfunden, in die ich während der Entstehung dieser wissenschaftlichen Arbeit eingebunden war. Für ihre wohlwollenden kritischen Nachfragen, Anregungen und Verbesserungsvorschläge möchte ich mich daher herzlich bei Dr. Nikolaus Schröck, Dr. Caroline Rau, Simone Beck, Alexander Wiernik, Lisa Gutschik, Irena Hybl, Sonja Richter, Dr. Mark Wenz und Sabine Dörr bedanken. Besonderer Dank gilt dabei Sabine Lang. Über die Treffen mit der Interpretationsgruppe hinaus hat mir der regelmäßige Austausch mit ihr sehr dabei geholfen, meine Gedanken zu strukturieren und voranzubringen.

Seit Beginn meines Promotionsvorhabens hatte ich die Möglichkeit, am Doktoranden- und Habilitandenkolloqium in Rieneck teilzunehmen. Diese Wochenenden boten mir intensive Lernmöglichkeiten hinsichtlich Forschungsmethodik, Struktur wissenschaftlicher Arbeiten und Verwendung wissenschaftlicher Sprache. Zudem konnte ich meine Texte mit unterschiedlichen Wissenschaftlerinnen und Wissenschaftlern diskutieren und weiterentwickeln. Dafür möchte ich mich bei allen Teilnehmenden herzlich bedanken.

Im Zentrum dieser Arbeit stehen subjektive Gesundheitstheorien von Lehrkräften. Mein besonderer Dank geht an die 16 Lehrerinnen und Lehrer, die ich im Rahmen der qualitativen Interviews zum Thema Lehrergesundheit befragen konnte. Was mir die Befragten hier erzählten, sehe ich als das Herzstück meiner Forschungsarbeit.

Zuletzt möchte ich mich bei den Menschen aus meinem privaten Umfeld bedanken, die durch ihre vielfältige Unterstützung und Begleitung indirekt an der Entstehung dieser Studie beteiligt waren. Durch das Engagement meines Partners, meiner Eltern und Schwiegereltern war es möglich, meine berufliche Tätigkeit als Lehrerin, meine kleinen Söhne und meine wissenschaftliche Arbeit zu vereinbaren. Ein herzliches Danke geht auch an alle, die sich immer wieder nach dem Stand meiner Arbeit erkundigt haben, mich durch Nachfragen zum Nachdenken gebracht haben und mir in schwierigen Phasen beigestanden sind. Danke an Moritz, Barbara, Kathi, Stefan, Rebekka und Mario.

Inhaltsverzeichnis

Tabellen- und Abkürzungsverzeichnis

1 Einführung

In dieser empirischen Studie, die im Bereich Lehrergesundheit angesiedelt ist, stehen subjektive Theorien von Lehrkräften bezüglich des Erhalts ihrer Gesundheit im Lehrerberuf im Mittelpunkt. Subjektive Theorien sind kognitive Konstrukte, die für Individuen eine erklärende und in gewissem Umfang handlungsleitende Funktion haben (vgl. Flick 1998, S. 14). Das Sichtbarmachen subjektiver Gesundheitstheorien ist Grundlage dafür, die Zielrichtung von Gesundheitshandeln in alltäglichen Situationen zu verstehen (vgl. Faltermaier 1998, S. 81). Das Erkenntnisinteresse leiten in dieser Arbeit folgende Fragen:
Welche subjektiven Theorien explizieren Lehrerinnen und Lehrer hinsichtlich des Erhalts ihrer Gesundheit und der damit einhergehenden beruflichen Leistungsfähigkeit? Welche Einflussmöglichkeiten sehen sie dabei im Rahmen ihres eigenen Handelns? Welche Faktoren zur Genese von Gesundheit nehmen sie im schulischen und im privaten Kontext wahr?
Lehrergesundheit steht seit Beginn der 1990er Jahre zunehmend im Interesse wissenschaftlicher Untersuchungen (vgl. Döring-Seipel & Dauber 2013, S. 11). Das Interesse am Gesundheitszustand der Lehrkräfte im wissenschaftlichen Diskurs lässt sich unter anderem auf die hohen krankheitsbedingten Frühpensionierungszahlen bei Lehrkräften Ende der 1990er Jahre zurückführen. So traten im Jahr 1999 62 % der verbeamteten Lehrkräfte vorzeitig aus dem Dienst aus, weil sie arbeitsunfähig waren. Die Lehrerinnen und Lehrer, die regulär mit 65 Jahren in Pension gingen, waren mit circa 10 % eine Minderheit (vgl. vbw 2014, S. 74). Diese hohe Anzahl an krankheitsbedingt frühpensionierten Lehrkräften führte im öffentlichen Diskurs zu entgegengesetzten Konstruktionen von Arbeitsmoral, Leistung und Gesundheit von Lehrerinnen und Lehrern. So stand auf der einen Seite das Bild der Lehrkraft als bedauernswertes Geschöpf mit einer nicht

J. Mach-Würth, *Gesund bleiben im Lehrerberuf*,
https://doi.org/10.1007/978-3-658-32928-0_1

enden wollenden Anreihung an Aufgaben und kaum zu bewältigenden Belastungen und auf der anderen Seite das durch das bekannte Zitat des ehemaligen Bundeskanzlers Gerhard Schröder, damals Ministerpräsident von Niedersachsen, geprägte Bild von Lehrerinnen und Lehrern als „faule Säcke" (vgl. Döring-Seipel & Dauber 2013, S. 11).

Die hohe Anzahl der krankheitsbedingt frühpensionierten Lehrkräfte wurde sowohl mit einem personenzentrierten als auch mit einem situationszentrierten Forschungsansatz zu erklären versucht. Ersterer sucht die Erklärung für die hohe Krankheitsquote unter den Lehrkräften bei Persönlichkeitsmerkmalen von Lehrerinnen und Lehrern und geht dabei davon aus, dass Lehrkräfte zum Teil nicht über die notwendigen Voraussetzungen verfügen, die für die Ausführung des Berufs auf lange Sicht notwendig sind. Der zweite Ansatz geht davon aus, dass äußere Umstände und damit verbundene Belastungen die Lehrerinnen und Lehrer krank machen. Beide Ansätze beziehen sich auf Defizite, die entweder in der Lehrerschaft oder in der beruflichen Umwelt zu finden sind. Als Konsequenz wurde in der Forschung zu Lehrergesundheit lange Zeit eine krankheits- und defizitorientierte Sichtweise verfolgt (vgl. ebd.).

Ausführlich empirisch untersucht wurden subjektiv empfundene Belastungsfaktoren (vgl. zum Beispiel Stiller 2015; Knight-Wegenstein 1973; van Dick 1999; Kyriacou 2001; Wendt 2001; Bieri 2006; Schönwälder et al. 2003; Ksienzyk & Schaarschmidt 2005). Als besonders belastend ließen sich folgende Faktoren identifizieren: das Verhalten schwieriger, teils unmotivierter Schülerinnen und Schüler, das Aufrechterhalten von Disziplin, große Klassen, Zeitdruck und Arbeitsmenge sowie die Stundenanzahl. Diese Belastungsfaktoren wurden hinsichtlich bestimmter Merkmale der Lehrkräfte wie Geschlecht, Schulart, Alter oder Fächerkombination ausdifferenziert und in Anlehnung an unterschiedliche Belastungsmodelle, die teils von allgemeinen Modellen oder Modellen für andere Berufsgruppen auf den Lehrerberuf übertragen wurden, systematisiert (vgl. zum Beispiel van Dick 1999; Kramis-Aebischer 1995). Nachdem eine wissenschaftliche Auseinandersetzung mit gesundheitserhaltenden Faktoren lange Zeit ausgeblieben war, veränderte sich die Sichtweise auf die Thematik Lehrergesundheit dahingehend, dass diejenigen Faktoren ins Interesse der Forschung rückten, die einen erfolgreichen Umgang mit Belastungsfaktoren ermöglichen und somit dazu beitragen, Lehrergesundheit zu erhalten (vgl. Döring-Seipel 2013, S. 11 f.). Diese salutogenetische Sichtweise und die mit ihr verbundene Fokussierung auf gesundheitserhaltende Faktoren ist angelehnt an die Arbeit von Antonovsky, der generalisierte Widerstandsressourcen, die die Gesundheit schützen und erhalten, als „jedes Merkmal einer Person, Gruppe oder Umwelt, das eine wirksame Spannungsbewältigung erleichtern kann," definierte (Antonovsky 1979, S. 99).

Als gesundheitswirksame Ressourcen im Lehrerberuf wurden beispielsweise die internen Ressourcen Kohärenzgefühl (vgl. Lantermann et al. 2009), Selbstwirksamkeitserwartung (vgl. Herzog 2007; Day 2008) und Achtsamkeit (vgl. Berking & Znoj 2006) nachgewiesen. Als externe Ressourcen konnte die Wirksamkeit von sozialer Unterstützung vielfach belegt werden (vgl. Pierce & Molloy 1990; Russel, Altmaier & van-Velzen 1987; Travers & Cooper 1993). Weder die empirisch nachgewiesenen Belastungsfaktoren im Lehrerberuf noch die wissenschaftlich belegte Wirkung gesundheitserhaltender Ressourcen geben jedoch einen Hinweis auf die subjektive Sichtweise der Lehrkräfte im Hinblick auf die individuelle Gesundheit. Subjektive Konzepte und Theorien schaffen eine Verbindung zwischen subjektivem Wissen und Handeln und haben somit eine moderierende, handlungsleitende Funktion (vgl. Pohlmann 2009, S. 54). So zeigen subjektive Gesundheitstheorien die Zielrichtung von Gesundheitshandeln im Alltag auf (vgl. Faltermaier 1998, S. 81). Es liegen bereits empirische Forschungsergebnisse zu subjektiven Gesundheitstheorien von Lehrkräften vor (vgl. Ludwig 2009). Dabei wurden folgende vier Typen subjektiver Gesundheitstheorien nachgewiesen: erstens schicksalhafte Einflussprozesse, zweitens Gesundheitsrisiken und deren potenzielle Reduktion, drittens Kompensation potenzieller Gesundheitsrisiken durch Ressourcen und viertens Gesundheitsressourcen als Protektivfaktoren (vgl. ebd. S. 164 ff.). Es wurde also gezeigt, welche Annahmen Lehrkräfte bezüglich Entstehung, Erhalt und Verlust von Gesundheit allgemein und in Hinblick auf positive sowie negative Einflussfaktoren in allen Lebensbereichen explizieren. Nicht sichtbar gemacht wurden die subjektiven Gesundheitstheorien von Lehrkräften, die konkret das Arbeitsfeld Schule und ihre eigenen Handlungsmöglichkeiten in diesem Feld fokussieren. In anderen Worten: Ludwig untersuchte subjektive Gesundheitstheorien von Lehrkräften hinsichtlich Gesundheit im Allgemeinen, nicht jedoch speziell in Hinblick auf die beruflichen Anforderungen. Es liegen also Ergebnisse zu subjektiven Theorien von Lehrkräften bezüglich Gesundheit im Allgemeinen vor, nicht jedoch spezifisch über Gesundheit im beruflichen Kontext. Gerade diese sind jedoch relevant dafür, das Gesundheitshandeln von Lehrkräften verstehen zu können.

Auf dieses Desiderat wird mit der vorliegenden Arbeit reagiert. Das Thema Lehrergesundheit wird aus einer salutogenetischen Perspektive behandelt. Dabei wird der Frage nachgegangen, wie Gesundheit im Lehrerberuf aus Sicht der betroffenen Lehrerinnen und Lehrer erhalten werden kann. Lehrkräfte werden in diesem Kontext als handelnde und reflexive Personen verstanden. Entsprechend liegt das Erkenntnisinteresse insbesondere darauf, welche Möglichkeiten zur Erhaltung ihrer Gesundheit Lehrkräfte in ihrem eigenen Handeln sehen.

Im Rahmen dieses Einleitungskapitels wird unter 1.1 der Problemkontext der vorliegenden Arbeit, das Thema Gesundheit im Lehrerberuf, konturiert. Dabei soll die Relevanz des Themas Lehrergesundheit, insbesondere die Betrachtungsweise unter dem Blickwinkel der subjektiven Theorien über Erhaltung der Gesundheit, aufgezeigt werden. Unter 1.2 werden unterschiedliche Gesundheitsbegriffe diskutiert und das Begriffsverständnis von Gesundheit für die vorliegende Arbeit expliziert, um eine theoretische Grundlage für den weiteren Verlauf der Arbeit zu schaffen. In Abschnitt 1.3 wird die methodische Herangehensweise für die vorliegende Arbeit dargestellt, bevor in 1.4 der Aufbau der weiteren Arbeit aufgezeigt wird.

1.1 Problemkontext: Gesundheit im Lehrerberuf

"Teachers are the most important resources of today's schools" (OECD 2018, S. 11).

Lehrkräfte und ihr professionelles Handeln haben einen starken Einfluss auf schulische Bildungsprozesse. So zeigte die Metaanalyse von Hattie (2009), dass die Lehrkraft und deren professionelles Wissen und Handeln ein wichtiger Einflussfaktor für den Lernerfolg der Schülerinnen und Schüler sind. Auch die Auswertung der PISA-Studie 2015 verweist darauf, dass die Qualität von Schule zu einem hohen Anteil von der Qualität der Lehrerarbeit abhängt (vgl. OECD 2018, S. 11). Dabei sind die Anforderungen an Lehrkräfte vielfältig. Die Kultusministerkonferenz der Länder formulierte folgende Aufgabenbereiche für Lehrkräfte: Organisation von Lehren und Lernen, Erziehung, Beurteilung und Beratung, Weiterentwicklung eigener Kompetenzen sowie Schulentwicklung (vgl. KMK 2004, S. 3).

Um diese Anforderungen langfristig zu erfüllen, bedarf es eines stabilen Gesundheitszustandes. Nach Schaarschmidt (2005a) kann „hohe Qualität des Lehrens und Lernens […] auf Dauer nur mit psychisch gesunden Lehrern gewährleistet werden" (ebd. S. 18). Empirische Forschungsergebnisse deuten einen Zusammenhang zwischen psychischer Gesundheit und der Qualität des Unterrichts an. So zeigte Schaarschmidt, dass psychisch gesunde Lehrkräfte ihre beruflichen Fähigkeiten höher einschätzen als Lehrkräfte, bei denen das Zusammenspiel aus beruflichem Engagement, Widerstandsfähigkeit und mit der Berufstätigkeit verbundenen Emotionen ein weniger positives Bild gibt (vgl. ebd. S. 34). Klusmann (2011) konnte nachweisen, dass Lehrkräfte mit einem hohen Maß an Selbstregulationskompetenz, der Fähigkeit mit den eigenen Ressourcen haushalten zu können und dadurch die psychische Gesundheit zu erhalten, ihre

Schülerinnen und Schüler im Mathematikunterricht stärker kognitiv aktivieren als Lehrkräfte, deren Selbstregulationskompetenz gering ausgeprägt ist (vgl. ebd. S. 284). Zudem wurde in einer Untersuchung von Döring-Seipel und Dauber (2013) deutlich, dass Lehrkräfte mit einer starken Ausprägung der auf psychische Stabilität hinweisenden Ressourcen Distanzierungsfähigkeit, emotionale Stabilität, Kohärenzsinn, Selbstwirksamkeit, Achtsamkeit und Ungewissheitstoleranz ein breiteres Spektrum an Unterrichtsformen anbringen als Lehrkräfte, die weniger personale Ressourcen zur Verfügung haben, welche die psychische Gesundheit positiv beeinflussen. Im Gegensatz dazu führt ein Defizit an personalen Ressourcen dazu, dass die Handlungsoptionen der Lehrkraft eingeschränkt sind und Probleme im Unterricht prominenter werden. Schülerorientierung, Förderung der Selbständigkeit und das bewusste Operieren der Lehrkraft auf der motivationalen, emotionalen und sozialen Ebene werden in höherem Maß von ressourcenstarken Lehrerinnen und Lehrern durchgeführt (vgl. Döring-Seipel 2013, S. 105 ff.). Paulus (2013) spitzt den Zusammenhang von Bildungsqualität und Lehrergesundheit zu: „Ohne gesunde Lehrkräfte keine gute schulische Arbeit" (ebd. S. 7).

Der Gesundheitszustand der Lehrkräfte ist jedoch problematisch. Wenngleich sich die Anzahl der Lehrkräfte, die krankheitsbedingt vorzeitig in den Ruhestand eintraten, seit dem Jahrtausendwechsel stets verringerte und heute diesbezüglich keine Unterschiede mehr zwischen Lehrkräften und anderen Akademikerinnen und Akademikern sichtbar sind, ist der psychische Gesundheitszustand vieler Lehrkräfte trotzdem besorgniserregend (vgl. vbw. 2014, S. 74 f.). So mag die sinkende Zahl der krankheitsbedingten Frühverrentungen eher an der Einführung der Altersteilzeit 1999 oder an der Einführung des Versorgungsabschlags 1998 gelegen haben und weniger an einem sich verbessernden Gesundheitszustand. Hasselhorn und Nübling (2004) untersuchten arbeitsbezogene psychische Erschöpfung bei Erwerbstätigen in verschiedenen Berufsgruppen und zeigten, dass Lehrkräfte am häufigsten von arbeitsbedingter psychischer Erschöpfung berichten. Schaarschmidt (2005b) zeigte, dass 29 % der Lehrkräfte sich in einem Burnout ähnlichen Zustand befinden, der durch negative berufsbezogene Emotionen, geringes Arbeitsengagement, niedrige Widerstandskraft und Resignation gekennzeichnet ist. Nur 17 % der befragten Lehrkräfte zeigen ein Verhaltens- und Erlebensmuster, das geprägt ist von einem ausgeglichenen Verhältnis aus beruflichem Engagement, Widerstandskraft und positiven Emotionen und als gesundes Verhaltens- und Erlebensmuster bezeichnet wird (vgl. ebd. S. 42). Im Vergleich mit Beschäftigten im Strafvollzug, bei der Polizei, bei der Feuerwehr, in der Pflege, bei Existenzgründern, bei Erziehrinnen und Erziehern sowie mit Beschäftigten im Sozialamt weisen Lehrkräfte den höchsten Anteil an Personen auf, deren berufliches Erlebens- und Verhaltensmuster als Risikomuster bezeichnet wird (vgl. ebd.).

Im öffentlich-medialen sowie im wissenschaftlichen Diskurs werden im Kontext von Lehrergesundheit fünf verschiedene Argumentationsmuster für die Erklärung des mangelhaften Gesundheitszustandes vieler Lehrerinnen und Lehrer herangezogen (vgl. Krause, Dorsemagen & Baeriswyl 2013, S. 62). So werden im Rahmen des ersten Paradigmas gesellschaftliche und bildungspolitische Veränderungen wie beispielsweise zunehmender Autoritätsverlust der Lehrkräfte, steigender Medienkonsum bei Kindern und Jugendlichen oder der Wechsel von Input- zu Outputsteuerung an Schulen als Belastungen diskutiert, die die Gesundheit der Lehrkräfte negativ beeinflussen. Anhänger des zweiten Paradigmas sehen bestimmte über einen langen Zeitraum konstante Charakteristika des Lehrerberufs als Grund für die gesundheitsgefährdenden Belastungen der Lehrkräfte. Dazu zählen beispielsweise ein Mangel an klaren Zielen, ein nach oben offener Arbeitsauftrag oder die Vielzahl an Interaktionspartnern einer Lehrkraft. Im Rahmen des dritten Paradigmas wird die Arbeitssituation der Lehrkräfte an bestimmten Typen von Schulen fokussiert. Mit Typen sind Gruppierungen von Schulen gemeint, die in bestimmten Merkmalen übereinstimmen, wie Schularten, Schulen mit ähnlicher sozio-ökonomischer Infrastruktur oder Schulen mit ähnlicher Größe. Anhänger des vierten Paradigmas sehen hingegen die Bedingungen an einzelnen Schulen als Einflussgröße auf die Lehrergesundheit. Dabei wird angenommen, dass sich auch Schulen des gleichen Typs in ihren Arbeitsbedingungen für die Lehrkräfte voneinander unterscheiden. Hier werden insbesondere Faktoren, die das soziale Miteinander betreffen wie beispielsweise Konflikte im Kollegium, beachtet. Im fünften Paradigma erhält die Persönlichkeit von Lehrkräften besondere Beachtung. Es wird angenommen, dass identische Belastungen je nach Persönlichkeit der betroffenen Lehrkraft zu unterschiedlich wahrgenommenen Beanspruchungen führen. Die Wahrnehmung der Situation als Beanspruchung hängt mit zeitlich stabilen Persönlichkeitsmerkmalen und Bewältigungsstrategien zusammen (vgl. Krause, Dorsemagen & Baeriswyl 2013, S. 63).

Wenngleich diese fünf skizzierten Paradigmen mit dem Blickwinkel auf die Wahrnehmung von Belastungen und negativen Auswirkungen für die Gesundheit der Lehrkräfte dargestellt werden, können die Bereiche der fünf Argumentationsmuster auch als Ressourcen formuliert werden, die Lehrergesundheit positiv beeinflussen. In anderen Worten: In jedem der dargestellten Bereiche lassen sich auch Faktoren finden, die als gesundheitsfördernde Ressourcen wirken. Dabei kommt der im fünften Paradigma dargestellten Persönlichkeit der Lehrkraft mit ihren Charaktereigenschaften und Bewältigungsstilen eine besondere Bedeutung zu, denn von ihr hängt es ab, ob ein Reiz als Stress oder positive Herausforderung interpretiert wird. Die vorliegende Arbeit setzt ihren Fokus diesem Gedankengang entsprechend auf die gesundheitserhaltenden Ressourcen, die in verschiedenen Bereichen zu finden sind. Dabei ist die subjektive Sichtweise der betroffenen Lehrkräfte von besonderem Interesse. Ziel ist es, aus einer salutogenetischen Sichtweise die subjektiven Theorien von Lehrkräften bezüglich des Erhalts ihrer Gesundheit im Lehrerberuf sichtbar zu machen.

1.2 Zum Begriff der (Lehrer-) Gesundheit

Im Folgenden soll ein für diese Untersuchung anschlussfähiges Gesundheitsverständnis beschrieben werden. Nach Franke (2010) existiert keine allgemeingültige Definition von Gesundheit (vgl. ebd. S. 32). Wissenschaftliche Annäherungen an den Gesundheitsbegriff sind vielfältig und werden stets aus dem Blickwinkel eines bestimmten Paradigmas vorgenommen (vgl. Wesselborg 2015, S. 19 ff.). Eine Gesundheitsdefinition, auf die laut Wesselborg (2015) im wissenschaftlichen Diskurs häufig rekurriert wird, ist die Definition der Weltgesundheitsorganisation aus dem Jahr 1948, die Gesundheit nicht nur als Abwesenheit von Krankheit versteht, sondern als vollständiges körperliches, geistiges und soziales Wohlbefinden (vgl. WHO 1948). Zu kritisieren ist bei diesem Gesundheitsverständnis zum einen die Vorstellung von vollständigem Wohlbefinden als realitätsfern und zum anderen die Vorstellung von Gesundheit als etwas statischem (vgl. Hurrelmann 2006, S. 118). Zudem fehlt dieser Gesundheitsdefinition der Bezug zur beruflichen Tätigkeit, deren Ausführung für die vorliegende Arbeit relevant ist. Anschlussfähiger erscheint daher eine soziologische Gesundheitsdefinition, die Gesundheit beschreibt „als [den] Zustand optimaler Leistungsfähigkeit eines Individuums für die wirksame Erfüllung der Rollen und Aufgaben, für die es sozialisiert worden ist“ (Parsons 1967, S. 71). So bietet diese Gesundheitsdefinition zwar Bezug zur Erfüllung der Lehrerrolle, jedoch fehlt der Bezug auf persönliches Wohlergehen. Schaarschmidt versteht im Diskurs um Lehrergesundheit unter Gesundheit „nicht nur körperliche Unversehrtheit und emotionales Wohlbefinden, sondern auch das Erleben beruflicher Kompetenz und Motivation“ (Schaarschmidt 2005a, S. 40). Dieses Gesundheitsverständnis betont insbesondere die psychische und soziale Komponente von Gesundheit.

In der vorliegenden Arbeit wird der Fokus auf diese Facetten von Gesundheit gelegt. Auch wenn die körperliche Unversehrtheit ein wesentlicher Aspekt von Gesundheit ist, wird trotzdem mit Blick auf den Forschungsstand davon ausgegangen, dass bei der Arbeit von Lehrkräften durch die Rahmenbedingungen hinsichtlich der Aufgabenvielfalt und durch die Interaktion mit Schülerinnen und

Schülern sowie Eltern, Kolleginnen und Kollegen und Schulleitung als Lehrkraft besonders das emotionale Wohlbefinden der Lehrerinnen und Lehrer beeinflusst wird. Im Fokus dieser Arbeit steht also vor allem die psychische und soziale Gesundheit von Lehrerinnen und Lehrern, die sich in emotionalem Wohlbefinden und der kompetenten und motivierten Erfüllung ihrer beruflichen Rolle äußert.

In der Diskussion um psychische Gesundheit bei Lehrkräften werden häufig die Begriffe Stress, Belastung und Beanspruchung diskutiert und versucht, diese zueinander in Beziehungen zu setzen. Nachdem diese Begriffe teilweise synonym verwendet werden (vgl. van Dick & Stegmann 2013, S. 44), was zu Unschärfe in der Diskussion führt, werden sie im Folgenden für diese Arbeit definiert und voneinander abgegrenzt. Dabei wird auf das Rahmenmodell der Belastung und Beanspruchung nach Rudow (1994, S. 43 f.) rekurriert.

So wird in der folgenden Arbeit zwischen objektiver Belastung als allem, was in Form von Arbeitsaufgaben und Arbeitsbedingungen auf eine Lehrkraft einwirkt, und subjektiver Belastung unterschieden. Subjektive Belastung entsteht durch die Widerspiegelung der objektiven Belastung vor dem Hintergrund der individuellen Handlungsvoraussetzungen der einzelnen Lehrkraft wie ihren Einstellungen, Erfahrungen, sozialen Kompetenzen, beruflichen Qualifikationen sowie emotionalem und körperlichem Befinden. Sie führt zu kurzfristigen Beanspruchungsreaktionen wie Kopfschmerzen oder Spannungsgefühlen. Diese kurzfristigen Beanspruchungsreaktionen sind reversibel. Erst wenn die Lehrkraft den subjektiven Belastungen über einen längeren Zeitraum ausgesetzt ist oder die Möglichkeit zur Regeneration ausbleibt, entstehen Beanspruchungsfolgen wie psychosomatische Beschwerden. Treffen objektive Belastungen auf individuelle Handlungsvoraussetzungen, aufgrund derer eine positive Bewertung resultiert, so werden objektive Belastungen als positive Herausforderungen gedeutet und empfunden.

Der Begriff „Stress“, von Lazarus und Folkman (1984) definiert als „Beziehung zwischen einer Person und ihrer Umwelt, die von der Person als anstrengend oder als die eigenen Ressourcen übersteigend und das Wohlergehen gefährdend eingeschätzt wird“ (ebd. S. 21), wird im Rahmenmodell der Belastung und Beanspruchung nach Rudow (1994) zwar nicht verwendet, entspricht jedoch inhaltlich dem Begriff der subjektiven Belastung und wird in der vorliegenden Arbeit auch synonym verwendet. Auch der Terminus „Anforderung“ wird in Rudows Modell nicht rezipiert, jedoch im Diskurs um Lehrergesundheit häufig verwendet. Anforderungen beschreiben die Aufgaben und Tätigkeiten, die innerhalb eines Berufes auszuführen sind (vgl. Eckert, Ebert & Sieland 2013, S. 194) und entsprechen inhaltlich also den objektiven Belastungen nach Rudow (1994). Während Belastungen, Beanspruchungen und Stress die Gesundheit negativ beeinflussen, sind

Ressourcen gesundheitsfördernde Faktoren, die in der vorliegenden Arbeit aufgrund der salutogenetischen Sichtweise auf das Feld Lehrergesundheit besondere Relevanz haben. Diese salutogenetische Ausrichtung und die damit verbundene Relevanz von Ressourcen wird im Folgenden dargestellt.

Bis zu Antonovskys Generierung des Salutogenesebegriffs in den 1970er Jahren gehen soziologische Diskurse sowie medizinische Forschung und Psychotherapieforschung vom pathogenetischen Modell aus und beschäftigen sich somit mit der Frage, was den Menschen krankmache. Dieses Modell basiert auf der Homöostase, der Grundannahme, dass ein Individuum normalerweise innerlich und äußerlich stabil ist. Den Normalzustand der Gesundheit sah man im Krankheitsfall durch das „unglückliche Zusammentreffen bestimmter Faktoren" (Antonovsky 1997, S. 14) gestört. Antonovsky initiierte eine differente Sichtweise, indem er Krankheit nicht länger als „relative Abweichung" (ebd. S. 15) vom angeblichen Normalzustand des gesunden Menschen definierte, sondern den Menschen hinsichtlich seines Gesundheitszustandes als sich in einem dynamischen Prozess zwischen zwei Extrempolen befindend sah.

Darüber hinaus rückte Antonovsky von der pathologischen Orientierung ab, auf deren Hintergrund die Ursachen von Krankheit zu erklären versucht werden. Stattdessen wirft eine salutogenetische Orientierung die Frage auf, warum sich Individuen trotz belastender Faktoren auf der „positiven Seite des Gesundheits-Krankheits-Kontinuums [befinden]" (Antonovsky 1997, S. 30). Stressoren – in der vorliegenden Arbeit (objektive) Belastungen oder Stress im Lehrerberuf – werden nicht als pathologisch eingestuft, sondern je nach Charakter der Beanspruchung und je nach erfolgreicher oder erfolgloser Auflösung der Spannung durchaus auch als positive Herausforderung (vgl. Antonovsky 1997, S. 30; Ondracek 2006, S. 53 f.). Die Art und Weise der Stressbewältigung, die auch als Coping bezeichnet wird (vgl. Ondracek 2006, S. 54), hängt eng zusammen mit den Coping-Ressourcen und Coping-Strategien, die ein Mensch zur Verfügung hat und anwendet. Im salutogenetischen Modell werden die Spannungszustände durch die Wirkung von allgemeinen Widerstandressourcen aufgelöst. Dies sind diejenigen Merkmale einer Person, Gruppe oder Umwelt, die die von Stressoren ausgelöste und subjektiv empfundene Spannung auflösen können (vgl. Döring-Seipel & Dauber 2013, S. 27). Faltermaier (2005) modifiziert den Begriff der Widerstandsressourcen hin zu Gesundheitsressourcen und definiert diese als „dauerhaft verfügbare Kräfte einer Person, sozialen Gruppe oder Umwelt, die eine positive Einflussnahme auf das Gesundheitskontinuum ermöglichen oder erleichtern kann" (ebd. S. 157).

Das salutogenetische Gesundheitsverständnis ist für die vorliegende Arbeit an mehreren Stellen anschlussfähig. Zum einen wird Gesundheit im Allgemeinen und insbesondere bei Lehrerinnen und Lehrern nicht als statischer Optimalzustand verstanden, sondern als dynamischer Prozess, mit dem die Bewegung zwischen zwei Polen einhergeht. Zum anderen wird in dieser Arbeit die Frage gestellt, wie Lehrkräfte annehmen, sich trotz verschiedener Beanspruchungen im Beruf dauerhaft im positiven Bereich des Gesundheit-Krankheit-Kontinuums bewegen zu können.

1.3 Methodischer Zugang

Im Folgenden wird ein Überblick über das methodische Vorgehen gegeben, das für diese Arbeit gewählt wurde. Detaillierte Ausführungen zur methodologischen und methodischen Verortung finden sich in Kapitel 3.

Für die vorliegende Studie eignet sich ein qualitativer Forschungszugang, da, wie in Kapitel 2 gezeigt wird, auf wenige Forschungsergebnisse rekurriert werden konnte, die die moderierende Funktion subjektiver Gesundheitstheorien im Forschungsfeld Lehrergesundheit beschreiben. Die vorliegende Studie hat also explorativen Charakter. Zudem wurde den befragten Lehrerinnen und Lehrern durch das qualitative Vorgehen die Möglichkeit gegeben, in eigenen Worten aufzuzeigen, was für sie in ihrer beruflichen Praxis relevant für den Erhalt ihrer Gesundheit erscheint, statt sie auf vorgegebene Antwortmöglichkeiten zu beschränken. Somit ist die vorliegende Arbeit im interpretativen Paradigma angesiedelt.

Im Rahmen qualitativer Interviews wurden 16 Lehrkräfte zu ihren subjektiven Theorien zum Erhalt von Gesundheit befragt. Konkret wurden problemzentrierte Interviews nach Witzel (1982) durchgeführt, die sich auf das „Problem" des Erhalts von Gesundheit im Lehrerberuf fokussierten. Für die Durchführung der Einzelinterviews wurde auf einen Leitfaden mit vorbereiteten Fragen und Impulsen zurückgegriffen, die gewährleisten sollten, dass im Interview das Problem des Erhalts von Lehrergesundheit im Zentrum stand. Die Fragen und Impulse wurden jedoch flexibel verwendet und an die Erzählungen der Befragten angepasst. So wurden teilweise Fragen weggelassen, wenn der oder die Befragte sich bereits zuvor zu der Thematik geäußert hatte oder es wurden spontan Fragen ergänzt, wenn eine weitere Ausführung interessant für die Fragestellung erschien (vgl. Abschnitt 3.3).

Die Gewinnung der Interviewpartner und -partnerinnen erfolgte gemäß dem Theoretical Sampling nach Glaser und Strauss (1967). Zu Beginn des Samplingprozesses wurden Personen interviewt, bei denen vermutet werden konnte, dass sie aufgrund demographischer und beruflicher Faktoren möglichst unterschiedliche Theorien über den Erhalt von Gesundheit explizieren würden. Im weiteren Verlauf wurde nicht nur hinsichtlich dieser beiden Auswahlkriterien nach minimaler und maximaler Kontrastierung vorgegangen, sondern es wurden auch die Inhalte der bereits interpretierten Interviews für die weitere Auswahl an Interviewpartnerinnen und -partnern berücksichtigt (vgl. Abschnitt 3.6).

Das Vorgehen bei der Datenauswertung folgte der qualitativen Inhaltsanalyse nach Mayring (2010). Deren Ziel ist die „Aufdeckung der für den jeweiligen Gegenstand relevanten Einzelfaktoren [sowie] die Konstruktion von möglichen Zusammenhängen dieser Faktoren“ (ebd. S. 22). In einem induktiv-deduktivem Verfahren wurde im Rahmen mehrerer Bearbeitungsschleifen ein Kategoriensystem mit fünf Hauptkategorien und diversen Unterkategorien entwickelt. Die Kategorien entsprechen den in den Interviews sichtbar gewordenen Strategien zur Erhaltung von Gesundheit im Lehrerberuf (vgl. Abschnitt 3.5.2). Um Validität der Daten zu gewährleisten, wurden die Interviews zu Beginn des Auswertungsprozesses von einer Interpretationsgruppe und im späteren Verlauf von einer zweiten Forscherin zweitkodiert. Dabei wurden Differenzen in der Interpretation des Materials sowie in der Abgrenzung einzelner Kategorien durch Formulierung von Kodierregeln diskutiert und dadurch kommunikativ validiert (vgl. Abschnitt 3.5.3).

Der zweite Schritt des Interpretationsprozesses bestand aus der fallvergleichenden Analyse des Materials mit Hilfe des Kategoriensystems, das als Merkmalsraum für das Aufspannen von Typen und Mustern subjektiver Gesundheitstheorien diente. Dieses iterative Vorgehen folgte der Typenbildung durch fallvergleichende Analyse nach Kelle und Kluge (2010) und ist somit das Ergebnis eines Gruppierungsprozesses. Ergebnis dieses Gruppierungsprozesses waren zwei Typen subjektiver Gesundheitstheorien, innerhalb derer sich verschiedene Muster zeigen ließen. Diese stellen die Verkettung einzelner gesundheitsfördernder Faktoren zu subjektiven Gesundheitstheorien dar (vgl. Abschnitt 3.5.4).

1.4 Aufbau der Arbeit

Im vorliegenden Abschnitt wird der Aufbau der Studie dargestellt. Die Arbeit ist in sechs Abschnitt unterteilt.

Die Aufarbeitung des Forschungsstandes findet sich in Kapitel 2. Hier wird zuerst Gesundheit im Lehrerberuf thematisiert. Dabei werden Forschungsergebnisse zu Belastung im Lehrerberuf sowie zu gesundheitserhaltenden Ressourcen und der aus dem Zusammenspiel von Belastungen und Ressourcen resultierende

Gesundheitszustand der Lehrkräfte aufgezeigt. Darauf aufbauend steht dann der Zusammenhang von Lehrergesundheit und professioneller Kompetenz im Fokus. Anschließend wird der Forschungsstand um subjektive Theorien von Lehrkräften analysiert, bevor Forschung um subjektive Gesundheitskonzepte und Gesundheitstheorien fokussiert wird. Auf Grundlage dieser Analyse werden am Ende des zweiten Kapitels das Forschungsdesiderat formuliert, aus dem sich das Erkenntnisinteresse dieser Arbeit bildet, und die Forschungsfragen präzisiert. Aus der Analyse des Forschungsstands wurde deutlich, dass die Forschungsfrage durch ein qualitatives Vorgehen beantwortet wird.

Vor diesem Hintergrund wird in Kapitel 3 dargestellt, wie die Beantwortung dieser Forschungsfragen in Hinblick auf Methodologie und Forschungsmethode konkret erfolgt. Zuerst werden dabei die methodologischen Grundannahmen dargestellt. Darauf aufbauend werden im Anschluss daran subjektive Theorien als Forschungsgegenstand behandelt, da ein enger Zusammenhang zwischen der Verständnisvariante subjektiver Theorien und der Erhebungs- und Auswertungsmethode besteht. Sodann erfolgt eine Darstellung der Datenerhebung mit qualitativen problemzentrierten leitfadengestützten Interviews (vgl. Witzel 1982), der Konzeption des Leitfadens sowie der forschungspraktischen Umsetzung. Bevor die Auswertung der Daten durch das Erarbeiten eines Kategoriensystems mittels qualitativer Inhaltsanalyse nach Mayring (2010), die Verdichtung der Daten durch Typen- und Musterbildung nach Kelle und Kluge (2010) und die Validierung durch weitere Forscherinnen und Forscher dargestellt wird, steht die Aufbereitung der Daten im Fokus. Das Kapitel schließt mit einer Beschreibung des Samples und der Fallportraits der befragten Lehrerinnen und Lehrer ab.

In Kapitel 4 steht die Darstellung der empirischen Ergebnisse im Fokus. Zuerst werden dabei die Vorgehensweise und die Ergebnisse der fallübergreifenden, vergleichenden Analyse erklärt, welche die Strategien zur Erhaltung von Gesundheit im Lehrerberuf darstellen. Anschließend liegt der Fokus auf der Vorgehensweise und den Ergebnissen der typologischen Analyse, im Rahmen derer Typen und Muster subjektiver Gesundheitstheorien von Lehrkräften verdichtet wurden.

In Kapitel 5 erfolgt nach der Kontextualisierung der Ergebnisse die Beantwortung der eingangs formulierten Forschungsfrage, bevor die Ergebnisse vor dem Hintergrund aktueller wissenschaftlicher Diskurse diskutiert werden. Durch alle Beiträge wird eine Theorie der Lehrergesundheit erweitert. Zunächst wird die inhaltliche und strukturelle Varianz subjektiver Gesundheitstheorien als Beitrag zur Komplexitätssteigerung des Diskurses um Theoriestruktur und Gesundheitsverhalten diskutiert. Dabei wird an den Diskurs um subjektive Gesundheitstheorien angeknüpft. Daran anschließend wird aufgezeigt, welches Potenzial Kooperation im Kontext Schule als Beitrag zur Personalentwicklung hat. Abschließend wird „Agency“ als Beitrag zur Lehrerprofessionalität diskutiert und dabei erstens auf das Schaffen von Bedeutsamkeit als Facette von „Agency“ und zweitens auf Balancierung von Anforderungen und Ressourcen als Facette von „Agency“ eingegangen, bevor „Agency“, verstanden als Akteurhaftigkeit, als Kompetenz von Lehrkräften diskutiert wird. Damit wird auch ein Beitrag zu einer Professionstheorie von Lehrkräften geleistet.

Das letzte Kapitel der Arbeit bietet Anregungen für weitere Forschung und die Praxis im Arbeitsfeld Schule und in der Lehrerprofessionalisierung und Lehrerfortbildung.

2 Stand der Forschung und Erkenntnisinteresse

In diesem Kapitel wird der Forschungsstand zum thematischen Kontext der vorliegenden Arbeit – subjektive Gesundheitstheorien von Lehrerinnen und Lehrern – dargestellt. Zuerst wird in Abschnitt 2.1 auf die Forschung im Bereich von Lehrergesundheit eingegangen. Dabei werden Forschungsergebnisse zu Belastungen und Ressourcen und ihr Einfluss auf die Gesundheit von Lehrkräften betrachtet, bevor Ergebnisse zum Gesundheitszustand der Lehrkräfte als Resultat des Zusammenspiels von Belastungen und Ressourcen dargestellt werden. Um die Bedeutsamkeit von Lehrergesundheit zu zeigen, werden daran anschließend Forschungsergebnisse zum Zusammenhang von Lehrergesundheit und Lehrerprofessionalität aufgezeigt.

In Abschnitt 2.2 werden die Bedeutung subjektiver Theorien von Lehrkräften thematisiert und der Forschungsdiskurs diesbezüglich analysiert. Zunächst werden Annahmen um subjektive Theorien im Allgemeinen dargestellt, bevor dann subjektive Theorien von Lehrkräften thematisiert werden. Darauf folgt die Darstellung der Forschung zu subjektiven Theorien von Gesundheit im dritten Kapitel. Jeweils am Ende der genannten Kapitel erfolgt eine Zusammenfassung, im Rahmen derer die Relevanz der behandelten Bereiche für die vorliegende Arbeit aufgezeigt wird. Abschließend wird aus den jeweiligen Darstellungen das Forschungsdesiderat für die vorliegende Arbeit abgeleitet und die Forschungsfrage vor diesem Hintergrund formuliert.

2.1 Gesundheit im Lehrerberuf

Als theoretischen Rahmen für Gesundheit und ihre Einflussfaktoren wird in der vorliegenden Arbeit auf das Anforderungs-Ressourcen-Modell nach Becker

J. Mach-Würth, *Gesund bleiben im Lehrerberuf*,
https://doi.org/10.1007/978-3-658-32928-0_2

(2006) rekurriert. In Abgrenzung zum Rahmenmodell der Belastung und Beanspruchung von Lehrkräften nach Rudow (1994, S. 43 f.), welches anschlussfähig für den Diskurs um Lehrerbelastung ist, zeigt das Anforderungs-Ressourcen-Modell nach Becker (2006) Zusammenhänge zwischen Belastungen und Ressourcen und deren Einfluss auf die Gesundheit auf und beschreibt, wie Gesundheit erhalten bzw. nicht erhalten werden kann. Nach Becker (2006) wird davon ausgegangen, dass „der Gesundheitszustand einer Person davon abhängt, wie gut es ihr gelingt, externe und interne Anforderungen mithilfe externer und interner Ressourcen zu bewältigen" (ebd. S. 82). Der Logik des Modells folgend werden in 2.1.1 zuerst Forschungsergebnisse zu Belastungsfaktoren im Lehrerberuf dargestellt. Im Anschluss daran wird in 2.1.2 der Forschungsstand zu gesundheitsfördernden Ressourcen von Lehrkräften abgebildet. Forschungsergebnisse zum Gesundheitszustand der Lehrkräfte, der sich aus dem Zusammenwirken und Ausbalancieren von Belastungen und Ressourcen ergibt, werden in Abschnitt 2.1.3 ausgeführt. Welche Bedeutung Gesundheit und Gesundheitsverhalten von Lehrkräften für ihre berufliche Kompetenz haben, wird in Abschnitt 2.1.4 erläutert, bevor in 2.1.5 die Darstellungen zusammengefasst und im Hinblick auf ihre Relevanz für die vorliegende Arbeit zugespitzt werden.

2.1.1 Belastungen

Der Lehrerberuf gilt als psychisch überaus anstrengend und belastend (vgl. Schaarschmidt 2005, S. 15; Krause 2002, S. 5). Um ein vertieftes Verständnis des komplexen Phänomens Lehrerbelastung zu generieren, werden im Folgenden zuerst ausgewählte theoretische Modelle zur Lehrerbelastung skizziert, um darauf aufbauend empirische Forschungsergebnisse bezüglich Belastungen im Lehrerberuf vorzustellen. Wie im Einleitungskapitel bereits dargelegt wird hierbei auf das Rahmenmodell der Belastung und Beanspruchung nach Rudow (1994, S. 43 f.) Bezug genommen. Dabei wird zwischen objektiver Belastung als allem, was in Form von Arbeitsaufgaben und Arbeitsbedingungen auf eine Lehrkraft einwirkt, und subjektiver Belastung, welche durch eine negative Bewertung der objektiven Belastungen vor dem Hintergrund persönlicher Handlungsvoraussetzungen erfolgt, unterschieden. Auf subjektive Belastungen können Beanspruchungsreaktionen folgen, die langfristig zur Einschränkung der psychischen Gesundheit führen können. Dies bildet sich auch in empirischen Forschungsergebnissen ab.

Bieri (2006) zeigt, dass hohe Belastungen im Lehrerberuf nicht mit einer hohen beruflichen Unzufriedenheit einhergehen, sondern die Bewertung derselben den entscheidenden Einfluss auf die Berufszufriedenheit und langfristig gesehen auch auf die Gesundheit hat. Er verdeutlicht dadurch die „Relevanz subjektiver Einflüsse in der Wahrnehmung objektiver Arbeitsbedingungen […]" (ebd. S. 121).

Im wissenschaftlichen Diskurs werden die Konzepte objektiver und subjektiver Belastung häufig nicht präzise verwendet und synonym mit Begriffen wie Beanspruchung und Stress gebraucht (vgl. van Dick & Stegmann 2013, S. 44). Deshalb kann bei der Darstellung des Forschungsstandes keine exakte Abgrenzung vorgenommen werden. Im Folgenden werden als Belastung deshalb sämtliche Faktoren verstanden, die Lehrkräfte im beruflichen Kontext als anstrengend empfinden und die aufgrund dieser Anstrengung zu Stresserleben und Beanspruchung führen können.

Belastungsmodelle

Es liegen zahlreiche Modelle vor, die das Phänomen Lehrerbelastung zu erklären und zu strukturieren versuchen. Krause (2002) konstatiert, dass bei der Entwicklung von Modellen zur Lehrerbelastung häufig auf bestehende Modelle rekurriert wurde und diese im Hinblick auf Besonderheiten des Lehrerberufes spezifiziert wurden (vgl. ebd. S. 11).

Das transaktionale Stressmodell nach Lazarus wird dabei besonders häufig rezipiert und ist als Grundlage für andere Stress- und Belastungsmodelle zu sehen (vgl. ebd.). Darin wird die Entstehung von Stress in der Wechselwirkung mit Situationsanforderungen und den individuellen Voraussetzungen des Individuums expliziert. Stress wird demnach nicht durch objektive Reize generiert, sondern durch die Bewertung dieser Reize durch die handelnde Person, wobei die Bewertung abhängig ist von vorhandenen Ressourcen (vgl. Lazarus 1966). Lazarus' Modell bildet den Ausgangspunkt für das Modell des Lehrerstress nach Kyriacou und Sutcliffe (1978).

Modelle zu Belastungen und Beanspruchungen im Lehrerberuf liegen von Rudow (1994), Kramis-Aebischer (1995), van Dick (1999), Krause (2002), Böhm-Kasper (2004), Oesterreich (2008) und Stiller (2015) vor. Oesterreich, van Dick, Krause, Schönwälder und Stiller verdeutlichen die multikausalen Faktoren der Entstehung von Belastung und beziehen sich dabei speziell auf den Lehrerberuf, wohingegen Lazarus und Kramis-Aebischer weniger konkret und die Modelle somit auch für andere Berufe anwendbar sind. Des Weiteren sind die Modelle von Kramis-Aebischer und Krause eher Systematisierungshilfen für die Vielzahl an empirischen Forschungsarbeiten als eine theoretisch fundierte Konzeption, die tieferes Verständnis für die vielschichtige Problematik der Belastungen im Lehrerberuf generiert. Im Gegensatz dazu stellen die Modelle von Oesterreich, van Dick, Schönwälder und Stiller Versuche dar, die komplexen Zusammenhänge abzubilden.

Bei der Analyse der Modelle wird deutlich, dass Belastungen im Lehrerberuf auf unterschiedlichen Ebenen zu finden sind und sich teilweise gegenseitig bedingen. Des Weiteren zeigt sich, dass Belastungen – mit Ausnahme der Sichtweise des Modells nach Kramis-Aebischer – immer im Zusammenhang mit den individuellen Bewertungsprozessen der objektiven Belastungsfaktoren gesehen werden, da erst durch diese eine psychische Beanspruchung auftritt. Für eine explizite Auseinandersetzung mit den genannten Modellen sei auf die Originalliteratur verwiesen.

An dieser Stelle wird ausschließlich das Modell von van Dick ausführlicher beschrieben, da es bei der Darstellung der empirischen Forschungsergebnisse um Belastungen und Beanspruchungen von Lehrkräften einer Systematisierung bedarf und für diese Systematisierung auf das erweiterte Modell der Belastungsanalyse im Lehrerberuf nach van Dick zurückgegriffen wird. Das Belastungsmodell nach van Dick (1999) modifiziert das Modell nach Kramis-Aebischer, welches Belastungen auf drei Ebenen sieht: der Systemebene, der Organisationsebene und der Individuumsebene. Diese sehr allgemein gehaltenen Ebenen werden von van Dick erweitert, indem „lehrerspezifische Belastungsfaktoren den einzelnen Entstehungsebenen zugeordnet [werden]“ (Stiller 2015, S. 38).

Des Weiteren wird Kramis-Aebischers Modell durch die Verbindung der Systemebene, Schulebene und individuellen Ebene mit dem zusätzlichen Baustein „Persönlichkeitsmerkmale des Lehrers“ erweitert. Dadurch wird deutlich, dass nicht die einzelnen Faktoren an sich belastend sind, sondern dass die individuellen Voraussetzungen in Verbindung mit den auf drei Ebenen befindlichen Belastungsfaktoren zur Konstruktion und Bewertung von Belastung beitragen. Die Entstehung von Belastungen expliziert van Dick durch die Zuordnung lehrerspezifischer Belastungsfaktoren auf den genannten Ebenen, wobei das Modell speziell für den Bereich Schule konkretisiert wird. Die Ebenen stehen dabei in Beziehung zueinander, da „Belastungen im Zusammenspiel der Ebenen erhöht oder gesenkt werden können“ (van Dick 1999, S. 38). Dies wird beispielhaft dadurch veranschaulicht, dass Belastungen durch die Eltern (individuelle Ebene) durch Unterstützung seitens des Kollegiums (Schulebene) oder der Schulbehörden (Systemebene) verringert oder – bei fehlender Unterstützung auf den anderen Ebenen – erhöht werden können. Eine weitere Modifizierung nimmt der Autor vor, indem er den Interaktionspartnern von Lehrkräften – Schülerinnen und Schüler, Eltern, Kolleginnen und Kollegen – auf der individuellen Ebene besondere Bedeutung bemisst. Dadurch lassen sich Belastungsfaktoren genau differenzieren. Im Folgenden wird bei der Darstellung des Forschungsstands um Lehrerbelastung auf dieses Modell rekurriert. Dabei wird jede Ebene zuerst erläutert, bevor darauf aufbauend die dazugehörigen Forschungsergebnisse dargestellt werden.

Empirische Forschungsergebnisse
Nach Stiller (2015) existiert im deutschsprachigen wie auch im internationalen Forschungskontext eine „fast unüberschaubare Anzahl an empirischen Untersuchungen zur Belastung und Beanspruchung im Lehrerberuf" (ebd. S. 140). Einen historischen Überblick über die Forschung zur Lehrerbelastung bieten Herzog (2007, S. 91 ff.), Wesselborg (2014, S. 47) und Rothland (2013, S. 8 f.). Herzog (2007) konstatiert, dass die Schwerpunkte der empirischen Lehrerbelastungsforschung stets in Zusammenhang stehen mit konjunkturellen und demographischen Entwicklungen. So finden sich aktuelle bildungspolitische sowie arbeitsmarktbezogene Themen im Interesse der empirischen Forschung wieder (vgl. ebd. S. 91 ff.). Für die vorliegende Arbeit wird für die Systematisierung empirischer Forschungsergebnisse zum Thema Lehrerbelastung das im vorliegenden Kapitel bereits beschriebene erweiterte Modell zur Belastungsanalyse im Lehrerberuf (van Dick 1999, S. 37 angelehnt an Kramis-Aebischer 1995, S. 98) herangezogen, nach welchem Belastungen auf Systemebene, Schulebene und Individuumsebene vorkommen.

Unter *Systemebene* wird das Schulsystem mit seinen strukturellen, juristischen, inhaltlichen und finanziellen Eigenheiten verstanden. Auf dieser Ebene wird die Ausbildung des Lehrpersonals im Rahmen der universitären und schulpraktischen Ausbildung sowie von Weiterbildungen organisiert. Auch die Einstellung und der Umgang mit dem Lehrpersonal wie etwa Arbeitszeitbemessung oder Beschäftigungsstatus werden auf der Schulsystemebene organisiert. Inhaltliche Vorgaben wie die Gliederung des Schulsystems und deren Begründung sowie die Gestaltung der Lehrpläne werden ebenfalls auf dieser Ebene verortet. Zudem ist auch die Öffentlichkeit Teil der Systemebene. Eine wichtige Rolle spielen dabei Erwartungen und Meinungen, die seitens der Gesellschaft an Lehrkräfte herangetragen werden (vgl. van Dick 1999, S. 37). Auch über den finanziellen Aufwand für Bildung, so ergänzt Stiller (2015), wird auf der Systemebene entschieden (vgl. ebd. S. 57). Belastungen auf dieser Ebene, die im Folgenden dargestellt werden, sind dadurch charakterisiert, dass die Lehrkraft, die die Gegebenheiten als belastend wahrnimmt, sie nicht beeinflussen kann, da die Möglichkeit zu Veränderungen der behördlichen Regelungen obliegt (vgl. ebd.). Belastungsfaktoren für Lehrkräfte auf der Systemebene wurden von Knight-Wegenstein (1973), van Dick (1999), Kyriacou (2001), Wendt (2001), Bieri (2006), Schaarschmidt (2005) und Schönwälder et al. (2013) im Rahmen diverser Arbeiten in unterschiedlichen Forschungsdesigns untersucht. Es lassen sich zusammenfassend folgende Faktoren identifizieren:

- Kritik am Lehrerberuf und fehlende Anerkennung in der Öffentlichkeit

- Erwartungsdruck seitens der Gesellschaft
- unzureichende Trennung von Berufs- und Freizeitbereich
- negatives Verhältnis zu Schulbehörden
- hohe bzw. schwer zu bestimmende Arbeitszeit durch Deputatsmodell
- Druck durch ständige Reformen und Veränderungen

Sowohl der Systemebene als auch der Schulebene können zudem Belastungen durch Reformprojekte und die Einführung neuer Lehr- und Lernmittel zugeordnet werden.

Bei Belastungen auf *Schulebene* handelt es sich um die belastenden Faktoren, die auf der Ebene einzelner Schulen umgesetzt werden. Diese stehen oft im Zusammenhang mit der Schulsystemebene, da Vorgaben von der Schulsystemebene auf der Schulebene umgesetzt werden. Des Weiteren spielen Charakteristika der einzelnen Schulen für die Lehrerbelastung eine Rolle, wie beispielsweise die Lage der Schule im Hinblick auf das Einzugsgebiet und die damit verbundenen Charakteristika der Schüler- und Elternschaft. Auch aus Determinanten wie dem Handeln der Schulleitung, der Zusammenarbeit im Kollegium oder der technischen Ausstattung können Belastungen für Lehrkräfte entstehen.

Nach der Analyse der Arbeiten von van Dick (1999) und Wendt (2001) lassen sich folgende Belastungsfaktoren auf Schulebene herausarbeiten:

- große Klassen
- hektisches und störungsvolles Arbeitsklima an der Schule
- Probleme mit Kolleginnen und Kollegen
- Verwaltungsaufgaben
- schlechte Rahmenbedingungen im Hinblick auf schulische Ausstattung
- Belastungen durch Verwaltung und Management

Als dritte Ebene lehrerspezifischer Belastungen werden Belastungen auf der *Individuumsebene* thematisiert. Diese „operationale Ebene der Lehrerarbeit" (Stiller 2015, S. 86) beinhaltet sämtliche Faktoren im Rahmen des Unterrichts sowie Belastungen, die durch Kontakte mit Schülerinnen, Schülern, Eltern und einzelnen Kollegen und Kolleginnen sowie Vor- und Nachbereitung des Unterrichts entstehen.

Untersuchungen von Kramis-Aebischer (1995), van Dick (1999), Wendt (2003) und Kyriacou (2001) sowie Pfeifer und Bergmann (2008) zeigen folgende als belastend empfundene Faktoren:

- mangelnde Motivation seitens der Schülerinnen und Schüler

- Verhaltensauffälligkeiten bei Schülerinnen und Schülern
- mangelnde Lernbereitschaft der Schülerinnen und Schüler
- Disziplinprobleme und Unruhe in der Klasse
- Beurteilung von Schülerinnen und Schülern
- Mangel an Unterrichtsmaterial und Einsatz von innovativem Unterrichtsmaterial
- unterschiedliche Lernvoraussetzungen der Schülerinnen und Schüler
- Probleme mit den Eltern
- Probleme in der Kommunikation mit Kolleginnen und Kollegen

Zusammenfassend lässt sich festhalten, dass Lehrkräfte nach Ergebnissen empirischer Forschungsarbeiten diversen Belastungsfaktoren auf unterschiedlichen Ebenen ausgesetzt sind. Besonders viele Belastungsfaktoren finden sich auf der Individuumsebene, welche zudem auch die höchsten Belastungswerte aufweisen. Ksienzyk und Schaarschmidt (2005) weisen darauf hin, dass Belastungsfaktoren nicht isoliert, sondern in Zusammenhang miteinander analysiert werden müssen, da nicht ein einzelner Faktor an sich die Belastungen verursacht, sondern die Beanspruchung in hohem Maße von den Geschehnissen in den Unterrichtsstunden und der emotionalen Verfassung der Lehrkraft abhängt. In diesem Kontext wird von den Autoren auf den Zusammenhang von individuellen Verarbeitungsstilen und weiteren persönlichen Voraussetzungen der Lehrkräfte einerseits und dem Erleben von Belastungen andererseits hingewiesen und konstatiert, „dass selbst die Lehrer des Musters G[1], also die gesündesten und Widerstandsfähigsten, den Grad ihrer Belastung als sehr hoch veranschlagen" (ebd. S. 73).

Den Blick sowohl auf Persönlichkeitsmerkmale der Lehrkräfte als auch auf schulische Umweltbedingungen richtend analysierte Wendt (2001) Belastungswerte im Hinblick auf soziodemografische sowie berufliche Daten der befragten Lehrkräfte im Berliner Raum. Demnach fühlen sich Frauen stärker belastet als Männer. Im Hinblick auf die Schulart empfinden Lehrkräfte an Grundschulen die höchste Belastung, Lehrkräfte an Hauptschulen die niedrigste Belastung. Lehrkräfte der Fächer Bildende Kunst, Musik und Deutsch äußern die höchsten, Lehrkräfte, die der Fächer Arbeitslehre und Sportunterricht die geringsten Belastungswerte. Bei der Analyse des Zusammenhangs von Dienstalter und Belastungserleben wurde sichtbar, dass sich Lehrkräfte am Anfang und am Ende ihrer Laufbahn geringer belastet fühlen als die Lehrkräfte mittlerer Jahrgänge (vgl. ebd. S. 185 f.).

[1] Die Ergebnisse der Potsdamer Lehrerstudie (Schaarschmidt 2005) werden in Abschnitt 2.1.3 explizit dargestellt.

Wie eine Lehrkraft ihre Arbeit und die damit verbundenen Anforderungen beurteilt, hängt eng mit den ihr zu Verfügung stehenden Ressourcen zusammen. Auf diese wird im folgenden Kapitel eingegangen.

2.1.2 Gesundheitserhaltende Ressourcen

Wie bereits dargestellt wird im Diskurs um Lehrergesundheit häufig auf das systemische Anforderungs-Ressourcen-Modell (SAR-Modell) von Becker (2006) rekurriert, um das dynamische Konstrukt Gesundheit im Zusammenhang mit Anforderungen und deren Bewältigung zu skizzieren (vgl. Döring-Seipel & Dauber 2013; Nieskens, Rupprecht & Erbring 2012). Das SAR-Modell zeigt den Gesundheitszustand eines Individuums als abhängig von gelingender bzw. nicht gelingender Bewältigung mit individuellen Anforderungen. Somit ist Gesundheit ein dynamisches Konstrukt, das steter Veränderung unterliegt und aktiv beeinflusst werden kann. Diese Aktivität ist bedeutsam hinsichtlich dessen, was ein Individuum den Anforderungen, mit denen es konfrontiert ist, in Form von Bewältigung entgegensetzen kann (vgl. Döring-Seipel & Dauber 2013, S. 23). Folglich ist psychischer Stress, mit dem die Entstehung psychischer Krankheiten zusammenhängt, das Ergebnis von subjektiven Verarbeitungsprozessen und entsteht dann, wenn „wahrgenommene Anforderungen die adaptiven Ressourcen einer Person übersteigen oder zu übersteigen drohen" (ebd.). Lehrkräfte, die ein breites Repertoire an Bewältigungsressourcen nutzen können, haben ein geringeres Risiko, häufig psychische Beanspruchungen zu erleben. Zudem ist die Wahrscheinlichkeit aufgrund des Ressourcenrepertoires höher, dass sie Stresserfahrungen gesund bewältigen (vgl. ebd.). Nieskens, Rupprecht und Erbring (2012) konstatieren, dass als relevantester Einfluss auf die Gesundheit eines Individuums nach dem SAR-Modell das Bewältigungsverhalten zu sehen sei, welches sich aus dem Zusammenspiel interner und externer Ressourcen sowie internen und externen Anforderungen ergibt (vgl. ebd. S. 48 f.).

Die Bedeutung von Ressourcen für den Erhalt von – besonders psychischer – Gesundheit wird durch mehrere Studien belegt, von denen die Untersuchung Antonovskys (1997) als richtungsweisend gilt. Antonovsky definiert generalisierte Widerstandsressourcen, die die Gesundheit schützen und erhalten, als „jedes Phänomen, das zur Bekämpfung eines weiten Spektrums von Stressoren wirksam ist" (ebd. S. 16). Diese Widerstandsressourcen lassen sich weiter kategorisieren in präventive Gesundheitsorientierung, physikalische und biochemische Ressourcen, materielle, kognitive und emotionale Ressourcen, effektive Bewältigungsstile, interpersonale sowie makrosoziokulturelle Ressourcen (vgl. Faltermaier 1994, S. 51).

Faltermaier erweitert in seinen späteren Arbeiten den Begriff der Widerstandsressourcen nach Antonovsky und operiert mit dem Begriff der Gesundheitsressourcen. Diese sind diejenigen „dauerhaft verfügbare[n] Kräfte oder Merkmale einer Person, sozialen Gruppe oder Umwelt, die eine positive Einflussnahme auf das Gesundheitskontinuum ermöglichen oder erleichtern können" (Faltermaier 2005, S. 157). Gesundheitsressourcen lassen sich in interne und externe Ressourcen unterscheiden (vgl. Döring-Seipel & Dauber 2013, S. 28). Im Folgenden werden diese Gesundheitsressourcen von Lehrkräften in dieser Unterscheidung expliziert und empirische Forschungsergebnisse dargestellt.

Interne Ressourcen

Interne Ressourcen – auch personale Ressourcen genannt – sind Ressourcen, die innerhalb der handelnden Person liegen. Dazu zählen Fähigkeiten, Eigenschaften, Überzeugungen (besonders im Hinblick auf die eigene Handlungsfähigkeit), sowie körperliche Voraussetzungen (vgl. Nieskens, Rupprecht & Erbring 2012, S. 47). Döring-Seipel und Dauber (2013) konkretisieren diese und nennen Distanzierungsfähigkeit, emotionale Stabilität, Kohärenzsinn, Selbstwirksamkeit, Achtsamkeit und Ungewissheitstoleranz (vgl. ebd. S. 107). Empirische Untersuchungen liegen zur Bedeutung von positiver Erwartungshaltung und dispositionalem Optimismus im Hinblick auf ihre gesundheitsfördernde Funktion vor (vgl. ebd.). Besonders relevant ist in diesem Kontext die personale Ressource des Kohärenzgefühls, welches eine Grundhaltung beschreibt, das Leben trotz etwaiger Schwierigkeiten als verstehbar, bewältigbar und sinnhaft zu sehen. Die Bedeutsamkeit des Kohärenzgefühls wird belegt von Lantermann et al. (2009), die nachwiesen, dass Menschen mit einem stark vorhandenen Kohärenzsinn in als überaus schwierig empfundenen Lebenslagen seltener psychische Beeinträchtigungen erlitten als Menschen, deren Kohärenzsinn gering ausgeprägt war.

Zu der Ressource der positiven Erwartungshaltung lässt sich das Konzept der Selbstwirksamkeit zählen. Es beschreibt einerseits eine positive Erwartungshaltung hinsichtlich der eigenen Handlungen und andererseits die Fähigkeit der Selbstregulation, trotz möglicher Misserfolge an die eigenen Fähigkeiten und Handlungserfolge zu glauben. Day (2008) und Herzog (2007) zeigten, dass für die Generierung positiver Selbstwirksamkeitserwartung der Berufseinstieg besonders relevant ist, auch wenn die Selbstwirksamkeitserwartung dynamisch ist und sich im Verlauf der beruflichen Tätigkeit verändert. Schmitz (2000) untersuchte, inwiefern sich die Selbstwirksamkeitserwartungen von Lehrkräften verändern. Auch diese Untersuchung zeigt, dass die Selbstwirksamkeit im Lauf der Berufsjahre sowohl zu- als auch abnehmen kann und diese Modifikation durch Lebenserfahrungen beeinflusst wird. Zudem wird deutlich, dass Interventionen zum Aufbau der Selbstwirksamkeitserwartung ausschlaggebende Impulse für die Maximierung der Selbstwirksamkeitserwartung sein können.

Als weitere bedeutsame personale Ressource identifizierten Berking und Znoj (2006) Achtsamkeit, die Fähigkeit (in diesem Kontext vor allem eigene) Bedürfnisse wahrzunehmen. Die salutogenetische Relevanz von Achtsamkeit wurde von den Autoren empirisch belegt. Zudem ließ sich nachweisen, dass diese Achtsamkeit für eigene Bedürfnisse im Rahmen von Interventionsprogrammen entwickelt und maximiert werden kann.

Döring-Seipel und Dauber (2013) zeigten, dass Lehrkräfte, die über ein starkes Setting an personalen Ressourcen verfügen, eher aktive Formen der Problembewältigung praktizieren als Lehrkräfte mit wenigen oder schwach ausgeprägten personalen Ressourcen. Offensive Formen der Problembewältigung kristallisierten sich in der Untersuchung wiederum als prominenter gesundheitsfördernder Faktor heraus. Somit haben Lehrkräfte, die über eine große Bandbreite an personalen Ressourcen verfügen, eine höhere Chance, psychisch und physisch gesund zu bleiben. Zudem wurde in der Untersuchung deutlich, dass Lehrkräfte mit einer starken Ausprägung der Ressourcen Distanzierungsfähigkeit, emotionale Stabilität, Kohärenzsinn, Selbstwirksamkeit, Achtsamkeit und Ungewissheitstoleranz ein breiteres Spektrum an Unterrichtsformen einbringen als Lehrkräfte, die weniger personale Ressourcen zur Verfügung haben.

Im Gegensatz dazu führt ein Defizit an personalen Ressourcen dazu, dass die Handlungsoptionen der Lehrkraft eingeschränkt sind und Probleme im Unterricht prominenter werden. Schülerorientierung, Förderung der Selbständigkeit und das bewusste Operieren der Lehrkraft auf der motivationalen, emotionalen und sozialen Ebene werden in höherem Maß von ressourcenstarken Lehrerinnen und Lehrern durchgeführt (vgl. Döring-Seipel 2013, S. 105 ff.). Ergebnisse einer von Winkelmann und Gienke (2007) durchgeführten Studie zeigten, dass Lehrkräfte, die bezüglich ihrer Klassenführung eine hohe Kompetenz aufweisen, besser mit herausfordernden Unterrichtsstörungen umgehen können und sich dadurch weniger psychisch belastet fühlen. An dieser Stelle deutet sich bereits ein Zusammenhang zwischen professionellen Kompetenzen von Lehrkräften, ihren verfügbaren Ressourcen und dem damit zusammenhängenden Gesundheitszustand an, auf den in Abschnitt 1.4 noch explizit eingegangen wird.

Aus der Untersuchung von Döring-Seipel und Dauber (2013) geht zudem hervor, dass Lehrkräfte, die eine Weiterbildung in Gestaltpädagogik, Supervision oder Achtsamkeit abgeschlossen hatten, sowohl durch „außergewöhnlich gute Gesundheits- als auch Ressourcensituationen auf[fallen] sowie durch ihren gesundheitsstabilisierenden Umgang mit beruflichen Anforderungen und Belastungen“ (ebd. S. 109). Dass die Weiterbildung das Ressourcensetting maximiert, ließ sich in der Studie nicht nachweisen. Möglich wäre ebenfalls, dass Personengruppen, die bereits über ein starkes Ressourcensetting verfügen, affin sind für derartige ressourcenorientierte und zeitintensive Weiterbildungen (vgl. ebd.). Eine Erweiterung personaler Ressourcen in Form von sozialer Kompetenz in der Lehrer-Schüler-Beziehung durch gezieltes Training konnten Unterbrink et al. (2003) nachweisen. Somit wird deutlich, dass sich – zumindest bestimmte Arten – personaler Ressourcen durch gezielte Interventionsmaßnahmen maximieren lassen.

Externe Ressourcen

Externe Ressourcen sind nach Nieskens, Rupprecht und Erbring (2012) Ressourcen, die in der Umwelt des Individuums liegen. Diese lassen sich weiter differenzieren in soziale Ressourcen und materielle Ressourcen. Soziale Ressourcen finden sich sowohl im privaten Bereich, beispielsweise durch emotionale Unterstützung von Freunden und Familie, als auch im schulischen Bereich, beispielsweise durch eine unterstützend wirkende Schulleitung, Zusammenhalt im Kollegium oder die Möglichkeiten zur professionellen Beratung und Unterstützung durch Supervision. Externe Ressourcen sind des weiteren ökologische Faktoren wie eine intakte Umwelt und Möglichkeiten zur Erholung sowie materielle Ressourcen wie ein gesichertes Einkommen und berufliche Ressourcen wie Kontrolle über die Arbeit oder materielle Ausstattung der Schule (vgl. ebd. S. 47).

In der Forschung liegt das Augenmerk im Bereich der externen Ressourcen bisher hauptsächlich auf sozialen Ressourcen (vgl. Döring-Seipel & Dauber 2013, S. 28). Besonders zwischenmenschliche Beziehungen in der Form von Unterstützersystemen und ihre Relevanz für die Salutogenese sind dabei von Interesse. Die gesundheitsfördernde Funktion von sozialer Unterstützung, die in Problemsituationen zur Bewältigung beiträgt, wurde empirisch belegt (vgl. ebd.). Soziale Unterstützung wird nach Fydrich und Sommer (2003) in die drei Bereiche emotionale Unterstützung, praktische Unterstützung und soziale Integration kategorisieren.

Sozialer Unterstützung – unabhängig ihrer Form – werden direkte sowie indirekte salutogenetische Wirkungsweisen zugeschrieben. Die direkte Wirkung, auch Haupteffekt genannt, tritt unabhängig von vorhandenen Belastungen auf. Die innere Überzeugung, sich im Fall von Belastungen auf Menschen verlassen zu können, wirkt auch ohne die Anwesenheit der als unterstützend wahrgenommenen Menschen und ohne tatsächliche vorhandene Stresssituation (vgl. ebd. S. 84).

Indirekte Wirkungen sozialer Unterstützung, auch Puffereffekt genannt, werden im Fall von aktueller Belastung relevant, indem soziale Kontakte als hilfreich und helfend erlebt werden (vgl. Rothland 2013a, S. 235 f.). Fydrich und Sommer (2003) sowie Klauer (2009) zeigten, dass die stärksten Zusammenhänge zwischen körperlicher und psychischer Gesundheit und Facetten sozialer Unterstützung dann nachgewiesen wurden, wenn das subjektive Empfinden der Befragten im Fokus steht. Laireiter (1993) wies nach, dass im Arbeitsumfeld eines Individuums bei Belastungen die Kolleginnen und Kollegen als Unterstützer besonders bedeutsam sind. Zu ähnlichen Ergebnissen kamen Shinn, Wong, Simko und Ortiz-Torres (1989), die zeigten, dass Kolleginnen und Kollegen sowie Freunde als soziale Unterstützung relevanter sind als Lebenspartner. Studien von Pierce und Molloy (1990), Russel, Altmaier und van-Velzen (1987) sowie Travers und Cooper (1993) konnten belegen, dass Lehrkräfte, die ihre Schulleitung und Kollegen als unterstützend wahrnehmen, seltener Burnout-Symptome zeigen als Lehrerinnen und Lehrer, die wenig Unterstützung wahrnehmen.

Unterbrink et al. (2008) zeigten, dass besonders Frauen von einem guten Klima im Kollegium profitieren (vgl. ebd. S. 120). Ksienzyk und Schaarschmidt (2005) konstatieren gesundheitsfördernde Effekte sowohl für eine unterstützend wirkende Schulleitung als auch für positiv empfundenes Klima im Kollegium. Auch diese Studie zeigt, dass besonders Frauen von sozialer Unterstützung abhängig sind und davon profitieren, vor allem dann, wenn sie zu den Risikomustern A oder B[2] gehören (vgl. ebd. S. 82 f.).

Weitere Studien, die die salutogenetische Wirkung von sozialer Unterstützung belegen, liegen von Nübling et al. (2012), der DAK-Studie (2011) und van Dick (1999) vor. Bei der Analyse der rezipierten Studien wird deutlich, dass die Wahrnehmung sozialer Unterstützung ausschlaggebend für deren salutogenetische Wirkung ist. Die Wahrnehmung einer Person ist wiederum anhängig von ihren bisherigen Erfahrungen und ihren internen Ressourcen, wie dem Kohärenzgefühl. Folglich bietet eine isolierte Betrachtung einzelner Ressourcen oder Ressourcenarten nur ein unvollständiges Bild über die gesundheitsfördernde Wirkung von Ressourcen.

Dies wird auch sichtbar, wenn man die Ausprägung sozialer Ressourcen genauer betrachtet. Im Rahmen sozialer Interaktion können Individuen auf Ressourcen anderer Personen wie beispielsweise materielle Ressourcen, kognitive Fähigkeiten oder praktische Fertigkeiten zurückgreifen. Soziale Unterstützung

[2]Die Muster des gesundheitsbezogenen Erlebens und Verhaltens, die ein Teilergebnis der Potsdamer Lehrerstudie (Schaarschmidt 2005) sind, werden in Abschnitt 2.1.3 explizit dargestellt.

einzufordern verlangt wiederum eigene Ressourcen (vgl. Rothland 2013a, S. 236). Die Wechselwirkung von Ressourcen wurde auch in der Untersuchung von Brouwer, Evers und Tomic (2001) deutlich. Haben Lehrkräfte das Gefühl, dass sie nicht genügend soziale Unterstützung seitens der Kolleginnen und Kollegen sowie der Schulleitung erhalten, so sinkt ihr Selbstvertrauen in ihre eigenen Fähigkeiten. Des Weiteren zeigte sich, dass diejenigen Lehrkräfte eher zu Burnout neigen, die sich selbst wenig zutrauten, soziale Unterstützung im Berufsumfeld einzufordern. Röhrle (1994) verweist zudem darauf, dass soziale Unterstützung nicht per se gesundheitsfördernd ist. Durch Emotionalisierung oder übersteigertes Engagement der als Unterstützung empfundenen Person kann sich der Stresspegel des Hilfesuchenden steigern.

Zusammenfassend lässt sich festhalten, dass für den Erhalt von Gesundheit – im Lehrerberuf sowie allgemein – jede einzelne Ressource bedeutsam ist. Jedoch ergibt sich ein Bild der komplexen Zusammenhänge erst durch die Beachtung des Zusammenspiels unterschiedlicher Ressourcen, die sich gegenseitig beeinflussen sowie der auf die Lehrkraft einwirkenden Belastungen. Die Bedeutsamkeit interner und externer Ressourcen erklärt, weshalb Lehrkräfte, die objektiv starken Belastungen ausgesetzt sind, dennoch gesund und leistungsstark bleiben, während andere Lehrkräfte in objektiv weniger belastenden Settings potenziell erkranken. Nachdem im vorausgegangenen und im vorliegenden Kapitel die systemischen Hintergründe für die Aufrechterhaltung bzw. Nicht-Aufrechterhaltung von Gesundheit im Lehrerberuf sowie empirische Forschungsergebnisse zu den miteinander in Beziehung stehenden Belastungen und Ressourcen dargestellt wurden, wird im folgenden Kapitel der Stand der Forschung zum Gesundheitszustand der Lehrkräfte behandelt, der aus Belastungen und Ressourcen resultiert.

2.1.3 Gesundheitszustand der Lehrkräfte

Nachdem in den beiden vorangehenden Kapiteln Belastungen und Ressourcen in ihrem Zusammenspiel im Hinblick auf den Gesundheitszustand von Lehrkräften dargestellt wurden, wird im vorliegenden Kapitel der Forschungsstand zum Gesundheitszustand von Lehrkräften thematisiert.

Verschiedene Indikatoren weisen auf einen problematischen Gesundheitszustand der Lehrkräfte in Deutschland hin. Döring-Seipel und Dauber (2013) nennen in diesem Kontext die hohe Anzahl an krankheitsbedingt frühpensionierten Lehrerinnen und Lehrern. So wurden den 1990er Jahren zwischen 50 % und 60 % der Lehrkräfte, die in den Ruhestand gingen, aufgrund von Krankheit frühpensioniert. Im Jahr 2000 erreichte die Quote der krankheitsbedingten Frühpensionierungen mit 64 % ein historisches Hoch und war damit signifikant höher als die Quote bei anderen Akademikern und Beamten. Nach dem Inkrafttreten einer Versorgungsreform für Beamtinnen und Beamte reduzierte sich die Zahl der krankheitsbedingten Frühpensionierungen bis zum Jahr 2013 auf circa 25 %. Dass die hohe Quote der Frühpensionierungen, die aufgrund von Krankheit erfolgte, nach der Versorgungsreform durch eine hohe Anzahl an Krankheitstagen während des aktiven Dienstes abgelöst wurde, zeigt, dass die Reform lediglich eine Verschiebung des Problems zufolge hatte, nicht jedoch eine Lösung der Gesundheitsgefahren (vgl. ebd. S. 19).

Schröder (2008), Buschmann und Gamsjäger (1999) und Weber (2004) zeigten, dass die Gründe für Frühpensionierungen besonders häufig psychische und psychosomatische Erkrankungen sind. Nach Weber, Weltke und Lederer (2004) waren 52 % der Lehrkräfte, denen zwischen 1996 und 1999 Dienstunfähigkeit attestiert worden war, aufgrund psychischer Erkrankungen dienstunfähig. Auch Lehrkräfte, die sich im Dienst befinden, leiden in hohem Maß an psychosomatischen und psychischen Erkrankungen. Laut Preussner (2004) betrifft dies im Jahresdurchschnitt circa 15 % bis 20 % der Lehrkräfte.

Bei einem Vergleich von gesundheitlichen Beschwerden zwischen Lehrkräften und anderen Berufsgruppen von Lehr (2011) wurde sichtbar, dass Lehrkräfte mehr unter Müdigkeit, Erschöpfung, Nervosität, Reizbarkeit und anderen Beschwerden litten als die Vergleichsgruppe. Dabei sind psychische Beschwerden umso stärker und häufiger, je mehr die Lehrkraft sich beansprucht fühlt (vgl. ebd. S. 758 f.). Auch Becker (2006) zeigte, dass Lehrkräfte verglichen mit der Allgemeinbevölkerung häufiger chronischen Stress empfinden und häufiger unter Symptomen wie körperliche Beschwerden, Konzentrations- und Entscheidungsschwierigkeiten, Depressivität und Ängstlichkeit leiden (vgl. ebd. S. 91). Hasselhorn und Nübling (2004) zeigten in einer repräsentativen Studie, dass Lehrkräfte ein zwei- bis dreimal so hohes Risiko haben, psychisch erschöpft zu sein, wie die Referenzgruppe der Maschinenführer. Im Vergleich mit allen Berufsgruppen, die für die Studie Berücksichtigung fanden, erzielten die nach sieben Gruppen differenzierten Lehrkräfte die sieben höchsten Werte (vgl. ebd. S. 527). Auch Schaarschmidt (2004) sieht Lehrkräfte im Hinblick auf ihre psychische Gesundheit als „Risikopopulation" (ebd. S. 98).

Relevant ist an dieser Stelle auch die Diskussion um das Burnout-Syndrom, das häufig im Kontext von Lehrergesundheit thematisiert wird (vgl. Wesselborg 2015, S. 64). Nach Maslach und Jackson (1984) entsteht das Burnout-Syndrom durch sozial bedingten Stress und äußert sich in emotionaler Erschöpfung, Depersonalisierung, Zynismus und eingeschränkter Leistungsfähigkeit (vgl. Maslach & Jackson 1984 in Sosnowsky-Waschek 2013, S. 125 f.). In den letzten Jahren geriet das Konzept Burnout jedoch in die Kritik, da die Symptome sich nicht eindeutig von Depressionen abgrenzen lassen, Symptome und Ursachen nicht abgrenzbar sind und das zur Burnout-Diagnostik eingesetzte Messinstrument Mängel aufweist (vgl. ebd. S. 760). Dennoch sieht Lehr (2011) Studien zu Burnout im Lehrerberuf als Indikator für gesundheitliche Problemsituationen im Lehrerberuf (vgl. ebd. S. 764). So ergab eine Untersuchung von Barth (1997), dass 16 % der untersuchten Lehrkräfte sich in einem Burnoutzustand befanden. Weitere Studien von Farber (1991), Kramis-Aebischer (1995), Gamsjäger und Sauer (1996) sowie Körner (2003) zeigten bei Lehrkräften Burnoutquoten von 10 % bis 35 %.

Schaarschmidt und Kollegen (2005) untersuchten in der Potsdamer Lehrerstudie den psychischen Gesundheitszustand von Lehrkräften. Mittels des für die Studie generierten AVEM-Fragebogens (AVEM = Arbeitsbezogenes Verhaltens- und Erlebensmuster) wurden die Lehrkräfte und die Vergleichsgruppe zu den Bereichen Arbeitsengagement (z. B. subjektive Bedeutsamkeit der Arbeit und beruflicher Ehrgeiz), Widerstandskraft (z. B. Resignationstendenz bei Misserfolg) und Emotionen (z. B. Lebenszufriedenheit und Erfahrung sozialer Unterstützung) befragt.

Aus dem Zusammenspiel der Ausprägungen in den drei Bereichen ergaben sich vier Muster: Personen, die starkes, aber nicht über übersteigertes Arbeitsengagement sowie hoch ausgeprägte Widerstandskraft und höchste Werte im Bereich positiver Emotionen aufweisen, zeigen das Verhaltens- und Erlebensmuster G, da Personen dieses Musters ein gesundheitsförderliches Verhältnis zur Arbeit zeigen. Personen, in deren Verhalten und Erleben sich Muster S zeigt, weisen ein mit dem Begriff Schonung charakterisiertes Verhältnis zur Arbeit auf. Ihr Arbeitsengagement ist gering ausgeprägt, wohingegen die Aspekte der Widerstandskraft im Vergleich mit allen anderen Mustern am stärksten ausgeprägt sind. Zudem schätzen die Personen des Musters S ihr Lebensgefühl als eher positiv ein, wobei die Gründe dafür vorwiegend im Privaten zu suchen sind. Das Risikomuster A beschreibt das Verhaltens- und Erlebensmuster, welches durch deutlich überhöhtes Arbeitsengagement sowie aber geringe Widerstandskraft und überwiegend negative Emotionen gekennzeichnet ist. Dieses Muster sowie das Muster B werden als Risikomuster bezeichnet, da das beschriebene Verhalten und Erleben in Zusammenhang mit psychischen Erkrankungen steht. Personen des Risikomusters B haben wie auch Personen des Musters A geringe Widerstandskraft und ein negatives Lebensgefühl, zeigen aber im Gegensatz zu Muster A eher geringes Arbeitsengagement. Dieses Muster wird als Muster B bezeichnet, um die Nähe zum Burnout-Syndrom zu kennzeichnen. Personen, die in ihrem Erleben und Verhalten dem Muster B entsprechen, weisen Symptome eines Burnout-Syndroms in fortgeschrittenem Stadium vor (vgl. Schaarschmidt 2005a, S. 21 ff.).

Es konnte in der Studie folgende Prävalenz der Erlebens- und Verhaltensmuster gezeigt werden: 17 % der Lehrkräfte ließen sich in ihrem Verhalten und Erleben dem Muster G zuordnen, 23 % dem Muster S, 30 % dem Risikomuster A und 29 % dem Risikomuster B. Damit wiesen Lehrkräfte im Vergleich mit anderen Berufsgruppen den höchsten Anteil an Risikomustern auf (vgl. Schaarschmidt 2005b, S. 42). Mit Blick auf die Musterverteilung im Zusammenhang mit geleisteten Dienstjahren wird deutlich, dass der Anteil der Lehrkräfte im Muster G in den ersten 25 Dienstjahren kontinuierlich sinkt. Dass in der Gruppe der dienstältesten Lehrkräfte der Anteil an Risikomuster B sinkt, liegt laut Schaarschmidt daran, dass die am stärksten beeinträchtigten Personen aus dem Muster B die aktive Tätigkeit vorzeitig beendet haben (vgl. Schaarschmidt 2005b, S. 57). Zudem konnte in der Studie gezeigt werden, dass die Problemkonstellation der Musterverteilung überregional auftritt und dass die Verteilung der Muster bei Lehrerinnen tendenziell ungünstiger ist. Besonders bei den dienstältesten Lehrkräften ist die Situation der Frauen prekär. Im Hinblick auf Lehramtsstudierende und angehende Lehrkräfte im Vorbereitungsdienst liegt ebenfalls eine ungünstige Musterverteilung vor, die ungünstige Eingangsvoraussetzungen hinweist: Die Anteile der Muster B und Muster S (vor allem bei den Männern) sind besonders hoch. Gesundheitliche Probleme liegen bei einer Teilgruppe also bereits zu Beginn der beruflichen Tätigkeit vor und entstehen nicht erst während dieser durch berufliche Belastungen. Dieser Befund weist darauf hin, dass eine Teilgruppe derjenigen, die sich für den Beruf des Lehrers bzw. der Lehrerin entscheiden, in diesem Tätigkeitsbereich nicht besonders leistungsstark und somit wenig geeignet sind. So konstatieren Schaarschmidt, Kieschke und Fischer (2017): „Zwischen Eignung und Gesundheit besteht ein unlöslicher Zusammenhang“ (ebd. S. 116).

Welche Konsequenzen diese gesundheitliche Situation für die Aufgabenerfüllung der Lehrkräfte und somit für die Bildung und Erziehung der Schülerinnen und Schüler hat, wird im folgenden Kapitel dargestellt.

2.1.4 Lehrergesundheit und Lehrerprofessionalität

In den vorhergehenden Kapiteln wurde der Zusammenhang von Belastungen und Ressourcen im Hinblick auf die Gesundheit der Lehrerinnen und Lehrer dargestellt und der Forschungsstand zu den drei Bereichen skizziert. Im vorliegenden Abschnitt steht nun im Fokus, inwiefern ein Zusammenhang zwischen der Gesundheit der Lehrkräfte und deren beruflichen Kompetenzen besteht.

Als Kompetenzen definiert Weinert (2001) „die bei Individuen verfügbaren oder […] erlernbaren kognitiven Fähigkeiten und Fertigkeiten, um bestimmte

Probleme zu lösen, sowie die damit verbundenen motivationalen, volitionalen und sozialen Bereitschaften und Fähigkeiten, um die Problemlösungen in variablen Situationen erfolgreich und verantwortungsvoll nutzen zu können" (ebd. S. 27 f.). Im Forschungsprogramm COACTIV wird Selbstregulationsfähigkeit neben Professionswissen, Überzeugungen und berufsspezifischer Motivation als eine Kompetenz von Lehrkräften verstanden. Selbstregulationsfähigkeit ist „die Fähigkeit, im beruflichen Kontext effektiv mit den eigenen Ressourcen haushalten zu können" (Klusmann 2011, S. 277). Da dieser Kompetenzaspekt unabhängig von Professionswissen ist und sich auf die Persönlichkeit der Lehrkraft bezieht, wird an dieser Stelle deutlich, dass das Verständnis von Lehrerkompetenzen im COACTIV-Modell über ein rein kognitives und fachspezifisches Kompetenzverständnis hinausgeht. Kunter et al. (2011) konnten den Zusammenhang zwischen Selbstregulationskompetenz und beruflichem Erfolg nachweisen. In Anlehnung an die vier Erlebens- und Verhaltensmuster nach Schaarschmidt (2005) und in der Annahme, dass sich Lehrkräfte im Hinblick auf ihre Selbstregulationskompetenz unterscheiden, erarbeiteten die Autoren und Autorinnen vier Typen der Selbstregulation. Diese unterscheiden sich im Hinblick auf ihre Widerstandsfähigkeit und ihr berufliches Engagement und werden zudem in Anlehnung an die Conservation of Ressources Theory, kurz COR-Theorie (vgl. Hobfoll 1989) in Hinblick auf das Haushalten mit verfügbaren Ressourcen unterschieden. Demnach streben Individuen grundsätzlich danach, ihren Ressourcenpool aufrecht zu erhalten und zu maximieren. Stress entsteht, wenn nach einer Investition von Ressourcen der Gewinn ausbleibt, die Ressourcen bedroht werden oder Ressourcenverlust vorliegt. Zudem ist der Effekt bei Ressourcenverlust größer als bei Ressourcengewinn und Investitionen von Ressourcen notwendig für die Aufrechterhaltung des Ressourcensettings (vgl. Klusmann 2011, S. 279). Die folgende tabellarische Darstellung zeigt die vier Typen der Selbstregulationskompetenz und ihre Prävalenz im Sample (Tabelle 2.1).

Die empirische Untersuchung zeigte, dass Lehrkräfte des Gesundheitstyps im Hinblick auf ihre Unterrichtsqualität die besten Werte erzielten. Ihre Schülerinnen und Schüler gaben an, bei diesen Lehrkräften stärkere kognitive Aktivierung zu erfahren, ein besseres Unterrichtstempo zu erleben und mehr konstruktive Unterstützung zu erhalten als von Lehrkräften der anderen Typen. Lehrkräfte des Risikotyps A erzielten nur im Hinblick auf kognitive Aktivierung gute Werte. Kein Unterschied wurde hinsichtlich der Klassenführung sichtbar. Somit wurde gezeigt, dass Lehrkräfte mit hoher Selbstregulationskompetenz in mehreren Facetten ihres unterrichtlichen Handelns erfolgreicher sind als Lehrkräfte mit schwacher Ausprägung dieser Kompetenz.

Tabelle 2.1 Typisierung der Lehrkräfte nach selbstregulativen Fähigkeiten (eigene Darstellung in Anlehnung an Klusmann 2011, S. 280 ff.)

Selbstregulationstypus	Kombination aus Widerstandskraft und Engagement	Charakterisierung des Haushaltens mit vorhandenen Ressourcen
Gesundheitstyp (24 % bis 31 % der Lehrkräfte)	Hohe Widerstandskraft und hohes berufliches Engagement	Optimaler Ressourcenhaushalt, Gleichmaß an Investment und Erhaltung
Schontyp (23 % bis 28 % der Lehrkräfte)	Hohe Widerstandskraft und geringes berufliches Engagement	Gute Erhaltung der vorhandenen Ressourcen bei geringem Ressourceninvestment
Risikotyp A (15 % bis 19 % der Lehrkräfte)	Geringe Widerstandskraft und hohes berufliches Engagement	Hohes Ressourceninvestment bei geringer Ressourcenerhaltung
Risikotyp B (26 % bis 30 % der Lehrkräfte)	Geringe Widerstandskraft und geringes berufliches Engagement	Geringes Investment bei geringer Ressourcenerhaltung

Auch hinsichtlich der zweiten Facette erfolgreichen beruflichen Handelns von Lehrkräften, dem beruflichen Wohlergehen, variieren die Ergebnisse je nach Ausprägung der Selbstregulationskompetenz. Lehrkräfte des Gesundheitstypus leiden am wenigsten unter emotionaler Erschöpfung und zeigen die größte Arbeitszufriedenheit. Lehrerinnen und Lehrer des Typus Schonung weisen schlechtere Werte in beiden Bereichen auf. Im Hinblick auf die COR-Theorie lässt sich die mangelnde Arbeitszufriedenheit damit erklären, dass durch das fehlende Ressourceninvestment die Ressourcenbilanz trotz der Bemühung um Ressourcenschonung negativ ist. Die beiden Risikotypen weisen jeweils deutlich schlechtere Werte in beiden Bereichen auf als der Gesundheitstypus. Die Ergebnisse der COACTIV-Studie zeigen also, dass Lehrkräfte mit einer hohen Selbstregulationskompetenz erfolgreichere Lehrkräfte sind. Dies trifft sowohl für die Qualität ihres Unterrichts zu als auch für ihr berufliches Wohlbefinden. Klusmann (2011) fordert allerdings empirischen Nachweis dafür, dass Selbstregulationskompetenz tatsächlich unabhängig von den anderen drei Kompetenzen ist, um das Konzept der Selbstregulationskompetenz theoretisch zu konzeptualisieren (vgl. ebd. S. 286).

Wie bereits dargestellt wurde, hängt der erfolgreiche Umgang mit Belastungen im Lehrerberuf maßgeblich von den zur Verfügung stehenden Ressourcen der Lehrkraft ab. Im Folgenden wird aufgezeigt, inwiefern psychische Gesundheit von Lehrkräften, kompetentes Handeln in den Tätigkeitsbereichen Unterrichten und Erziehen und vorhandene Ressourcen miteinander in Beziehung stehen.

Döring-Seipel und Dauber (2013) konnten nachweisen, dass Lehrkräfte, die über ein starkes Setting an personalen Ressourcen wie emotionaler Stabilität, Selbstwirksamkeit und Ungewissheitstoleranz verfügen, eine größere Bandbreite an Unterrichtsformen praktizieren. Lehrkräfte mit defizitären personalen Ressourcen hingegen zeigen eingeschränkte Handlungsoptionen und werden häufiger mit Unterrichtsproblemen konfrontiert. Schülerorientierung, Förderung selbstständigen Lernens, Unterricht unter Einbeziehung der emotionalen, motivationalen und sozialen Ebene sowie flexible, auf die Reaktionen der Schülerinnen und Schüler angepasste Unterrichtsplanung werden besonders von Lehrkräften durchgeführt, die über starke personale Ressourcen verfügen (vgl. ebd. S. 107). An dieser Stelle wird deutlich, dass Lehrkräfte, die aufgrund von Ressourcenstärke mit den Belastungen des Schulalltags erfolgreich umgehen können, auch die kompetenteren Lehrkräfte sind. Betrachtet man die Ergebnisse von Döring-Seipel und Dauber (2013) so trifft dies insbesondere für den Tätigkeitsbereich Unterrichten zu. Auch eine Studie von Ben-Ari et al. (2003) zeigte einen positiven Zusammenhang zwischen der Unterrichtskompetenz von Lehrkräften und ihrer Gesundheit. Im Fokus der Studie stand der Zusammenhang von schülerorientierten bzw. lehrerzentrierten Unterrichtsformen und Stress, Burnout und Berufszufriedenheit. Die Ergebnisse zeigen, dass Lehrkräfte, die überwiegend schülerorientierte Unterrichtsmethoden praktizierten, weniger Stress empfinden und ihre berufliche Zufriedenheit höher einschätzen als die Lehrkräfte, die ihren Unterricht hauptsächlich lehrerzentriert gestalten.

An einer Schnittstelle zwischen Unterrichten und Erziehen befindet sich gute Klassenführung, welche von Wesselborg (2015) als zentrale interne Ressource bezeichnet wird (vgl. ebd. S. 58). Klassenführung befasst sich mit der „Gestaltung der auf Lernarbeit zielenden Interaktion zwischen Schüler/innen und Lehrer/innen in dem institutionalisierten sozialen Rahmen der Schulklasse“ (Kiel 2009, S. 337) und zielt somit auf optimale Rahmenbedingungen für den Unterricht ab, indem Konflikten und Unterrichtsstörungen präventiv und interventiv durch Regeln Einhalt geboten und das Klassenklima positiv beeinflusst wird. Sharp und Forman (1985) wiesen einen Zusammenhang zwischen guter respektive mangelhafter Klassenführung und Stressempfinden der Lehrkraft nach. In einer Interventionsstudie mit drei Vergleichsgruppen wurde gezeigt, dass sich durch spezielles Training der Klassenführungskompetenz (Gruppe eins) sowie durch Training für den Umgang mit Stress (Gruppe zwei) das Stress- und Angstempfinden reduzieren lassen. Somit wird deutlich, dass Fähigkeiten von Lehrkräften an der Schnittstelle von Unterrichten und Erziehen in engem Zusammenhang stehen mit Stressempfinden und folglich mit langfristiger psychischer Gesundheit. Auch Schaarschmidt (2005a) weist auf einen Zusammenhang zwischen berufsbezogenen Kompetenzen und psychischer Gesundheit hin. Im Rahmen der Potsdamer Lehrerstudie wurde der Zusammenhang zwischen der Selbsteinschätzung eigener beruflicher Kompetenzen und der Musterzugehörigkeit untersucht. Befragt wurden die Lehrkräfte nach ihrer Einschätzung im Hinblick auf ihre erzieherische und fachliche Kompetenz. Lehrkräfte des Musters G schätzen ihre Kompetenzen in beiden Bereichen am höchsten ein, während Lehrkräfte des Risikomusters B die negativste Einschätzung ihrer beruflichen Kompetenzen zeigen. Ebenfalls erhoben wurde die Selbsteinschätzung im Hinblick auf sozial-kommunikative Kompetenz. Auch hier zeigen die Lehrerinnen und Lehrer des Musters G die positivste Einschätzung ihrer Kompetenzen, während sich Lehrkräfte des Risikomusters B ein geringes Maß an sozial-kommunikativen Kompetenzen wie Rücksichtnahme, Durchsetzung und Selbstbehauptung bescheinigen (vgl. ebd. S. 33 ff.).

Zusammenfassend lässt sich festhalten, dass der Zusammenhang zwischen Kompetenzen von Lehrkräften und deren psychischer Gesundheit mehrfach empirisch gezeigt werden konnte. Belegt werden konnte zudem, dass eine Steigerung verschiedener Kompetenzen zu einer Senkung des Stress- und Belastungsempfindens führen kann, wodurch deutlich wird, dass ein starkes Setting aus Kompetenzen einen guten Gesundheitszustand bewirkt und nicht ein guter Gesundheitszustand ein starkes Setting aus Kompetenzen. Dass Kompetenzen einer Lehrkraft eine salutogenetische Wirkung haben, bestätigt wiederum, dass Kompetenzen im Sinne von einer Person inhärenten Fähigkeiten als Ressource zu sehen sind, deren salutogenetische Wirkung bereits in Abschnitt 2.1.2 eingehend behandelt wurde.

2.1.5 Zusammenfassung

Die Analyse des Forschungsstandes im Bereich Lehrergesundheit ergibt, dass Lehrkräfte einem vergleichsweise hohen Risiko ausgesetzt sind, psychisch und physisch zu erkranken. Die hohe Anzahl an krankheitsbedingten Frühpensionierungen bzw. an krankheitsbedingten Fehlzeiten der dienstälteren Lehrkräfte sind ein Indikator hierfür (vgl. Döring-Seipel & Dauber 2013). Weber, Weltke und Lederer (2004) zeigten, dass die Gründe für vorzeitige krankheitsbedingte Pensionierungen vorwiegend psychische Erkrankungen sind. Doch nicht nur die dienstälteren Lehrerinnen und Lehrer weisen ungünstige gesundheitliche Bedingungen auf. Studien von Farber (1991), Kramis-Aebischer (1995), Gamsjäger und

Sauer (1996) sowie Körner (2003) machten sichtbar, dass 10 % bis 35 % der aktiven Lehrkräfte mit psychischen Belastungen und Burnoutsymptomen konfrontiert sind. Schaarschmidt (2005b) wies nach, dass gesundheitlich ungünstige Verhaltensmuster bei einer Mehrheit der aktiven Lehrkräfte in allen Dienstaltersstufen festzustellen sind. Diese prekäre Gesundheitssituation kann mit einem Mangel an internen und externen Ressourcen erklärt werden, die für eine gelingende Bewältigung der multiplen Belastungen, die auf unterschiedlichen Ebenen vorzufinden sind, nicht ausreichen (vgl. SAR-Modell nach Hobfoll 1989).

Die salutogenetische Wirkung interner Ressourcen wurde vielfach empirisch bestätigt (vgl. Döring-Seipel & Dauber 2013), wobei der gesundheitsfördernde Effekt sowohl für externe Ressourcen als auch für interne Ressourcen gilt. Besonders die Wahrnehmung sozialer Unterstützung hat salutogenetische Wirkung. Nachgewiesen wurde zudem, dass sich interne Ressourcen durch gezielte Interventionsprogramme maximieren lassen (vgl. Sharp & Forman 1985). Klusmann (2011) konstatiert einen Zusammenhang zwischen der internen Ressource Selbstregulation, die im Forschungsprogramm COACTIV nach Baumert und Kunter (2011) als Kompetenz von Lehrkräften verstanden wird, und beruflichem Erfolg von Lehrkräften. Weitere Forschungsergebnisse, die einen Zusammenhang zwischen der internen Ressource beruflicher Kompetenz und beruflichen Erfolgen zeigen, liegen von Sharp und Forman (1985), Döring-Seipel und Dauber (2013) sowie Ben-Ari (2003) vor. Lehrkräfte, die über ein starkes Ressourcensetting verfügen, sind also zum einen gesünder und zum anderen beruflich erfolgreicher.

Für die vorliegende Arbeit sind diese Forschungsergebnisse relevant, weil sie die Tragweite der gesundheitlichen Situation von Lehrkräften im Hinblick auf individuelle Schicksale und vor allem im Hinblick auf die Qualität der schulischen Bildung aufzeigen. Zudem bietet das SAR-Modell nach Hobfoll (1989) den theoretischen Rahmen für das dieser Arbeit zugrunde liegende Verständnis von Aufrechterhaltung der Lehrergesundheit. Die salutogenetische Wirkung interner und externer Ressourcen sowie der nachgewiesene Zusammenhang von internen Ressourcen und Lehrerkompetenz zeigen, dass Lehrkräfte mit starken Ressourcensettings sowohl gesünder als auch kompetenter sind und kompetente Lehrkräfte somit gesünder.

2.2 Subjektive Theorien von Lehrerinnen und Lehrern

Nachdem im vorangehenden Kapitel der Forschungsstand um Lehrergesundheit skizziert wurde, liegt der Fokus des vorliegenden Kapitels auf subjektiven

Theorien von Lehrerinnen und Lehrern. Um den Forschungsstand zu subjektiven Theorien von Lehrkräften hinreichend zu beschreiben, werden zuerst in Abschnitt 2.2.1 die Grundannahmen dargestellt, die dem Konzept der subjektiven Theorien im Allgemeinen zugrunde liegen und für die Erforschung subjektiver Theorien von Lehrkräften über Gesundheit somit ebenfalls bedeutsam sind. Anschließend werden in Abschnitt 2.2.2 die thematischen Felder vorgestellt, in die sich die empirischen Forschungsergebnisse im Bereich der subjektiven Theorien von Lehrkräften einordnen lassen. Zuletzt werden in Abschnitt 2.2.3 die Ergebnisse gebündelt und es wird deren Relevanz für die vorliegende Arbeit dargestellt.

2.2.1 Grundannahmen zu subjektiven Theorien

Der Diskurs um subjektive Theorien von Lehrkräften ist im Bereich der Lehrerkognitionsforschung verortet. Der Begriff der subjektiven Theorie geht zurück auf die Forschergruppe Groeben, Wahl, Schlee und Scheele (1988), die das Forschungsprogramm Subjektive Theorien in den 1980er Jahren im Bereich der Psychologie entwickelten und methodisch schärften. Zentral ist die Umorientierung der Psychologie vom behaviouristischen Bild des Menschen zum epistemologischen Subjektmodell, nach welchem der Mensch gleichzeitig Subjekt und Objekt der Erkenntnis ist (vgl. Koch-Priewe 1986, S. 5). Den Befragten, die im Rahmen einer Forschungsarbeit die Erkenntnis-Objekte sind, werden die selben menschlichen Merkmale zugeschrieben wie den Forschenden, die die Rolle der Erkenntnis-Subjekte übernehmen, nämlich die Fähigkeiten zu kommunizieren, zu reflektieren, rational zu denken und zu handeln (vgl. Merz-Atalik 2001, S. 131 f.). Es steht nicht mehr das *Verhalten* der Menschen, sondern vielmehr ihr *Handeln* im Fokus der Forschung, wodurch sichtbar wird, dass der Mensch als bewusst agierendes Subjekt und nicht mehr als von der Umwelt gesteuert und auf diese lediglich re-agierendes Objekt gesehen wird. Entsprechend des Menschenbildes, das bei der Forschung um subjektive Theorien im Allgemeinen zugrunde liegt, ist auch die Sicht auf Lehrkräfte, deren subjektive Theorien über Gesundheit in dieser Arbeit erforscht werden. Sie werden verstanden als selbstverantwortlich handelnde Subjekte, als „aktive Agenten bei der Erfüllung ihrer beruflichen Aufgaben" (Dann 2000, S. 80). Ebenso aktiv bewusst handelnd wie bei der Erfüllung ihrer beruflichen Aufgaben im schulischen Alltag handeln Lehrkräfte im Hinblick auf den Erhalt ihrer Gesundheit. Sie sind nicht rein passive Teilnehmende des Systems Schule bzw. Unterricht, sondern besitzen die Fähigkeit über ihr Handeln zu reflektieren. Diese Reflexionsfähigkeit ist in der vorliegenden Arbeit besonders relevant in Bezug auf den Zusammenhang zwischen ihrem beruflichen Handeln, den schulischen Rahmenbedingungen und der Erhaltung ihrer Gesundheit.

Unter subjektiven Theorien versteht man die Überlegungen, die die Handlungen einer Person begleiten oder ihr vorausgehen und insofern für die ausführende Person handlungsleitend sind (vgl. Pohlmann 2009, S. 54). Baumert und Kunter (2006) konstatieren, dass diese „intuitiven Theorien die Art der Begegnung mit der erkennbaren Welt vorstrukturieren" (ebd. S. 498). Das Adjektiv *intuitiv* deutet dabei an, dass subjektive Theorien meist implizit sind. Es handelt sich also um das unbewusste Zurückgreifen auf bereits im Vorhinein generierte Annahmen, um sich Situationen in der Interaktion mit der sozialen Umwelt zu erklären und das eigene Handeln bestmöglich zu modifizieren. Nach Mandl und Huber (1982) werden durch die Untersuchung subjektiver Theorien von Lehrkräften „das Zusammenwirken von individuellen Überzeugungen, subjektiven Interpretationen, naiven Schlußfolgerungen, persönlichen Handlungsmöglichkeiten und -gewohnheiten in der Auseinandersetzung mit pädagogischen Situationen erforscht [...]" (ebd. S. 3). Ohne die Zusammenhänge zu erforschen, die Individuen zwischen Faktoren ihrer Umwelt und ihren eigenen Handlungsmöglichkeiten sehen, lassen sich diese laut Mandl und Huber nicht vorhersagen oder verändern (vgl. ebd. S. 4). Ziel bei der Offenlegung subjektiver Theorien ist es demnach, Beschreibungen und Erklärungen von Lehrerhandeln und daraus folgend auch Modifizierung desselben zu ermöglichen. Dem Alltagswissen und den Alltagskonzepten der Lehrkräfte wird folglich eine große Bedeutung hinsichtlich ihrer Handlungsleitung zugeschrieben. Diese handlungsleitende Funktion von subjektiven Theorien wurde mehrfach empirisch untersucht (vgl. Wahl et al. 1983; Dann 1994; Staub & Stern 2002; Brown, Harris & Harnett 2012; Hofer et al. 1986; Leuchter et al. 2006). Die meisten Autorinnen und Autoren sprechen subjektiven Theorien eine handlungsleitende Funktionen zu, wobei das Agieren der Lehrkräfte jedoch auch noch von anderen Größen wie Routinen oder Emotionen beeinflusst wird. Die Komplexität der subjektiven Theorien erweist sich hierbei zudem als überaus relevant. Je komplexer die subjektiven Theorien sind und je stärker wissenschaftliche Theorien in ihnen vorhanden sind, desto erfolgreicher handeln Lehrkräfte in ihrem beruflichen Kontext.

Diese Erkenntnis lässt sich auch auf den Inhaltsbereich der vorliegenden Arbeit übertragen. Je komplexer subjektive Theorien zur Erhaltung von Gesundheit im Lehrerberuf und je höher die Anteile wissenschaftlicher Theorien darin sind, desto erfolgreicher handeln Lehrkräfte bei der Erhaltung ihrer Gesundheit. Groeben (1998a) weist zudem darauf hin, dass „das Konstrukt der Subjektiven Theorie keineswegs impliziert, daß ein damit gemeintes Wissen kohärent, widerspruchsfrei etc. sein muß; von Subjektiven Theorien ist durchaus auch dann zu sprechen, wenn die Zielkriterien maximaler oder optimaler Rationalität verletzt werden […]“ (ebd. S. 227).

2.2.2 Inhaltsbereiche subjektiver Theorien von Lehrkräften

Wahl (1988) konstatiert, dass ein Großteil an Forschungsarbeiten zu subjektiven Theorien das Handeln von Lehrkräften gegenüber Schülerinnen und Schülern bzw. das Handeln von Lehrenden an Hochschulen gegenüber Studierenden im Fokus hat (vgl. ebd. S. 259). Grund dafür ist die Überschneidung von wissenschaftlichen Wissensbeständen und Alltagsdenken in Form von subjektiven Theorien im Hinblick auf die Lehrtätigkeit. Neben dem Begriff subjektive Theorie wird im deutschen Sprachraum für dasselbe Phänomen auch der Begriff „Alltagstheorie“ verwendet, und sowohl im deutschen als auch im englischsprachigen Forschungskontext zudem die Bezeichnung „beliefs“. Während der Terminus Subjektive Theorie von Groeben et al. (1988) als Forschungsprogramm methodisch geschärft wurde, ist dies für die Begriffe „beliefs“ und „Alltagstheorie“ nicht zutreffend. Für eine detaillierte Diskussion der Begriffe sei auf das Methodenkapitel (Kapitel 3) verwiesen. Im vorliegenden Kapitel werden die drei Bezeichnungen synonym verwendet, um bei der Sichtung von Forschungsergebnissen auch englischsprachige Literatur berücksichtigen zu können und somit ein umfassendes Bild des Forschungsstandes zu gewährleisten.

Mandl und Huber (1982) nennen drei Bereiche, die subjektive Theorien von Lehrkräften weiter untergliedern: Der erste Bereich sind subjektive Theorien zur Beurteilung von Schülerinnen und Schülern, z. B. die Arbeiten von Kammermeyer 2000 und Pohlmann 2009. Der zweite Bereich sind subjektive Theorien zur Unterrichtsplanung und -durchführung, wozu Studien über die subjektiven Theorien zur Vorbereitung des Unterrichts, zur Förderung leistungsschwacher Schülerinnen und Schüler und zum Umgang mit konfligierenden Handlungszielen gezählt werden wie beispielsweise die Studien von Lehner-Hartmann 2014, Viebrock 2007, Kircher 2016, Alabdulkareem 2009, De Florio-Hansen 1998, Merz-Atalik 2001, Kindermann 2017, Koch-Priewe 1986, Fussangel 2008, Kunze 2004 sowie Wagner 2016. Den dritten Bereich stellen subjektive Theorien zum Umgang mit Schulschwierigkeiten einschließlich persönlicher Krisensituationen von Lehrkräften dar. In diesem Bereich wurden subjektive Theorien über als kritisch wahrgenommene Schulsituationen sowie deren Veränderung untersucht. Darunter fallen vor allem subjektive Theorien zu sozial abweichendem Schülerverhalten und Lernschwierigkeiten, wie beispielsweise von Metzger 2006, Majer

2008 und Mehring 2009 untersucht. Subjektive Theorien von Lehrkräften in persönlichen Krisensituationen wurden von Mayring et al. (2000) sichtbar gemacht. Es zeigt sich also, dass den Schwerpunkt in der Forschung zu subjektiven Theorien von Lehrkräften das Geschehen im Unterricht bildet. Wenngleich subjektive Theorien über krisenartige, belastende Situationen bedeutsam für den Erhalt von Lehrergesundheit sind, weil Belastungen neben zur Verfügung stehenden Ressourcen Einfluss auf den Gesundheitszustand einer Person haben, kann dennoch konstatiert werden, dass subjektive Gesundheitstheorien, die neben Belastungen noch andere Bereiche umspannen, bislang nicht im Fokus empirischer Forschung zu subjektiven Theorien von Lehrkräften standen.

2.2.3 Zusammenfassung

In diesem Kapitel wurden bisher die Menschenbildannahmen erörtert, die dem Forschungsprogramm Subjektive Theorien zugrunde liegen. Es wurde deutlich gemacht, dass der Mensch – in dieser Arbeit die Lehrkraft – als bewusst handelndes Subjekt gesehen wird. Auf Grundlage verschiedener empirischer Studien wird subjektiven Theorien eine handlungsleitende Funktion zugesprochen (vgl. Wahl et al. 1983; Dann 1994; Staub & Stern 2002; Brown, Harris & Harnett 2012, Hofer et al. 1986; Leuchter et al. 2006). Auf die Thematik der vorliegenden Studie bezogen heißt das, dass die subjektiven Theorien, die Lehrkräfte über Gesundheit haben, auch ihr Gesundheitshandeln beeinflussen. Neben dem Begriff der subjektiven Theorien werden sowohl im englischsprachigen als auch im deutschsprachigen Kontext die Begriffe „beliefs" und „Alltagstheorien" für handlungsleitende Kognitionen benutzt. Um den inhaltlichen Bereich um das Phänomen handlungsleitender Kognitionen von Lehrkräften tatsächlich abdecken zu können, wurden bei der Analyse bisheriger empirischer Arbeiten auch diese verwandten, wenn auch nicht methodisch geschärften Begriffe, miteinbezogen.

Bei der Sichtung bisheriger empirischer Forschungsarbeiten im Bereich subjektiver Theorien von Lehrkräften wurde deutlich, dass in deren Fokus fast immer das Handeln von Lehrkräften in Unterrichtssituationen steht. Relevant sind dabei handlungsleitende Kognitionen bei der Interaktion der Lehrkraft mit Schülerinnen und Schülern, seltener auch mit Kolleginnen und Kollegen sowie subjektive Theorien zur Vorbereitung des Unterrichts, welche wiederum Auswirkungen auf die Interaktion von Lernenden und Lehrkraft haben. Das Augenmerkt liegt stets darauf, dass unterrichtliches Handeln – sei es durch Unterrichtsvorbereitung, durch Kooperation im Kollegium oder durch den Umgang mit Störungen – verbessert werden kann, um Unterrichtserfolge zu steigern. Der Schwerpunkt ist demnach das Einflussnehmen auf Schülerinnen und Schülern durch die Lehrkraft, sowohl in Bezug auf kognitive Inhalte als auch in Bezug auf Sozialverhalten. Forschungsarbeiten um subjektive Theorien von Lehrkräften fokussieren also meist deren Einfluss auf das Lernen von Schülerinnen und Schülern im Wirkungsbereich von Schule und Unterricht[3]. Dies konstatiert Skott (2005) auch für den internationalen Forschungskontext: "The field of teachers' beliefs is interested in teachers' thinking about meta-issues such as what knowledge is in a certain domain, how students become proficient in that domain, and what teachers may do to faciliate the development of such proficiency" (ebd. S. 13).

2.3 Subjektive Theorien zu Gesundheit

Nachdem im vorhergehenden Kapitel der Forschungsstand um subjektive Theorien von Lehrkräften behandelt wurde, werden im vorliegenden Kapitel subjektive Theorien zu Gesundheit thematisiert. Faltermaier (1998, S. 87 ff.) unterscheidet zwischen subjektiven Gesundheitskonzepten, welche in Abschnitt 2.3.1 dargestellt werden und subjektiven Gesundheitstheorien, welche in Abschnitt 2.3.2 im Fokus stehen.

2.3.1 Subjektive Gesundheitskonzepte

Zahlreiche Forschungsarbeiten beschäftigen sich mit subjektiven Gesundheitskonzepten und somit mit der Frage, was Individuen – vor allem, aber nicht ausschließlich Laien – unter dem Begriff Gesundheit verstehen. Nach Faltermaier (1998) sind subjektive Konzepte von Gesundheit die Basis für subjektive Theorien von Erhaltung oder Nicht-Erhaltung der Gesundheit (vgl. ebd. S. 78). Diese Basis ist grundlegend für „alle weiteren gesundheitsbezogenen Überlegungen und Aktivitäten" (ebd. S. 81). Somit sind subjektive Konzepte über Gesundheit auch relevant für die vorliegende Arbeit: Welches Verständnis Lehrkräfte von Gesundheit haben, beeinflusst ihre subjektiven Theorien über den Erhalt von Gesundheit im Beruf. Im Folgenden wird der Forschungsstand bezüglich subjektiver Gesundheitskonzepte und deren Entstehung und Veränderung dargestellt.

---

[3] Die Arbeit von Ludwig (2009) zu subjektiven Gesundheitstheorien von Lehrkräften fokussiert nicht die Interaktion mit Schülerinnen und Schülern oder das Unterrichtsgeschehen und ist deshalb für das vorliegende Kapitel nicht anschlussfähig. Die Ergebnisse werden in Abschnitt 2.3.2 ausführlich dargestellt.

Die Entstehung und Veränderung subjektiver Gesundheitskonzepte
Gesundheitsvorstellungen von Laien sind relevant, weil davon ausgegangen wird, dass Gesundheitshandeln stark von den Vorstellungen über Gesundheit beeinflusst wird. Diese Vorstellungen können sowohl implizit als auch explizit sein (vgl. Flick 2002, S. 311). Subjektive Vorstellungen über Gesundheit werden von Faltermaier (1998) als Basis für subjektive Theorien gesehen (vgl. ebd. S. 78), von Flick (2002) werden sie als subjektive Theorien verstanden (vgl. ebd. S. 300 f.). Subjektive Theorien sind – unabhängig ihrer spezifischen Thematik – Kognitionen, die im Lauf von Biographien durch Lernen entstehen und sich verfestigen. Laut Fussangel (2008) „finden [sie] ihren Ursprung in individuellen Erfahrungen, die aus dem eigenen Verhalten oder dem anderer Personen oder aus der Beschaffenheit bestimmter Objekte und Situationen resultieren. Sie entstehen somit in einem fortwährenden Sozialisationsprozess, in den sowohl individuelle als auch kulturelle und gesellschaftliche Einflüsse eingehen und einen Beitrag zur Konstruktion bestimmter subjektiver Theorieelemente leisten“ (ebd. S. 83).

Faltermaier, Kühnlein und Burda-Viering (1998) konstatieren ebenfalls, dass subjektive Gesundheitskonzepte und subjektive Gesundheitstheorien vor dem Hintergrund eigener Erfahrungen entstehen, die sowohl persönliche Erlebnisse und Erfahrungen sein können als auch über soziale Beziehungen, Medien und Experten vermittelt werden. Sie sehen in Laienvorstellungen von Gesundheit demnach Phänomene, die mehrheitlich in der Lebenserfahrung der Individuen gründen (vgl. ebd. S. 83). Diese müssen nicht „systematisch oder widerspruchsfrei (entsprechend wissenschaftlicher Theorien) formuliert sein“ (ebd. S. 99). Belz-Merk (1995) untersuchte, unter welchen Bedingungen sich Menschen Gedanken um ihre Gesundheit machen und welche Situationen somit Einfluss auf die Genese oder Modifikation von Gesundheitskonzepten haben. Am häufigsten nannten die Befragten eigene Krankheiten, körperliche Beschwerden und Unfälle. Auch Genussmittelkonsum, Arztbesuche, die berufliche Situation sowie Stress und Erschöpfung wurden von den Befragten aufgeführt. Flick (2002) sieht die Entstehung subjektiver Konzepte über Gesundheit auf mehreren Ebenen, die sich gegenseitig beeinflussen und verändern.

So stehen auf der privaten, individuellen Subjektebene Alltagswissen über Gesundheit und alltägliche Handlungsweisen in einem engen dynamischen Zusammenhang. Das Wissen eines Subjekts, das in Definitionswissen, Funktionswissen, Reflexionswissen und Folgewissen kategorisiert werden kann, hat Einfluss auf seine Lebensweise und seinen Lebensstil. Die Handlungen der Individuen beeinflussen durch ihren Erfolg oder ihr Scheitern wiederum das Alltagswissen. Neben dieser individuellen subjektiven Ebene, durch die der Gesundheitsbegriff einer Person beeinflusst wird, spielt auch die professionelle Ebene – die

Gesundheitswissenschaften und Public Health – eine Rolle. Individuen kommen mit dieser Ebene sowohl bei präventiven und kurativen Maßnahmen sowie durch die Medien in Berührung. So wird die Vorstellung von Gesundheit im Kontakt mit professionellen Akteuren im Gesundheitswesen aus den Bereichen Medizin, Rehabilitations- und Pflegewissenschaft im Fall von Behandlungen und Präventionsmaßnahmen beeinflusst. Ebenso üben die Sozialwissenschaften, die Medizinsoziologie und die Medizinpsychologie einen Einfluss aus. Direkter Kontakt mit Forschungsergebnissen oder wissenschaftlichen Modellen und Theorien dieser Disziplinen sowie die Darstellung von Gesundheit und Krankheit in den Medien modifizieren subjektive Konzepte ebenfalls. Gleichzeitig verändern sich Prävention und Behandlung durch die Handlungsweisen der Betroffenen (vgl. Flick 2002, S. 297 f.). Gerade den Einfluss der Medien sowohl von fiktionalen Formaten als auch Sachformaten auf die Gesundheitsvorstellungen der Menschen belegen mehrere Studien (vgl. Lyons 2000; Verres 1998; Alzenauer, Lang & Flick 2000).

Subjektive Gesundheitskonzepte im gesellschaftlichen Kontext

Die Vorstellungen von Menschen über Gesundheit sind heterogen. Differenzen bezüglich des Gesundheitskonzepts liegen zwischen kulturellen Kontexten sowie zwischen gesellschaftlichen Gruppen vor. Forschung über subjektive Vorstellungen zu Gesundheit gibt es aus verschiedenen Disziplinen wie aus der Sozial- und der Gesundheitspsychologie, der Soziologie, der Anthropologie und auch aus dem Bereich der Medizin (vgl. Flick 1998, S. 7). Der Großteil empirischer Forschungsarbeiten zu subjektiven Gesundheitskonzepten wurde vor der Jahrtausendwende publiziert. Rumpelsberger (2013) konstatiert in diesem Zusammenhang, dass „[d]ie subjektiven Gesundheitsvorstellungen von Laien […] ausgehend von medizinsoziologischen und gesundheitswissenschaftlichen Studien in Frankreich und Amerika in den 1970er und 1980er Jahren bereits einigermaßen ausführlich erforscht [wurden]“ (ebd. S. 33). Jüngere Forschungsarbeiten um subjektive Gesundheitskonzepte fokussieren meist die Vorstellungen von Gesundheit in bestimmten Bevölkerungsgruppen, bei denen davon ausgegangen wird, dass sich aufgrund verschiedener Einflussfaktoren die subjektiven Gesundheitskonzepte von anderen Bevölkerungsgruppen unterscheiden. Im Folgenden wird ein Überblick über die empirischen Arbeiten gegeben.

Als Grundlage und Anstoß für die Forschung um den Gesundheitsbegriff von Laien nennt Faltermaier (1998) die empirische Forschungsarbeit der französischen Sozialpsychologin Claudine Herzlich (1973) (vgl. ebd. S. 78). Herzlich (1973) untersuchte in einer qualitativen Interviewstudie erstmals, was Laien unter dem

Begriff Gesundheit verstehen. Ebenfalls im Fokus der Erhebung stand das Verhältnis von Gesundheit und Krankheit zueinander. Die Vielfalt der Konzeptionen, die die Befragten nannten, kategorisierte Herzlich in drei Dimensionen: Gesundheit als Vakuum, Reservoir an Gesundheit und Gesundheit als Gleichgewicht. Gesundheit als Vakuum beschreibt eine Vorstellung von Gesundheit, die durch die Abwesenheit von Krankheit gekennzeichnet ist. Ein positiv definierter Inhalt von Gesundheit ist nicht vorhanden und Gesundheit wird – im Gegensatz zur Krankheit – nicht aktiv erlebt. Die zweite Dimension, die Vorstellung eines Reservoirs an Gesundheit, charakterisiert Gesundheit als Robustheit, Stärke und Widerstandskraft gegen äußere Einflüsse und Krankheiten. Diese Eigenschaften werden als Persönlichkeitsmerkmal verstanden, von denen ein Individuum verschieden viel haben kann. Zudem kann sich das Maß an Gesundheit am Individuum verändern. Die dritte Dimension, Gesundheit als Gleichgewicht, ist als unmittelbare persönliche Erfahrung zu sehen, die man entweder erlebt, indem man sich im Gleichgewicht befindet, oder nicht. Diese Vorstellung von Gesundheit ist mehr als Wert zu verstehen, den man zu erreichen anstrebt, denn als tatsächlicher Zustand. Gesundheit wird hierbei auf mehreren Ebenen gesehen: sowohl auf der physischen Ebene als auch auf der psychischen sowie der sozialen Ebene.

Nach Faltermaier (1998, S. 80) und Flick (2002, S. 303) bestätigten und erweiterten darauffolgende Forschungen in Großbritannien, Frankreich und Deutschland die Ergebnisse von Herzlichs Studie. Untersuchungen zu subjektiven Konzepten von Gesundheit mit unterschiedlichen Forschungsmethoden und inhaltlichen Vergleichshorizonten und liegen vor von D'Houtaud und Field (1984) Millstein und Irwin (1987), Hunt und Macleod (1987), Pierret (1988), Versteegen (1988), Clarke und Lowe (1989), Franke (1989), Schulze und Welters (1991), Mattes (1991), Udris et al. (1991), Sek et al. (1992), Strittmatter (1995), Belz-Merk (1995) sowie Faltermaier (1998). Diese werden aufgrund ihrer Historizität nicht im Detail dargestellt.

Faltermaier (1998) nennt als Konvergenz dieser Arbeiten vier Dimensionen des Gesundheitsbegriffs:

1. Dimension: Gesundheit als Vakuum. Gesundheit wird definiert als Abwesenheit von Krankheit.
2. Dimension: Gesundheit als Leistungsfähigkeit. Gesundheit wird gesehen als der Zustand, in dem man als wichtig empfundene Aufgaben im Alltagsleben und vor allem im beruflichen Kontext erfüllen kann.
3. Dimension: Gesundheit wird als vorwiegend körperliche Stärke und Energie im Sinne eines Potentials gesehen.

4. Dimension: Gesundheit als psychisches Wohlbefinden. Gesundheit wird verstanden als ein Zustand positiver Grundstimmung und als innere Ruhe (vgl. ebd. S. 80).

Eine quantitative Untersuchung von Blaxter (1990) zeigt die prozentuale Verteilung in Großbritannien auf. 42 % und somit die größte Gruppe definiert Gesundheit entsprechend der vierten Dimension als psychisches Wohlbefinden (vgl. Flick 2002, S. 303; Blaxter 1990). Blaxters Untersuchung gibt einen ersten Überblick über die Prävalenz verschiedener Gesundheitsvorstellungen in der britischen Gesellschaft.

Diverse weitere Forschungsarbeiten differenzieren das Vorhandensein bestimmter Gesundheitsvorstellungen im Hinblick auf demographische und soziokulturelle Merkmale von Personengruppen. Eine Auswahl wird im Folgenden kurz skizziert. So liegen Forschungsergebnisse zur Kulturspezifik der Gesundheitsvorstellungen vor. Flick, Hoose und Sitta (1998) untersuchten Gemeinsamkeiten und Unterschiede von subjektiven Vorstellungen über Gesundheit von Frauen aus Portugal und Deutschland. Matthes (1998) legte Unterschiede zwischen Vorstellungen von Gesundheit in Großbritannien und Teilen Deutschlands dar. Palmer (2015) untersuchte subjektive Konzepte von psychischer Gesundheit bei Menschen unterschiedlicher religiöser und ethnischer Zugehörigkeit in Malaysia. Michalik und Walter (2015) machten subjektive Gesundheitskonzepte von Spätaussiedlern im Alter sichtbar. Die Studien ergaben sowohl Gemeinsamkeiten als auch Unterschiede zwischen den Gesundheitskonzepten der kulturellen Gruppen, was deutlich macht, dass Gesundheitsvorstellungen je nach kultureller Zugehörigkeit in Teilbereichen variieren.

Weitere empirische Studien fokussieren subjektive Gesundheitskonzepte in Hinblick auf Alter sowie Bildungserfahrung der Befragten. Lettke et al. (1999) zeigten Zusammenhänge zwischen den subjektiven Gesundheitskonzepten von Menschen und ihrem Bildungsgrad auf. Bientzle, Cress und Kimmerle (2015) untersuchten Gesundheitskonzepte von Frauen, die mit Informationsmaterial zur Brustkrebsfrüherkennung konfrontiert worden waren. Gesundheitsvorstellungen im Zusammenhang mit verschiedenen Altersgruppen wurden von Schmidt und Fröhling (1998) sowie Hintze (2013) untersucht. Dass sich Gesundheitsvorstellungen von in ihrer Selbsteinschätzung gesunden Erwachsenen in unterschiedlichen Altersgruppen unterscheiden, belegten Schulze und Welters (1998). Schmitt (2011) erforschte subjektive Gesundheitskonzepte von alten, kranken Menschen, die in Pflegeeinrichtungen leben. Aus den Ergebnissen dieser Studien wird deutlich, dass subjektive Gesundheitskonzepte je nach Bildungserfahrung, Alter und Gesundheitszustand der Befragten variieren.

Arbeiten zu Gesundheitsvorstellungen in Abhängigkeit von Geschlecht liegen vor von Franzkowiak (1986), Dross (1998), Helfferich (1994), Klesse et al. (1992), Versteegen (1988) und Plugge, Douglas und Fitzpatrick (2008). Kuhlmann und Kolip (1998) kondensieren die Forschungsergebnisse zum Zusammenhang von Geschlecht und Gesundheitsvorstellung folgendermaßen: Zum einen erfahren „Gesundheitsvorstellungen […] in Abhängigkeit vom Geschlecht spezifische Ausformulierungen" und zum anderen ist „Geschlecht dennoch kein konsistenter Prädikator, da offensichtlich weitere Einflussfaktoren zu berücksichtigen sind" (ebd. S. 108).

Gesundheitsvorstellungen in bestimmten Berufsgruppen wurden von Kuhlmann und Kolip (1998), Faltermaier, Kühnlein und Burda-Viering (1998) sowie Flick et al. (2004) untersucht. Kuhlmann und Kolip (1998) befragten Professorinnen und Professoren zu ihrem Verständnis von Gesundheit und arbeiteten heraus, dass positive Konzepte und mehrdimensionale Vorstellungen von Gesundheit dominieren. Faltermaier, Kühnlein und Burda-Viering (1998) untersuchten Gesundheitskonzepte von Handwerkern und Büroangestellten. Flick et al. (2004) zeigten subjektive Gesundheitsvorstellungen von Pflegekräften und Medizinern und beschrieben deren Gesundheitsvorstellungen als überwiegend positiv und mehrdimensional. Seidlein, Buchholz, Buchholz und Salloch (2019) zeigten Gesundheitskonzepte von professionellen Pflegekräften sowie pflegenden Angehörigen und Patienten in Langzeitpflege und wiesen nach, dass diese Differenzen aufweisen. So verstehen erstere Gesundheit vor allem als Abwesenheit von Krankheit, während zweitere Gesundheit als Gefühl und Einstellung beschrieben. Ludwig (2009) machte subjektive Gesundheitsvorstellungen von Lehrerinnen und Lehrern sichtbar und konstatiert, dass die Gesundheitskonzepte eine inhaltliche und eine dynamische Dimension haben. Bezüglich der Gesundheitsdefinitionen – der inhaltlichen Dimension – zeigen die Ergebnisse, dass die Vorstellungen der Lehrkräfte sehr unterschiedlich sind und sowohl negative als auch positive Definitionen vorkommen, die eine große Bandbreite von einfachen eindimensionalen bis zu komplexen mehrdimensionalen Dimensionen zeigen.

So facettenreich die sichtbargemachten subjektiven Gesundheitsdefinitionen sind, so deutlich zeigt sich auch, dass viele Aspekte integriert sind und sie sich dadurch von der biomedizinischen Definition von Gesundheit als Abwesenheit von Krankheit abgrenzen (vgl. Pschyrembel 2007, S. 685). Im Hinblick auf die dynamische Dimension lässt sich festhalten, dass neben der Vorstellung von Gesundheit als etwas Statischem auch die Vorstellung sichtbar gemacht wurde, dass Gesundheit veränderlich ist. Ludwig (2009) zeigte in einer empirischen Studie subjektive Gesundheitskonzepte von Lehrkräften und konstatiert, dass diese sowohl eine inhaltliche als auch eine dynamische Komponente enthalten (vgl. ebd. S. 160). Im Hinblick auf die inhaltliche Komponente ließ sich zeigen, dass die Lehrkräfte sehr unterschiedliche Vorstellungen von einfachen eindimensionalen bis hin zu komplexen mehrdimensionalen Vorstellungen explizierten. Bezüglich der dynamischen Komponente konnten vier unterschiedliche Vorstellungen sichtbar gemacht werden, welche den Ergebnissen von Faltermaier, Kühnlein und Burda-Viering (1998) weitgehend entsprechen und sprachlich wie folgt gefasst sind: Das Schalter-Modell beinhaltet die Vorstellung, dass man entweder gesund oder krank ist. Als Batterie-Modell wird die Vorstellung bezeichnet, dass Gesundheit bedingt durch negative Einflüsse langsam verbraucht wird. Das Akkumulator-Modell beschreibt, dass ein Reservoir an Gesundheit vorhanden ist, welches sowohl entleert als auch wieder aufgefüllt werden kann. Das Generator-Modell bezeichnet eine Gesundheitsvorstellung, in der Gesundheit als Größe gesehen wird, die expandiert werden kann. Die meisten Lehrkräfte – und insbesondere Lehrkräfte mit dem Fach Sport – sahen Gesundheit als Reservoir, dessen Volumen sich nach und nach erschöpft (Batterie-Modell), oder als Potenzial, welches sich maximieren lässt (Generator-Modell). Des Weiteren zeigten die Ergebnisse keinen Zusammenhang zwischen Gesundheitsvorstellungen und Schulart, Unterrichtsfach sowie Geschlecht. Insgesamt wird beim Vergleich von Gesundheitsvorstellungen im Hinblick auf verschiedene Berufsgruppen deutlich, dass Unterschiede vorliegen, wenngleich diese gering sind.

2.3.2 Subjektive Gesundheitstheorien

In den vorhergehenden Kapiteln wurden Forschungsergebnisse zu subjektiven Konzepten über Gesundheit dargestellt. Es wurde dargelegt, wie subjektive Gesundheitskonzepte entstehen und von welchen Faktoren sie beeinflusst und modifiziert werden. Außerdem wurde aufgezeigt, dass subjektive Gesundheitskonzepte mit soziokulturellen Merkmalen variieren. Die subjektive Vorstellung einer Person oder Personengruppe über Gesundheit lässt jedoch nicht ohne weiteres auf ihr Gesundheitsverhalten schließen. Um die Zielrichtung für Gesundheitshandeln im Alltag besser zu verstehen, müssen subjektive Gesundheitstheorien sichtbar gemacht werden (vgl. Faltermaier 1998, S. 81). Faltermaier, Kühnlein und Burda-Viering (1998) definieren Gesundheitstheorien als „jene Vorstellungen von Laien […], die (in welcher Weise auch immer) Aussagen über positive und negative Einflüsse auf die eigene Gesundheit machen, ohne daß diese systematisch oder widerspruchsfrei (entsprechend wissenschaftlicher Theorien) formuliert sein müssen" (ebd. S. 99). Im englischsprachigen Forschungskontext wird für das Konstrukt subjektiver Gesundheitstheorien der Begriff „health beliefs" verwendet[4]. Bei der folgenden Analyse des deutschsprachigen sowie internationalen Forschungsstands werden die beiden Begriffe synonym verwendet.

Bei der der Sichtung empirischer Forschungsarbeiten zu subjektiven Gesundheitstheorien fällt auf, dass Studien sowohl Gesundheitstheorien im Zusammenhang mit dem kulturellen Hintergrund und der Sozialisation einer Person als auch Gesundheitstheorien von Menschen, die mit einer spezifischen, zumeist medizinischen Problemstellung konfrontiert sind, in den Blick nehmen. Zudem wird deutlich, dass erstere vor allem in der Forschung der 1990er Jahre und letztere in der aktuellen Forschung vertreten sind. Empirische Arbeiten mit einer Fokussierung auf subjektive Gesundheitstheorien angesichts gesundheitlicher Problemstellungen wie beispielsweise health beliefs von Schwangeren in Hinblick auf Nahrungsergänzung durch Folsäure (vgl. Bödecs et al. 2011), health beliefs von Müttern, deren Kinder Entwicklungsverzögerungen zeigen (vgl. Peacock-Chambers & Silverstein 2017) oder health beliefs emiratischer Studentinnen hinsichtlich psychischer Gesundheit (vgl. Al-Darmaki et al. 2017) leisten vor allem einen Beitrag in den Bereichen Medizin und Public Health. Für die vorliegende Arbeit, die eine salutogenetische Perspektive einnimmt, erscheinen sie im Gegensatz zu früheren Studien, deren Blickwinkel nicht auf gesundheitliche Problemstellungen eingeschränkt sind, wenig anschlussfähig. Im Folgenden werden deshalb hauptsächlich Forschungsergebnisse dargestellt, in denen der kulturelle Hintergrund bzw. die Sozialisation der Befragten in Zusammenhang mit deren Gesundheitstheorien betrachtet wird. Dabei wird laut Schnell (2016) in den meisten Studien nicht intendiert, Unterschiede im Hinblick auf bestimmte soziodemografische Merkmale sichtbar zu machen. Stattdessen „arbeitet die Mehrzahl der Arbeiten auf ein besseres Verständnis der wahrgenommenen Einflussfaktoren von Gesundheit einer spezifischen Population [...] hin" (ebd. S. 51). Dieser Blickwinkel auf subjektive Gesundheitstheorien ist für die vorliegende salutogenetisch orientierte Arbeit interessant.

Im deutschsprachigen Raum wurden zunächst mit meist qualitativen Methoden Einflussfaktoren untersucht, die Menschen in Hinblick auf den Erhalt oder die Wiederherstellung ihrer Gesundheit sehen. Schulze und Welters (1991) identifizierten als relevante Einflussfaktoren Ernährung, Sport, Schlaf, positives Denken,

---

[4]Für eine genaue Beschreibung bzw. Abgrenzung sei auf das Methodenkapitel (Kapitel 3) verwiesen.

Bewusstsein, Ruhe, Vermeidung von Alkohol und Arztbesuche. Außerdem gab eine geringe Anzahl an Befragten in der Studie an, dass sie glaubten, ihre Gesundheit nicht beeinflussen zu können. Es zeigte sich zudem, dass die genannten Einflussfaktoren je nach Alter und Geschlecht der Befragten variierten.

Dross (1998) untersuchte in einer qualitativen Interviewstudie die subjektiven Gesundheitstheorien von Frauen, die nach eigenen Angaben eine Lebenskrise durchlebt hatten und dabei psychisch gesund geblieben waren. Neben ökonomischer Sicherheit als Protektivfaktor wurden als Bewältigungsstrategien vor allem psychische Aspekte wie Ablenkung, bewusste aber zeitlich eingeschränkte gedankliche Auseinandersetzung mit der Krise, Empfinden von Freude am Leben sowie ein positives Bewusstsein von sich selbst genannt. Auch soziale Beziehungen zu anderen Menschen sowie sinngebende Interessen und ein positives Selbstwertgefühl wurden von den Befragten als gesundheitliche Protektivfaktoren identifiziert.

Belz-Merk (1995) machte subjektive Gesundheitstheorien von Erwachsenen, die sich selbst als gesund einschätzen, sichtbar. Es wurde deutlich, dass die meisten Befragten über eine positive Definition von Gesundheit im Allgemeinen verfügen, sich jedoch besonders dann gedanklich mit ihrer Gesundheit auseinandersetzen, wenn diese gefährdet oder bereits eingeschränkt ist. Die generierten Ergebnisse hinsichtlich der Einflussfaktoren auf Gesundheit sind vielschichtig. Bezüglich der Prävention von Krankheiten stehen zwei Vorstellungen nebeneinander: Zum einen wird Vorsorge verstanden als das in Anspruch nehmen von Leistungen der medizinischen Versorgung, zum anderen als Aktivität, die jeder und jede im Sinne von individueller Selbstverantwortung für die eigene Gesundheit tun kann. Das Gesundheitshandeln, das die Befragten nennen, wird dabei nicht nur von der Motivation beeinflusst, gesund zu bleiben, sondern auch, um körperlich attraktiv zu bleiben und um soziale Kontakte zu pflegen. Zudem wurde deutlich, dass sich die Befragten umso im objektiven Sinn gesundheitsförderlicher verhielten, je intensiver sie sich kognitiv mit dem Thema Gesundheit im Alltag auseinandersetzen.

Strittmatter (1995) machte Alltagswissen über gesundheitliche Protektivfaktoren von sich selbst als gesund einschätzenden Erwachsenen sichtbar. Ergänzt wurde die Datenerhebung durch Selbstratingskalen zum Gesundheitsverhalten. Als Ursachen für den eigenen positiven Gesundheitszustand wurden 144 inhaltlich verschiedene Faktoren sichtbar gemacht, die sich in folgende zwölf Kategorien bündeln ließen und in der folgenden Tabelle dargestellt werden (Tabelle 2.2):

In der Untersuchung wurde deutlich, dass das Alltagswissen um Determinanten der Gesundheit komplexe Ursachenzuschreibungen beinhaltet. Eine prominente

Tabelle 2.2 Tabellarische Darstellung der Ursachen für Gesundheit (eigene Darstellung in Anlehnung an Strittmatter 1995, S. 169)

Gesundheit wird determiniert durch...	K (N in %)
Psychische Faktoren, Lebenseinstellung	29 (70,7)
Auseinandersetzung mit Problemen, Bewältigungsstrategien	25 (60,9)
Angeborene Konstitution, Vererbung	18 (43,9)
Gesundheitsverhalten	16 (39,2)
Umgang mit Krankheitssymptomen	15 (36,5)
Arbeitssituation	11 (26,8)
Beziehungen, soziales Umfeld	9 (21,9)
Erziehung, Kindheit	7 (17,0)
Schicksal, Glück, Zufall	6 (14,9)
Unerklärlich	4 (9,7)
Lebenssituation	3 (7,3)
Sonstige	4 /9,7)

Stellung haben dabei Einstellungen und Haltungen gegenüber alltäglichen Aufgaben. Als für die Gesundheit relevant werden die Einstellungen der eigenen Person und die Bereitschaft zur Selbstauseinandersetzung gesehen. Die Existenz externaler Faktoren wie beispielsweise Arbeitsbedingungen wird von den Befragten zwar genannt, aber in ihrem Einfluss auf die Gesundheit häufig durch die eigene aktive Willensstärke relativiert. Während der Einfluss externaler Risikofaktoren in Bezug auf den aktuellen Gesundheitszustand durch Bewältigungsmaßnahmen und innere Einstellungen relativiert werden, sehen die Befragten die externalen Risikofaktoren in Bezug auf ihre zukünftige Gesundheit als weniger kontrollierbar an. Dies geht bei den meisten Befragten mit der Vorstellung einher, dass Krankheiten und Gebrechen zum Älterwerden gehörten und dadurch Gesundheit dennoch nicht verloren gehe (vgl. ebd. S. 178).

Neben Alltagswissen zu Einflussfaktoren auf ihre aktuelle und zukünftige Gesundheit wurde ebenfalls Alltagswissen zu Protektivfaktoren in Anbetracht kritischer Lebensereignisse sichtbar gemacht. Als wichtigster gesundheitserhaltender Faktor im Fall einer Lebenskrise wurde von den Befragten soziale Unterstützung genannt. Soziale Unterstützung wird dabei sowohl als externe Ressource als auch in dem Sinne als interne Ressource verstanden, die Fähigkeit zu haben, soziale Unterstützung einzufordern. Aktiv-kognitive oder aktiv-handelnde Bewältigungsstrategien nehmen für die Befragten insgesamt einen hohen Stellenwert ein, wohingegen vermeidende, passive Strategien kaum genannt wurden (vgl. ebd.

S. 179 ff.). Dass Gesundheitshandeln bei den Befragten besonders mit Selbstverantwortung zu tun hat, wird auch bei den subjektiven Begriffskonzepten zu Prävention deutlich, die in der Studie ebenfalls erhoben wurden: Prävention wird nur von einem Drittel der Befragten als Früherkennungsuntersuchungssystem verstanden. Die Mehrheit der Befragten sieht sich selbst als Experte für die eigene Gesundheit sowie deren Erhalt (vgl. ebd.).

Mattes (1991) untersuchte Vorstellungen über den Gesundheitserhalt von Menschen in Deutschland und England. Die Befragten explizierten als Möglichkeiten für den aktiven Erhalt ihrer Gesundheit gesunde Ernährung und Sport, kaum jedoch die Inanspruchnahme medizinischer Vorsorgeangebote. Im Hinblick auf Persönlichkeitsmerkmale und Aktivitäten, die der Gesundheit zuträglich sind, thematisierten beide Gruppen die Stimmungslage als relevanten Einflussfaktor. Es zeigte sich, dass geringe Unterschiede hinsichtlich der Gesundheitstheorien zwischen Befragten aus Deutschland und England vorliegen, da diese zwar dieselben Einflussfaktoren nennen, jedoch anders gewichten. Somit konnte mit dieser qualitativen Studie gezeigt werden, dass auch der kulturelle Hintergrund der Befragten Einfluss auf die subjektiven Gesundheitstheorien hat.

Frühe Forschungsarbeiten aus dem englischsprachigen Raum zeigen ebenfalls, welche subjektiven Gesundheitstheorien Menschen bestimmter Bevölkerungsgruppen explizieren. Es wurde sichtbar, dass unterschiedliche Gesundheitstheorien vorliegen und Unterschiede in Hinblick auf Alter und Geschlecht sichtbar sind (vgl. Crawford 1987; Pill & Stott 1986; Calnan 1987; Robinson & McCluskey 1992; Clarke & Lowe 1989). Lloyd (2008) konstatiert einen Zusammenhang zwischen health beliefs und individuellen Lebensumständen: "Health beliefs about the causes of health and illness, whether illnesses and diseases can be prevented, and how to prevent and treat them are formed by an individual's cultural background" (ebd. S. 410). Dieser kulturelle Hintergrund resultiere aus der Kombination verschiedener Faktoren wie ethnischer Zugehörigkeit, Nationalität, Sprache, sexueller Orientierung, Geschlecht und Religion (vgl. ebd.).

Inwiefern die berufliche Tätigkeit und die durch den Beruf bedingte Sozialisation Einfluss auf den Inhalt subjektiver Gesundheitstheorien haben, wurde von Kuhlmann und Kolip (1998) sowie Faltermaier, Kühnlein und Burda-Viering (1998) und Ludwig (2009) untersucht.

Kuhlmann und Kolip (1998) untersuchten in einer kombinierten Fragebogen- und Interviewstudie subjektive Theorien von Professorinnen und Professoren über positive und negative Einflüsse auf die persönliche Gesundheit. Die in den Fragebögen genannten Einflussfaktoren wurden in vier Hauptkategorien gegliedert, die jeweils eine positive – also gesundheitsfördernde – Ausprägung und eine negative – also für die Gesundheit schädliche – Ausprägung hatten. Zudem wurden

Aussagen, die Stress als negativen Einflussfaktor nannten, als fünfte Kategorie zusammengefasst, die jedoch keine positive Ausprägung aufweist. Die erste Kategorie beinhaltet psychische Aspekte. Körperbezogene Aspekte bilden die zweite Kategorie. Zur einer dritten Kategorie zusammengefasst wurden alle Aspekte, die mit der beruflichen Tätigkeit zu tun hatten. Als vierte Kategorie werden familiäre und soziale Aspekte zusammengefasst. Die Ergebnisse zeigen, dass die Befragten sowohl positive als auch negative Einflüsse ihrer beruflichen Tätigkeit auf ihre Gesundheit explizieren. Es konnten zudem geschlechterspezifische Unterschiede nachgewiesen werden. Insgesamt nennen Männer mehr positive Einflussfaktoren auf ihre Gesundheit als Frauen. Frauen betonen die berufliche Dimension in beiden Ausprägungen stärker als Männer, wohingegen Männer die körperliche Dimension vor allem in der positiven Ausprägung stärker betonen. Ähnlich eingeschätzt werden die psychischen sowie familiären/sozialen Aspekte. Neben den aus den Antworten in den Fragebögen erhobenen Kategorien ergab die Auswertung der Interviews weitere Einflussfaktoren:

- die individuelle Lebenseinstellung
- persönliche Erfahrungen im Hinblick auf Krankheit und Gesundheit
- die eigene Sozialisation
- Körpererfahrungen und -konzepte

Seltener wurden Einflüsse auf der Makroebene genannt und kaum Erwähnung fanden die vergleichsweise privilegierte ökonomische Situation der Befragten sowie ökologische Risiken. Auch Risikofaktoren wurden nur in wenigen Fällen als relevant dargestellt. Besonders wichtig ist die Bedeutung, die die Befragten den beruflichen Einflüssen auf die Gesundheit geben: 90 % der Befragten nennen mindestens ein Merkmal ihres Berufes, das sie als gesundheitsförderlich sehen und 80 % der Professorinnen und Professoren sagten, dass sie in Bezug auf ihre Gesundheit „hoch ausgeprägte Impulse aus dem Beruf […] erhalten" (ebd. S. 116). Besonders häufig kamen in diesem Kontext Aussagen vor, die in die Kategorie „Selbstbestimmung/hoher Handlungsspielraum" fallen. In abfallender Häufigkeit wurden zudem auch „Kreativität" und „zeitliche Flexibilität" genannt. Weniger stark akzentuiert wurden „berufliche Inhalte" und „Kontakte zu anderen Menschen".

Faltermaier, Kühnlein und Burda-Viering (1998) untersuchten Gesundheitskonzepte und Gesundheitstheorien von sich selbst als gesund einschätzenden Erwachsenen, die in Handwerksberufen oder als Büroangestellte tätig waren. Als Einflussbereiche auf die Gesundheit wurden vier Bereiche identifiziert: der erste Bereich wird als Konstitution/Disposition bezeichnet und lässt sich in körperliche und psychische Facetten untergliedern. Den zweiten Bereich bildet die Lebensweise mit subjektivem Handeln und Erleben. Der dritte Bereich ist die soziale und ökologische Umwelt des Subjekts und als vierten Bereich nennen die Autoren Alter und Schicksal. In diesen vier Bereichen wirken vier Arten von Einflussprozessen, die positiv und negativ sein können. Diese sind erstens Belastungen und Risiken, zweitens die Stärkung oder Schwächung interner und externer Ressourcen, drittens der Ausgleich von Risiken und das Herstellen von Gleichgewicht und viertens das schicksalhafte Eintreten von Krankheit. Zusammenfassend lassen sich vier Gesundheitstheorien sichtbar machen: Risikotheorien, Ressourcentheorien, Ausgleichs- und Balancetheorien, Schicksalstheorien (vgl. ebd. S. 99 ff.).

Als weiterer Schritt wurde von den Autoren untersucht, welche Formen und Bedingungen von Gesundheitshandeln die Befragten explizieren. Einfluss auf das Gesundheitshandeln haben subjektive Gesundheitsvorstellungen sowie übergeordnete Lebensziele. Es wurden drei Arten von in den Alltag integriertem Gesundheitshandeln herausgearbeitet: erstens eine Lebensweise ohne ausgeprägtes Gesundheitshandeln, zweitens Gesundheitshandeln mit spezifischem Handlungsschwerpunkt und drittens Gesundheitshandeln integriert in die persönliche Lebensweise. Diese drei Typen lassen sich jeweils weiter ausdifferenzieren, was in der folgenden Tabelle dargestellt wird (Tabelle 2.3):

Die dargestellten Facetten von gesundheitsbezogenem Handeln machen deutlich, wie sehr das Handeln von den unterschiedlichen Schwerpunkten abhängt, die Menschen für sich und andere setzen und zeigen ein weites Spektrum von fast vollständiger Vernachlässigung der Gesundheit bis hin zu Anpassung aller Lebensumstände an den Versuch, Gesundheit optimal zu fördern und zu erhalten. Faltermaier, Kühnlein und Burda-Viering (1998) zeigten, dass jeder Typus von Gesundheitshandeln durch mehrere Faktoren beeinflusst wird. Dazu gehören die jeweils vorliegenden subjektiven Gesundheitskonzepte, Gesundheitstheorien, die Stellung der eigenen Gesundheit im Wertesystem und deren Passung mit der sozialen Umwelt. Einen weiteren Schwerpunkt der Untersuchung stellt das Gesundheitshandeln als Umgang mit beruflichen Risiken dar. Untersucht wurden die Wahrnehmung von beruflichen Risiken, der Umgang mit den Risiken der Arbeitswelt und psychischen Arbeitsbelastungen sowie arbeitsbezogenes Gesundheitshandeln durch Balancierungsaktivitäten in der Freizeit. Beim Umgang mit Risiken kann zwischen zwei Arten unterschieden werden. Ein Teil der Befragten wertet die Risiken im beruflichen Kontext durch Bagatellisierung ab. Der andere Teil der Befragten bewertet die Risiken des Berufs als kontrollierbar. Bei der Kontrolle der Risiken spielt die berufliche Professionalität eine bedeutsame Rolle, indem durch professionelles, kompetentes Handeln gesundheitliche Risiken

Tabelle 2.3 Formen des Gesundheitshandeln als Lebensweise (eigene Darstellung in Anlehnung an Faltermaier, Kühnlein und Burda-Viering 1998, S. 118)

A Lebensweise ohne ausgeprägtes Gesundheitshandeln	B Gesundheitshandeln mit spezifischem Handlungsschwerpunkt	C Gesundheitshandeln integriert in Lebensweise
A1 kein bewusstes Gesundheitshandeln	B1 primär ernährungsbezogenes Gesundheitshandeln	C1 sozial motiviertes Gesundheitshandeln
A2 beschwerdenbezogenes Gesundheitshandeln	B2 primär bewegungsbezogenes Gesundheitshandeln	C2 psychisches und soziales Gesundheitshandeln
A3 riskanter Lebensstil	B3 primär naturbezogenes Gesundheitshandeln	C3 mehrdimensionales Gesundheitshandeln
A4 Ansätze eines bewussten Gesundheitshandelns	B4 primär noxenbezogenes Gesundheitshandeln	C4 Gesundheitshandeln dominiert Lebensweise
	B5 Gesundheitshandeln als Abbau eines Risikoverhaltens	

minimiert werden. Arbeitsbelastungen auf der psychischen Ebene wird hauptsächlich durch Bewältigung und Ausgleich begegnet. Die meisten Befragten schätzen aber Möglichkeiten der Veränderung im beruflichen Kontext zur Bewältigung als gering ein und beschränken den Umgang mit diesen Belastungen von daher auf Balanceaktivitäten im privaten Umfeld.

Ludwig (2009) untersuchte in einer qualitativen Interviewstudie subjektive Gesundheitskonzepte und subjektive Gesundheitstheorien von Lehrkräften. Im Fokus stand dabei, welche Vorstellungen die Befragten von Gesundheit explizieren, welche Einflüsse sie im Hinblick auf ihre Gesundheit sehen, ob diese Einflüsse innerhalb oder außerhalb der eigenen Kontrolle liegen und welche personalen Einflussmöglichkeiten die Befragten wahrnehmen. Die Ergebnisse bezüglich der subjektiven Gesundheitskonzepte wurden bereits in Abschnitt 2.3.1 dargestellt. Als Grundlage für das Sichtbarmachen der bereits dargestellten subjektiven Gesundheitskonzepte sowie der im Folgenden dargestellten subjektiven Gesundheitstheorien dienten 20 Interviews mit Lehrkräften unterschiedlicher Schularten und Fächerverbindungen, die sich des Weiteren in soziodemografischen Daten unterschieden. Vier Typen von subjektiven Gesundheitstheorien wurden gezeigt:

1. Schicksalhafte Einflussprozesse: Hier dominiert die Auffassung, dass man Gesundheit selbst nicht beeinflussen kann.
2. Gesundheitsrisiken und deren Reduktion: Es werden externe und interne Gesundheitsrisiken gesehen, die teilweise gemindert werden können.
3. Kompensation potenzieller Gesundheitsrisiken durch Ressourcen: Neben Risikofaktoren werden Ressourcen wahrgenommen, welche die Risiken auf psychischer und physischer Ebene kompensieren können.
4. Gesundheitsressourcen als protektive Faktoren: Bei diesem Typus wird davon ausgegangen, dass Gesundheitsrisiken durch Ressourcen bewältigt werden können, nicht wie bei Typ drei – nur abgeschwächt.

Die Ergebnisse der Studie machen deutlich, dass die subjektiven Theorien von Lehrkräften über die Erhaltung ihrer Gesundheit sehr heterogen sind, wobei „ein beachtlicher Teil der befragten Lehrer/innen [...] davon überzeugt [ist], selbst Einfluss auf die eigene Gesundheit nehmen zu können" (ebd. S. 172).

2.3.3 Zusammenfassung

Bezüglich des Forschungsstands um subjektive Gesundheitskonzepte kann konstatiert werden, dass Laien sehr häufig positive Vorstellungen von Gesundheit explizieren und Gesundheit über mehrere, sich teilweise überschneidende Dimensionen definieren. Subjektive Konzepte von Gesundheit entstehen und verändern sich durch den Einfluss mehrerer Faktoren wie durch das enge soziale Umfeld, den öffentlichen und wissenschaftlichen Diskurs, der durch die Medien vermittelt wird sowie durch kulturspezifische Orientierungen. Das Gesundheitskonzept einer Person steht folglich in engem Zusammenhang mit ihrer Lebenserfahrung (vgl. Faltermaier 1998, S. 80 f.). Daraus resultiert, dass subjektive Vorstellungen von Gesundheit je nach soziokulturellen Merkmalen differieren, denn welche das Gesundheitskonzept beeinflussende Erfahrungen ein Mensch macht, hängt von seinem Geschlecht, seiner beruflichen Umwelt, seiner kulturellen Einbettung und seinen Bildungserfahrungen ab (vgl. Kuhlmann & Kolip 1998, S. 105; Flick 2002, S. 310).

Diese Erkenntnisse sind für die vorliegende Arbeit aus mehreren Gründen relevant. Zum einen ist die Erkenntnis wichtig, dass Gesundheitsvorstellungen in mehrere Dimensionen einzuordnen sind, sie sich jedoch nicht gegenseitig ausschließen. Faltermaier, Kühnlein und Burda-Viering (1998) zeigten als eine dieser

Dimensionen Gesundheit als Fähigkeit, bestimmte Tätigkeiten ausführen zu können (vgl. ebd. S. 84 ff.). Diese Tätigkeiten beziehen sich vor allem auf berufliche Handlungsweisen.

In der vorliegenden Arbeit ist genau diese Dimension von Gesundheit wichtig. Lehrkräfte werden befragt, wie sie glauben, in ihrem Beruf als Lehrerin oder Lehrer dauerhaft gesund und handlungsstark bleiben zu können. Somit werden sie explizit nach einer bestimmten Facette von Gesundheit bzw. nach Theorien zu deren Erhalt befragt. Die Befragung der Lehrkräfte hat also eine bestimmte Dimension von Gesundheit im Fokus, die der soziologischen Definition von Gesundheit entspricht: „Gesundheit kann definiert werden als der Zustand optimaler Leistungsfähigkeit eines Individuums für die wirksame Erfüllung seiner Rollen und Aufgaben, für die es sozialisiert worden ist“ (Parsons 1967, S. 71). Diese Fokussierung auf den beruflichen Kontext ist relevant, um den Zusammenhang von beruflichen Rahmenbedingungen im Kontext Schule, persönlichen Einstellungen und weiteren Faktoren, den die Befragten sehen, herauszuarbeiten. Zentral ist also der für die Befragten existente Zusammenhang – ihre subjektiven Theorien – von sowohl beeinflussbaren als auch nicht beeinflussbaren äußeren Faktoren sowie inneren Faktoren und ihrer beruflichen Handlungsfähigkeit. Die Grundlage für subjektive Theorien über Gesunderhaltung im Lehrerberuf bildet also das zugrunde gelegte Gesundheitskonzept bzw. die Dimension von Gesundheit.

Zum anderen ist für die vorliegende Arbeit relevant, dass Gesundheitsvorstellungen von Individuen durch die Krankheiten und Belastungen in ihrem Alltag beeinflusst werden. Die Vorstellungen, die Lehrkräfte über Gesundheit bzw. über die Dimension von Gesundheit im Hinblick auf ihre berufliche Rollenerfüllung haben, wird beeinflusst durch die Erfahrungen, die sie in ihrem Alltag und insbesondere in ihrem beruflichen Alltag machen. Es ist also anzunehmen, dass Lehrkräfte bei der Frage nach ihrem Gesundheitskonzept – und darauf aufbauend auch bei der Frage nach Erhaltung ihrer Gesundheit mit Fokus auf der beruflichen Handlungsstärke – andere Schwerpunkte setzen als andere Berufsgruppen.

Den Forschungsstand um subjektive Gesundheitstheorien zusammenfassend lässt sich festhalten, dass bereits verschiedene Forschungsergebnisse zu Faktoren, die von Laien als gesundheitsfördernd gesehen werden und zu komplexen subjektiven Gesundheitstheorien existieren. Folgende Kategorien gesundheitsfördernder Faktoren lassen sich aus den oben dargestellten Ergebnissen (vgl. Schulze & Welters 1991; Dross 1998; Belz-Merk 1995; Strittmatter 1995; Mattes 1991; Kuhlmann & Kolip 1998) kondensieren:

- gesunder Lebensstil (Ernährung, Bewegung, Entspannung)
- positive Lebenseinstellung

- psychische und physische Bewältigungsstrategien bei Belastungen
- Minimierung von (beruflichen) Risiken

Bei der Analyse der Ergebnisse wurde außerdem sichtbar, dass die Befragten die Einflussfaktoren, über die sie selber verfügen, als besonders relevant einschätzen. Als weniger wichtig empfinden sie den Einfluss des medizinischen Versorgungssystems oder äußere, von ihnen nicht oder kaum beeinflussbare Faktoren (vgl. Strittmatter 1995; Kuhlmann & Kolip 1998). Forschungsergebnisse zu subjektiven Theorien von Laien über Gesundheit mit besonderer Perspektive auf der beruflichen Tätigkeit liegen von Kuhlmann und Kolip (1998), Faltermaier, Kühnlein und Burda-Vierung (1998) sowie Ludwig (2009) vor. Die Ergebnisse von Kuhlmann und Kolip (1998) sowie Faltermaier, Kühnlein und Burda-Vierung (1998) zeigen, dass berufliche Erfahrungen das Gesundheitsverständnis beeinflussen und dass berufliche Tätigkeiten als sowohl positive wie auch negative Einflussfaktoren auf die Gesundheit gesehen werden.

Aus der Forschung um subjektive Gesundheitsvorstellungen geht hervor, dass Gesundheitskonzepte unter anderem durch Momente der Sozialisation, insbesondere auch der beruflichen Sozialisation und der beruflichen Tätigkeit beeinflusst werden. Ludwig (2009) untersuchte, welche subjektiven Theorien Lehrkräfte über die Erhaltung ihrer Gesundheit explizieren. Die Ergebnisse deuten an, dass Lehrkräfte ähnliche Gesundheitstheorien haben wie Personen aus Handwerks- und Verwaltungsberufen, deren Gesundheitstheorien von Faltermaier, Kühnlein und Burda-Viering (1998) sichtbar gemacht wurden. In allen drei Berufsgruppen finden sich erstens Vorstellungen von Gesundheitsrisiken, die es zu meiden gilt, zweitens von Einflüssen des Schicksals, drittens von Ausgleichs- und Balancefaktoren sowie viertens von Ressourcen, die Belastungen gegenüberstehen. Welche Faktoren im beruflichen sowie privaten Kontext Lehrkräfte, deren subjektive Gesundheitstheorien sich dem dritten oder vierten Typus zuordnen lassen, konkret als gesundheitsfördernd explizieren, geht aus den Ergebnissen nicht hervor. Auch die Frage nach den subjektiv wahrgenommen Handlungsmöglichkeiten der Lehrkräfte für den Erhalt ihrer Gesundheit bleibt unbeantwortet. Gerade subjektive Theorien zu Gesundheits*handeln* im beruflichen Kontext sind aus salutogenetischer Perspektive jedoch bedeutsam.

Eine Forschungslücke liegt demnach im Hinblick auf die subjektiven Theorien von Lehrkräften über eigene Handlungsmöglichkeiten zur Erhaltung ihrer Gesundheit im beruflichen und privaten Kontext vor. Die vorliegende Arbeit schließt an die Arbeit von Ludwig an und zeigt, welche subjektiven Theorien Lehrerinnen und Lehrer bezüglich ihrer eigenen Handlungsmöglichkeiten in Bezug auf Salutogenese explizieren. Somit rekurriert die vorliegende Arbeit auf die Typologie von Ludwig (2009) und vertieft die Erkenntnisse hinsichtlich der positiven Einflussnahme auf Gesundheit im Rahmen der eigenen Handlungsmöglichkeiten.

2.4 Präzisierung der Forschungsfrage

Die Aufarbeitung des Forschungsstands hat gezeigt, dass subjektive Theorien über gesundheitsfördernde Faktoren unter anderem durch die berufliche Sozialisation bzw. Tätigkeit entstehen (vgl. Abschnitt 2.3). Dabei wurde deutlich, dass die subjektiven Gesundheitstheorien von Lehrkräften Unterschiede zu anderen Berufsgruppen aufzeigen, da in ihrem beruflichen Umfeld Belastungen und Ressourcen von denen anderer Berufstätiger differieren.

Da subjektive Theorien eine handlungsleitende Funktion haben (vgl. Abschnitt 2.2), sind sie für das Gesundheitshandeln überaus bedeutsam. Welche subjektiven Theorien eine Lehrkraft über Gesunderhaltung im beruflichen Kontext hat, beeinflusst ihr Gesundheitshandeln. Dabei gilt: Je mehr wissenschaftliche, also objektiv richtige Anteile eine subjektive Theorie hat, desto wahrscheinlicher ist erfolgreiches Handeln (vgl. Abschnitt 2.2). Für den Lehrerberuf bedeutsam sind subjektive Theorien über Handlungsmöglichkeiten zur Erhaltung von Gesundheit also, weil sie zu „objektiv richtigem" Gesundheitshandeln führen können, welches verstanden wird als berufliche Kompetenz der Selbstregulation, der Fähigkeit mit den zur Verfügung stehenden Ressourcen zu haushalten. Diese Kompetenz hat wiederum Einfluss auf das berufliche Wohlergehen und die Unterrichtsqualität der Lehrerinnen und Lehrer. Lehrkräfte, die über ein starkes Ressourcensetting verfügen und es durch Selbstregulationskompetenz aufrechterhalten und weiter entwickeln können, sind gesünder und beruflich erfolgreicher als Lehrkräfte mit schwachem Ressourcensetting (vgl. Abschnitt 2.1).

Für die Professionalisierung der Lehrkräfte ist es folglich wichtig, Erkenntnisse über deren subjektive Theorien zu Erhaltung von Gesundheit zu generieren. In diesem Kontext ist bereits bekannt, dass Lehrkräfte interne und externe Ressourcen neben schicksalhaften Einflussprozessen als Einflussgrößen auf ihre Gesundheit sehen. Dies geschieht sowohl im Rahmen der Kompensation potenzieller Risiken durch Ressourcen als auch durch Bewältigung beruflicher Beanspruchung durch Ressourcen (vgl. Abschnitt 2.3).

Keine Forschungsergebnisse liegen bislang bezüglich der Frage vor, welche subjektiven Theorien Lehrkräfte im Hinblick auf ihre eigenen Handlungsmöglichkeiten zur Aufrechterhaltung und Steigerung ihrer Gesundheit explizieren.

Auf dieses Forschungsdesiderat soll mit der vorliegenden Arbeit reagiert werden. Dabei sollen folgende Forschungsfragen beantwortet werden:

- Welche subjektiven Theorien explizieren Lehrkräfte bezüglich der Genese ihrer Gesundheit im beruflichen Kontext?
- Welche gesundheitsförderlichen Faktoren sehen die Lehrkräfte dabei speziell im Hinblick auf ihre eigenen Handlungsmöglichkeiten?

3 Methodologische und methodische Überlegungen

Ziel der vorliegenden Studie ist es, subjektive Theorien von Lehrkräften bezüglich der Erhaltung von Gesundheit im Lehrerberuf sichtbar zu machen. Da, wie in der Aufarbeitung des Forschungsstands gezeigt wurde, in diesem Bereich auf wenige Forschungsergebnisse rekurriert werden kann und es noch keine empirisch begründeten Annahmen zu subjektiven Theorien von Lehrkräften über den Erhalt ihrer Gesundheit im Beruf gibt, wurde ein qualitatives Verfahren gewählt. Durch diese Untersuchung mit qualitativ-empirischem Ansatz sollen zum einen erste Hypothesen in einem wenig beforschten Feld generiert werden, auf welche quantitative Forschungsarbeiten aufbauen können, und zum anderen zur Theoriebildung auf empirischer Basis beigetragen werden.

Die Forschungsmethodik dieser Studie wird im vorliegenden Kapitel beschrieben. Zuerst erfolgt in Abschnitt 3.1 die Darstellung methodologischer Grundannahmen, bevor darauf aufbauend die Beschreibung der Erhebungs- und Auswertungsmethoden erfolgt. Dabei werden in Abschnitt 3.2 subjektive Theorien als Forschungsgegenstand behandelt und dabei der Blick speziell auf Konsequenzen für die Forschungsmethoden gerichtet. In Abschnitt 3.3 werden die Datenerhebung mittels problemzentrierter Leitfadeninterviews begründet sowie die Konzeption des Leitfadens und die forschungspraktische Umsetzung der Datenerhebung beschrieben. In Abschnitt 3.4 wird die Aufbereitung der Daten thematisiert, bevor in Abschnitt 3.5 die Datenauswertung im Sinne von Generalisierung und Verdichtung dargestellt wird. Das Kapitel der Datenauswertung beginnt mit der Darstellung theoretischer Grundannahmen, behandelt dann die Kategorienbildung und die Validierung der Daten und schließt mit der Beschreibung der Typenbildung ab. Sampling und Sample werden in Abschnitt 3.6 thematisiert. Dabei wird auf die theoretischen Grundlagen für die Auswahl der Befragten, die Samplingkriterien und die Fallportraits und eingegangen.

J. Mach-Würth, *Gesund bleiben im Lehrerberuf*,
https://doi.org/10.1007/978-3-658-32928-0_3

3.1 Methodologische Grundannahmen

Diese Forschungsarbeit, deren Ziel es ist, subjektive Theorien von Lehrkräften über das Erhalten von Gesundheit im Lehrerberuf offenzulegen, bewegt sich im interpretativen Paradigma als forschungsleitendem Denkmodell und sozio-theoretischer Voraussetzung. Dem interpretativen Paradigma nach Wilson (1973) zufolge handeln Menschen nicht nach statischen Rollen und Mustern, sondern deuten jede Situation für sich im Hinblick auf Erwartungen, Rollenzuschreibungen und Handlungsperspektiven. Jede soziale Interaktion wird also als durch Interpretationshandlungen konstruierte Realität verstanden. In Konsequenz ist auch das Forschen durch Wissenschaftler und Wissenschaftlerinnen als interpretativer Prozess zu verstehen. Forschende sind demnach Interpreten und Theoriebildung ist ein Interpretationsprozess (vgl. Mayring 2016, S. 10 und Lamnek 2010, S. 32).

Die subjektiven Theorien über den Erhalt von Gesundheit im Lehrerberuf zeigen also die konstruierte Wirklichkeit der Befragten auf und werden durch die Interpretationsleistung der Forscherin offengelegt. Das Erkenntnisprinzip in diesem interpretativen Forschungsprozess ist dabei methodisch kontrolliertes Fremdverstehen. Damit die Forscherin den Sinngehalt der Aussagen der Lehrkräfte verstehen kann, muss diesen möglich gemacht werden, „Sachverhalte und Problemstellungen innerhalb ihres Relevanzsystems in der ihnen eigenen Sprache darzustellen" (Przyborski & Wohlrab-Saar 2014, S. 17). Dies ist Voraussetzung dafür, dass die Forscherin zu Material kommt, dessen Inhalt im Kontext verstanden werden kann. Die Befragten müssen also die Möglichkeit haben, Kontexte selbst herzustellen, so wie sie sie bei der Darstellung ihrer Ansichten für relevant erachten. Dies galt es auch in der vorliegenden Arbeit bei der Datenerhebung zu beachten, weshalb, wie in Abschnitt 3.3 dargestellt, zu diesem Zweck problemzentrierte Leitfadeninterviews mit den Lehrerinnen und Lehrern geführt wurden. Die Offenheit bei der Datenerhebung gab den Lehrkräften die Möglichkeit, ihre Relevanzstrukturen zu entfalten.

Lamnek (2000) postuliert eine „Komplementarität zwischen interpretativem Paradigma und qualitativer Methodologie" (ebd. S. 32). Der methodologische Hintergrund dieses Vorgehens ist der Gedanke der Grounded Theory nach Glaser und Strauss (1967), welcher in dieser Arbeit als Denkstil und Methodologie, nicht als konkrete Forschungsmethode verstanden wird (vgl. Mädler 2007, S. 242 f.). Durch Fallvergleiche bei der Auswertung empirischen Datenmaterials – in der vorliegenden Studie also durch den Vergleich von Aussagen von Lehrkräften bezüglich des Erhalts von Gesundheit im Lehrerberuf – werden auf theoriegeleitete Art und Weise Erklärungen generiert. Dabei werden gemäß dem Theoretical

Sampling die ausgewählten Fälle auf Grundlage bisher aus der Studie herausgearbeiteter empirischer Ergebnisse ausgewählt und nicht im Vorhinein festgelegt. Verallgemeinerbarkeit der Ergebnisse wird durch die Sättigung des Samples erreicht. Somit sind die Phasen der Datenerhebung und der Datenauswertung nicht strikt voneinander getrennt, sondern ineinander verwoben (vgl. ebd. S. 245). Durch diesen Bezug zur empirischen Wirklichkeit geschieht wissenschaftliche Theoriebildung. Lamnek (2010) postuliert in diesem Zusammenhang, dass die Forschenden am Anfang des Forschungsprozesses möglichst ohne Hypothesen oder feste Kategorien an die Daten herantreten sollten, um offen für alle Inhalte zu sein, wenngleich auch nicht zu negieren ist, dass Forschende sich nicht vollständig von Vorüberlegungen und soziologischen Perspektiven freimachen können (vgl. ebd. S. 95). Sobald durch dieses offene, induktive Verfahren die ersten Kategorien und theoretischen Bezüge sichtbar werden, folgen die Forschenden deduktiv diesen Kategorien bei der Auswertung neuen Materials und bleiben gleichzeitig offen für weitere induktiv aus dem neuen Material herausgearbeitete Inhalte. Laut Lamnek erfolgt durch dieses Vorgehen eine „optimale Anpassung der Theorie an die soziale Wirklichkeit“ (ebd. S. 98) und die Kluft zwischen Gegenstand und Theorie wird minimiert. Somit dient diese qualitative Studie – wie oben bereits angedeutet – der Bildung von Theorie und ist nicht ausschließlich als hypothesengenerierende Vorarbeit für quantitative Studien zu verstehen (vgl. ebd. S. 104).

3.2 Subjektive Theorien als Forschungsgegenstand

Aufgrund der Verknüpfung von Erhebungs- und Auswertungsmethode mit dem Forschungsgegenstand erfolgt an dieser Stelle eine Erläuterung über subjektive Theorien und damit verbundene methodologische und methodische Konsequenzen.

Der Begriff der subjektiven Theorie geht zurück auf die Forschergruppe Groeben, Wahl, Schlee und Scheele (1988), die das Forschungsprogramm Subjektive Theorien in den 1980er Jahren im Bereich der Psychologie entwickelten. Vorausgegangen waren ähnliche Theoriemodelle, die sich mit alltagspsychologischem Wissen und Subjektivität beschäftigen, beispielsweise George A. Kellys Psychologie der personalen Konstrukte oder Heiders Psychologie der interpersonalen Beziehungen (vgl. König 2002, S. 55). Grundannahme im Forschungsprogramm Subjektiver Theorien ist, dass diese kognitiven Konstrukte den Befragten zugänglich sind, kommuniziert werden können und dadurch sichtbar gemacht werden können (vgl. Kindermann & Riegel 2016, S. 3). Ein weiteres Charakteristikum subjektiver Theorien ist, dass sie für das reflexive Subjekt Mensch in seiner Lebenswelt parallele Funktionen haben wie objektive, d. h. wissenschaftliche Theorien, für das reflexive Subjekt Wissenschaftler bzw. Wissenschaftlerin, nämlich die Funktionen der Erklärung, Prognose und Technologie (vgl. Groeben 1988, S. 18). Dabei müssen subjektive Theorien nicht widerspruchsfrei sein (vgl. Groeben 1988a, S. 227; Faltermaier, Kühnlein & Burda-Viering 1998, S. 99).

Grundsätzlich lassen sich subjektive Theorien im engeren Verständnis und im weiteren Verständnis unterscheiden. Dies besagt, dass subjektive Theorien sich abgrenzen lassen vom Begriff der Kognitionen, die im Bereich der Psychologie für mehr oder weniger abstrakte Konzepte stehen, die aber keine Verknüpfungen zwischen Teilen der Phänomene oder den Phänomenen aufweisen. Im Gegensatz dazu weisen subjektive Theorien Zusammenhänge der Inhalte und zudem „zumindest implizite [...] Argumentationsstrukturen auf" (ebd.). Aggregate von Kognitionen sind dann subjektive Theorien, wenn sie sich so zueinander verhalten, dass das Ziehen von Schlussfolgerungen möglich wird. Zudem sind subjektive Theorien zeitlich überdauernde Konstrukte (vgl. ebd.). Im Gegensatz zu subjektiven Theorien im engeren Verständnis muss bei subjektiven Theorien im weiteren Sinn die „Akzeptierbarkeit als ‚objektive' Erkenntnis" (Groeben 1988, S. 22) nicht überprüft werden. Stattdessen werden die Theorien der befragten Personen als solche subjektiven und individuell unterschiedlichen Konstrukte verstanden, die nicht zwingend als objektive Theorien fungieren müssen. Dieses weitere Verständnis von subjektiven Theorien liegt der vorliegenden Arbeit zugrunde.

3.3 Datenerhebung

Im folgenden Kapitel steht die Erhebung der Daten im Fokus. Dabei wird in Abschnitt 3.3.1 zunächst dargestellt, welche theoretischen Überlegungen der Wahl des Erhebungsinstruments für die Erfassung oben beschriebener subjektiver Theorien zugrunde liegen. Anschließend wird in Abschnitt 3.3.2 thematisiert, wie der Leitfaden der Interviews konzipiert wurde, bevor in Abschnitt 3.3.3 beschrieben wird, wie die Datenerhebung forschungspraktisch umgesetzt wurde.

3.3.1 Problemzentrierte leitfadengestützte Interviews

Mit der Entscheidung zu einem qualitativen Vorgehen soll in der vorliegenden Arbeit sichergestellt werden, dass die befragten Lehrerinnen und Lehrer bei der Erhebung des empirischen Materials nicht auf vorgegebene Antwortmöglichkeiten festgelegt werden. Stattdessen sollten die Befragten die Möglichkeit haben, ihre Gedanken frei und ohne Einschränkungen zu explizieren (vgl. Mayring 2016, S. 9 f.). Deshalb wurden die Daten für die vorliegende Studie durch offene leitfadengestützte problemzentrierte Interviews generiert. Grundsätzlich sind Leitfaden-Interviews nach König „die klassische Erhebungsmethode für die Erfassung subjektiver Theorien" (König 2002, S. 59; Friebertshäuser 1997). Offene leitfadengestützte Interviews sind angemessene Erhebungsinstrumente, wo berufliche und alltägliche Handlungen im Fokus der Untersuchung stehen und die Fragestellung relativ eng ist (vgl. ebd.). Dies ist in der vorliegenden Arbeit zutreffend, da Lehrkräfte von ihren alltäglichen Praktiken in der Schule und nach Schulschluss, also von ihren Handlungen im Berufsalltag, erzählen. Die sprachliche Darstellung dieser Inhalte erfolgt dabei vorrangig in den Modi der Beschreibung und Argumentation. Die Forscherin ist sowohl an einer allgemeinen Sichtweise auf das Thema interessiert als auch an Details (vgl. ebd.), im Fall der vorliegenden Studie also sowohl an einer allgemeinen Sichtweise der befragten Lehrkraft zum Thema Gesundheit im Lehrerberuf als auch an Details hinsichtlich der subjektiven Theorien zur eigenen Lebenspraxis in Bezug auf die individuelle Gesundheit. Im Gegensatz zu narrativen Interviews, in deren Fokus selbst erlebte Prozesse im Modus der Erzählung wiedergegeben werden, *beschreiben* die Interviewpartner ihr Alltagsverhalten und *argumentieren* hinsichtlich belastender und gesundheitsfördernder Facetten bestimmter beruflicher Anforderungen und Tätigkeiten.

In der vorliegenden Arbeit wurden die Daten mittels problemzentrierter Interviews erhoben und dabei auf Witzel (1982) rekurriert. Flick (2006) konstatiert, dass diese für die Erforschung subjektiver Sichtweisen geeignet sind (vgl. ebd. S. 138). Im Fokus bei problemzentrierten Interviews steht „Wissen über Sachverhalte oder Sozialisationsprozesse" (ebd.). Dem entspricht die Thematik subjektiver Theorien um die Erhaltung von Lehrergesundheit in zweifacher Weise, da einerseits das Wissen um ihre persönlichen, subjektiven Strategien zur Erhaltung ihrer Gesundheit und andererseits eventuelle Sozialisationsprozesse der befragten Lehrerinnen und Lehrer im Lebensraum Schule und ihre Bedeutung im Zusammenhang mit Gesundheit relevant sind.[1]

---

[1]Aufgrund dessen, dass alle befragten Personen Lehrerinnen und Lehrer sind und somit derselben Berufsgruppe zugehören, liegt der Schluss nahe, die Datenerhebung mittels Experteninterviews nach Meuser und Nagel (2005) durchzuführen. Zwar verfügen alle Befragten über spezifisches Berufswissen, dieses ist aber nicht zentral für die Beantwortung der Forschungsfrage. Nicht Expertise im Lehrerberuf wie beispielsweise fachdidaktische oder pädagogische Themen ist für die Forschungsarbeit zentral, sondern der Umgang mit der

Laut Kurz et al. (2009) finden problemzentrierte Interviews bei Untersuchungen Verwendung, die nicht rein explorativ, sondern stärker theoriegeleitet sind. Somit werden sie an einer Schnittstelle zwischen Induktion und Deduktion verortet (vgl. ebd. S. 465). Konkret bedeutet dies, dass dem Vorwissen bzw. den Vorannahmen der Forscherin als theoretischem Hintergrund Rechnung getragen wird, indem dieses Vorwissen bei der Erstellung des Leitfadens relevant wird. Nach Witzel (1982) „soll [der Leitfaden] das Hintergrundwissen des Forschers/Interviewers thematisch organisieren, um zu einer kontrollierten und vergleichbaren Herangehensweise an den Forschungsgegenstand zu kommen" (ebd. S. 90). Im Laufe des Forschungsprozesses soll der Leitfaden zudem durch neue Erkenntnisse modifiziert werden, wodurch das Vorgehen bei der Datenerhebung als deduktiv-induktiv bezeichnet wird.

Zentral für problemzentrierte Interviews sind die drei Kriterien Problemzentrierung, Gegenstandsorientierung und Prozessorientierung (vgl. Witzel 1982, S. 70 f.; Flick 2006, S. 135). Problemzentrierung bedeutet, dass es sich beim Thema der Interviews um gesellschaftliche Problemstellungen handelt und dabei zudem auch das Vorwissen der Forschenden nicht außer Acht gelassen wird. Dies trifft in der vorliegenden Arbeit zu, da man bei der Gesundheit einer großen Berufsgruppe, die eng verbunden ist mit deren Leistungsfähigkeit in Bezug auf die gesellschaftlich überaus relevante Aufgabe von Erziehung und Bildung, durchaus von einer gesellschaftlich relevanten Fragestellung sprechen kann. Nach Witzel (1982) hat „Problemzentrierung" eine doppelte Bedeutung: Neben der Fokussierung auf gesellschaftliche Probleme bedeutet Problemzentrierung zudem, dass durch gezieltes Anwenden von Strategien die Problemsicht der Befragten gegenüber der Problemsicht der Forschenden geltend gemacht wird (vgl. ebd. S. 69). Das Kriterium der Gegenstandsorientierung besagt, dass die Methoden im Hinblick auf den Forschungsgegenstand ausgewählt und ggf. verändert werden. Das dritte Kriterium, die Prozessorientierung, bezieht sich auf den Forschungsprozess und das Verständnis des Forschungsgegenstandes. Auch diesen beiden Kriterien wird in der vorliegenden Arbeit Rechnung getragen, indem beispielsweise der Leitfaden der Interviews im Lauf des Forschungsprozesses leicht

---

eigenen Gesundheit im Zusammenhang mit beruflichen Anforderungen. Es geht nicht um „spezifisches Rollenwissen" (Przyborski & Wohlrab-Sahr 2014, S. 119), welches den Befragten aufgrund ihrer Berufsgruppe zugesprochen wird, sondern um ihren individuellen Umgang mit Gesundheit und damit verbundene subjektive Theorien. Experteninterviews wären folglich für die Fragestellung dieser Arbeit zu eng gefasst, da sie berufsspezifisches Rollenwissen in einem spezifischen Kontext fokussieren, die Frage nach der Gesunderhaltung jedoch über berufsspezifisches Wissen hinausreicht und mit alltäglichen Handlungen in mehreren Lebensbereichen verwoben ist.

modifiziert wurde, um dem Forschungsgegenstand gerechter zu werden und dem induktiv-deduktivem Vorgehen Rechnung zu tragen. Außerdem wurden die Interviewpartner und -partnerinnen über einen längeren Zeitraum ausgewählt, während dessen bereits Auswertung des Datenmaterials stattfand. Im Hinblick auf bereits ausgewertete Interviews wurden neue Lehrerinnen und Lehrer zur Datengenerierung akquiriert, um durch den Kontrast im Sample möglichst viele Aspekte des Forschungsgegenstandes abzudecken. Auf diese Samplingstrategie wird in Abschnitt 3.6 explizit eingegangen.

3.3.2 Konzeption des Leitfadens

Bei der Erstellung des Leitfadens und dessen situationsabhängiger Modifikation wurde den von Witzel (1982) postulierten Kommunikationsstrategien für die Durchführung von problemzentrierten Interviews Rechnung getragen, die sich hinsichtlich ihrer Funktion unterscheiden. Zum einen sind dies Kommunikationsstrategien zur Generierung von Erzählungen, zum anderen Kommunikationsstrategien zur Generierung von Verständnis (vgl. ebd. S. 92). Zu den erzählungsgenerierenden Strategien gehört eine vorformulierte Eingangsfrage, die einerseits das Gespräch auf das Thema hinlenken, andererseits aber möglichst offen sein soll (vgl. ebd. S. 96). Auch Przyborski und Wohlrab-Saar (2014, S. 128) fordern, die Eingangsfrage sehr offen zu stellen und somit dem Kriterium der Offenheit in qualitativen Forschungsprozessen Rechnung zu tragen und den Befragten die Möglichkeit zu geben, schon zu Beginn ihre persönliche Sichtweise mit mehreren Dimensionen des Problems darzustellen. Dabei kann der Eingangsimpuls sowohl auf eine Narration als auch auf eine Beschreibung abzielen. Da in der vorliegenden Arbeit der Schwerpunkt weniger auf biographischen Entwicklungen als auf beruflichen und alltäglichen Praktiken und den ihnen zugrundeliegenden subjektiven Theorien liegt, zielt der Eingangsimpuls auf eine Darstellung im Modus der Beschreibung ab (vgl. Przyborski & Wohlrab-Sahr 2014, S. 127).

1. „Lehrersein hat ja viele verschiedene Facetten. Und mich interessiert, wie Sie Ihren Berufsalltag empfinden. Erzählen Sie mir doch mal, was Sie als anstrengend und was Sie als beflügelnd empfinden!“

Durch diesen Impuls wurden die Interviewpartnerinnen und -partner dazu angeregt, bereits eingangs verschiedene Dimensionen zu beschreiben und die Interviewleiterin konnte bei den folgenden Fragen Bezug nehmen auf das zu Beginn des Interviews Gesagte. Dadurch wurde verhindert, einen starren Leitfaden an den Relevanzstrukturen der interviewten Person vorbei „abzuarbeiten“

(Przyborski & Wohlrab-Sahr S. 128). Stattdessen wurden durch spezifische Nachfragen Teilaspekte genauer betrachtet, wodurch das Kriterium der Spezifität erfüllt wurde (vgl. ebd.). Ebenso konnten Explikationen der Befragten durch Spiegeln oder Strukturieren durch die Interviewleiterin wiederholt werden, wodurch korrektes Verständnis sichergestellt wurde. Diese Phasen der Nachfragen und Verständnisklärung folgten im Wechsel mit Phasen offener Erzählungen, wie von König (2002 S. 59) postuliert.

Die weiteren Impulse bzw. Fragen des Leitfadens lassen sich in zwei Bereiche sowie einen Abschlussimpuls aufteilen, wobei die Reihenfolge der gesetzten Impulse und gestellten Fragen von Interview zu Interview variierte. Im ersten Bereich steht der persönliche Umgang der Befragten mit Belastungen im Schulalltag im Fokus. Im Leitfaden waren folgende Impulse für die Erhebung subjektiver Theorien in diesem Bereich vorgesehen:

2.1 „Erzählen Sie doch mal, wie Sie nach Schulschluss für Ausgleich sorgen!“

2.2 „Sie haben gerade von der Situation XY erzählt, die für Sie sehr belastend war. Was haben Sie gemacht, um mit diesem Stress klarzukommen bzw. ihn irgendwie auszugleichen?“

2.3 „Sie haben jetzt von Belastungen im Bereich XY gesprochen. In welchen anderen Bereichen des Lehreralltags sehen Sie Schwierigkeiten und wie gelingt es Ihnen, mit diesen Schwierigkeiten umzugehen?“

2.4 „Was ist Ihre Strategie, dass es Ihnen heute gut geht?“

Während die Fragen 2.1 und 2.4 nahezu allen Befragten in dieser Formulierung gestellt wurden, wurden die Fragen 2.2 und 2.3 an bereits Gesagtes angepasst und waren demnach von Interview zu Interview verschieden.

Der zweite Bereich beschäftigte sich mit sich mit subjektiven Theorien zum Thema Lehrergesundheit, die über die Reflexion von eigenen Best Practice Beispielen aus der persönlichen Erfahrung hinausgehen. Hier wurden die Lehrkräfte gebeten, gesundheitsförderliche Strategien zu nennen, die sie selbst nicht praktizieren:

3.1 „Sie haben jetzt schon einige Dinge genannt, die Ihnen guttun und die dazu beitragen, dass Sie in Ihrem Beruf gesund bleiben. Welche Dinge gibt es noch, die Lehrergesundheit erhalten, die Sie selber aber aktuell gar nicht machen, wo Sie quasi noch etwas für sich tun könnten?“

3.2 „Welche gesundheitsförderlichen Dinge gibt es denn, die Sie persönlich vielleicht gar nicht praktizieren, die aber manchen Ihrer Kolleginnen und Kollegen guttun?“

Während Frage 3.1 sich mit der eventuellen Insuffizienz im Rahmen der eigenen Handlungsstrategien beschäftigt, impliziert Frage 3.2, dass es durchaus individuelle Unterschiede beim Umgang mit Belastungen gibt und stimuliert die

Befragten, subjektive Theorien über Strategien anderer Lehrkräfte zu nennen, ohne dass dabei die eigenen Strategien unzureichend sein müssen.

Lamnek (2002) beschreibt vier bzw. fünf Phasen problemzentrierter Interviews, die der Struktur der Befragungssituation und dem Leitfaden der vorliegenden Studie zugrunde liegen. Als Phase null wird der standardisierte Kurzfragebogen genannt, den die Befragten vor Beginn des eigentlichen Interviews ausfüllen, um bestimmte biographische Fakten, die für die Samplingstrategie wichtig sind, zu erheben. Das Vorgespräch zu Beginn des Treffens mit dem Interviewpartner bzw. der Interviewpartnerin entspricht Phase eins, die an die Erklärungsphase bei narrativen Interviews angelehnt ist. Dabei macht die Interviewerin deutlich, dass es sich nicht um ein Interview im Frage-Antwort-Stil handelt, sondern dass „es auf die Entfaltung des erzählerischen Potenzials ankommt" (ebd. S. 178). Außerdem findet eine Einengung des Problembereichs – hier: Aspekte zu Gesundheitserhaltung im Lehrerberuf – statt. In Phase zwei erfolgt ein Erzählstimulus als Eingangsimpuls, der auf Nennung von Aspekten aus dem alltäglichen Leben – hier: beflügelnde und belastende Situationen im Berufsalltag als Lehrkraft – abzielt. Für die dritte Phase sind spezifische Nachfragen vorgesehen, die sich auf das bereits Gesagte beziehen und somit in jedem Interview anders sind. Diese Intention spiegelt sich in den Fragen 2.2 und 2.3 wider, in denen die Ausführungen der Interviewpartner weiter vertieft werden sollen. Außer den im Leitfaden vorbereiteten Fragen nennt Lamnek (2002) für die Vertiefung der Thematik noch die Vorgehensweisen des Zurückspiegelns, der Verständnisfragen und der Konfrontation (vgl. ebd. S. 178). Während die ersten beiden Techniken je nach Interview unterschiedlich zum Einsatz kamen und dabei außer der Vertiefung der Thematik noch die Funktion hatten, das Verständnis der Forscherin zu prüfen, wurde auf Konfrontationen verzichtet, um die positive Gesprächsatmosphäre nicht zu gefährden. In Phase vier fand das Stellen von ad-hoc-Fragen statt, wodurch die Themen abgedeckt werden konnten, die bisher noch nicht von den befragten Personen genannt wurden. Als ad-hoc-Fragen lassen sich die Fragen 2.1, 2.4 und 3.1 nennen, da sie keinen thematischen Bezug zu bereits Gesagtem haben. Hier wird deutlich, dass bei der Durchführung der problemzentrierten Leitfadeninterviews in dieser Studie die Phasen drei und vier teilweise ineinander verwoben waren, um den Erzählfluss der Befragten möglichst wenig zu unterbrechen und trotzdem alle thematischen Facetten möglichst tiefgehend abzuarbeiten.

Die Konzeption des Leitfadens entspricht seiner Funktion als Stütze eines problemzentrierten Interviews, da den von Mayring geforderten Charakteristika problemzentrierter Interviews Rechnung getragen wird: Zum einen „lässt das Interview den Befragten möglichst frei zu Wort kommen, um einem offenen

Gespräch nahe zu kommen“ (Mayring 2016, S. 67). Zum anderen kreist das Interview um ein bestimmtes Thema – Gesundheitserhaltung im Lehrberuf –, das von der Forscherin im Vorhinein analysiert wurde und sich im Leitfaden wiederfindet.

3.3.3 Forschungspraktische Umsetzung

Im Vorfeld der Befragung wurde den potenziellen Interviewpartnern und -partnerinnen die Interviewsituation erklärt, ihre Einstimmung zur digitalen Aufnahme des Gesagten eingeholt, die Anonymisierung der Daten dargelegt und als grobe Themenangabe das Forschungsfeld Lehrergesundheit genannt. Diese Vorarbeiten sind essentiell, da ein „Interview […] keine Alltagskommunikation [ist], sondern […] eine gemeinsame Definition der Situation voraus[setzt], die dadurch gekennzeichnet ist, dass der Interviewer das Recht hat, Fragen zu stellen und der Interviewte seine Bereitschaft erklärt hat, diese Fragen zu beantworten“ (König 2002, S. 59). Zu Beginn des Treffens wurde den Befragten außerdem ein Fragebogen[2] vorgelegt, in dem sie mit standardisierten Multiple Choice Formaten über demographische Daten sowie ihre Schulart, ihre Fächerkombination, ihre Berufsjahre sowie ihren Stundenetat befragt wurden. Dieser Fragebogen stellte keinen inhaltlich relevanten Bestandteil der Befragung hinsichtlich der Fragestellung der Forschungsarbeit dar, sondern war ausschließlich dafür bestimmt, den Überblick über das Sample zu behalten.

Der Ort der Gespräche variierte je nach Wunsch der Lehrerinnen und Lehrer. Neun der insgesamt 16 Interviews fanden bei den Interviewpartnern und -partnerinnen zu Hause statt, drei Interviews wurden nach Unterrichtsschluss in der Schule der Befragten geführt, drei Interviews wurden bei der Forscherin zu Hause und ein Interview in einem Cafe geführt. Durch die Flexibilität hinsichtlich des Intervieworts wurde gewährleistet, dass für die Befragten der Zeitaufwand möglichst gering war, was die Bereitschaft, sich für ein Interview zur Verfügung zu stellen, steigerte. Außerdem wurde durch die Wahl des Ortes ein möglichst großes Maß an emotionaler Sicherheit und Entspannung möglich, was sich wiederum positiv auf die Interviewsituation auswirkte und zu einer angenehmen Atmosphäre zwischen Interviewten und Interviewführerin beitrug. Das Schaffen einer vertrauensvollen Atmosphäre ist Voraussetzung für das Gelingen des Interviews, da sich nur in einer solchen Atmosphäre „die Zugzwänge des Erzählens tatsächlich entfalten können“ (Przyborski & Wohlrab-Sahr 2014, S. 87).

[2]Der Fragebogen befindet sich im Anhang.

Während des Interviews diente der Leitfaden mit seinen Fragen, Erzählaufforderungen und Impulsen als grobes Ablaufschema, das jedoch flexibel eingesetzt wurde. Um den Erzählfluss der Befragten nicht zu unterbrechen, fertigte die Interviewerin während der Erzählphasen Notizen an, um im späteren Verlauf des Gesprächs detailliert auf bestimmte Inhaltspunkte eingehen zu können. Je nach Gesprächsverlauf ergänzte die Interviewführerin den Katalog dann spontan mit Nachfragen oder lies Teile weg, um auf die „subjektiven Relevanzstrukturen der Befragten[einzugehen]" (ebd. S. 126). Nach Beendigung des Interviews wurde ein Post-Skript angefertigt, in dem Besonderheiten des Interviews niedergeschrieben wurden, die möglicherweise für die Interpretation von Bedeutung sein können. Außerdem wurde festgehalten, ob und was der bzw. die Befragte vor und nach Beginn der Aufzeichnung zum Thema äußerte. Auch Zeitpunkt und Ort sowie Dauer des Interviews wurden im Post-Skript notiert, sowie nonverbale Auffälligkeiten und thematische Schwerpunktsetzung der befragten Person. Die genannten vier Elemente – Kurzfragebogen, Leitfaden, Tonaufnahme, Post-Skript – entsprechen den geforderten Teilelementen von qualitativen, problemzentrierten Interviews (vgl. Flick 2006, S. 134 ff.).

3.4 Datenaufbereitung

Der eigentlichen Auswertung der durch Interviews erhobenen Daten geht der Schritt der Datenaufbereitung voraus. Das im Erhebungsverfahren generierte Datenmaterial wird in diesem Schritt „festgehalten, aufgezeichnet, aufbereitet und geordnet […], bevor es ausgewertet werden kann" (Mayring 2016, S. 85). Dem Forschungsgegenstand der subjektiven Theorien zu Lehrergesundheit ist als Darstellungsmittel die Verschriftlichung der Interviews angemessen, da komplexe Zusammenhänge als Text am besten abzubilden sind (vgl. Mayring 2016, S. 86). Für die Auswertung der Interviews durch die Methode der qualitativen Inhaltsanalyse ist eine Transkription nach dem International Phonetic Alphabet (IPA) oder eine Transkription als literarische Umschrift nicht zielführend, da dabei zwar sprachliche Feinheiten wie Dialektfärbungen und andere Facetten in der sprachlichen Ausdrucksweise sichtbar gemacht werden (vgl. Mayring 2016 S. 89), dies für die Auswertungsmethode jedoch nicht nur irrelevant, sondern erschwerend ist. Um dem Ziel guter Lesbarkeit nahe zu kommen, wurden die Interviews deshalb ins normale Schriftdeutsch übertragen. Bei dieser Art der Transkription, die dann Anwendung findet, wenn der Inhalt des Interviews und weniger die Darstellungsweise im Fokus der Auswertung steht, werden Dialekte dem Hochdeutschen angeglichen und Fehler im Satzbau geglättet (vgl. Mayring

Tabelle 3.1 Transkriptionsregeln (eigene Darstellung in Anlehnung an Kuckartz 2012, S. 134 ff.)

Unverständlichkeiten	Unklarheiten, die durch leises Sprechen, Nuscheln oder störende Geräusche entstanden, werden als solche im Text erkenntlich gemacht, indem sie in Klammern gesetzt und kursiv geschrieben werden.	*Und dann habe ich (unverständlich)*
Pausen	Pausen werden durch Punkte markiert. Dauert die Pause länger als zwei Sekunden, wird die Zeit in Klammern angegeben Wenn der Grund für die Pause bekannt ist, wird er in Klammern angegeben.	*(…)* *(3 Sek)* *(wird von Kellnerin abgelenkt)*
Parasprachliche Äußerungen	Lachen, Räuspern oder Ähnliches werden in Klammern angegeben, sofern diese parasprachliche Äußerung in Zusammenhang mit dem Inhalt steht und dadurch ein Scherz, ein Ringen nach Worten oder andere Emotionen erkennbar werden.	*(lacht)*
Betonungen	besonders betonte Begriffe werden durch Unterstreichungen gekennzeichnet.	*immer*
Sprechabsätze	jeder Sprechbeitrag wird als eigener Absatz am Ende mit Zeitmarke durch f4 gekennzeichnet.	#00:00:22-0#

(Fortsetzung)

Tabelle 3.1 (Fortsetzung)

Sprecherkennzeichnung	Absätze der Interviewführerin werden mit I gekennzeichnet, Absätze der Befragten Person mit BF1 (erste befragte weibliche Person), BM1 (erste befragte männliche Person), BF2, BF3 usw. Dadurch wird erkennbar gemacht, wer wann spricht.	I BF1
Anonymisierungen	Angaben, die einen Rückschluss zur befragten Person zulassen, werden anonymisiert. Um Anonymisierungen kenntlich zu machen, werden sie immer mit dem Wort „Muster-" begonnen. Wenn dadurch Probleme bei der Sinnentnahme entstehen, erfolgt eine Erklärung in Klammer.	*Damals in Musterschule war das so* *Der Mustermann (Name des Partners) hilft mir da auch immer.*

2016, S. 91). In der vorliegenden Arbeit wurden außerdem besonders auffällige Gesprächspausen sowie Störungen des Interviews und Lachen im Transkript kommentiert. Dadurch sollte sichergestellt werden, dass der Inhalt des Gesagten in diesen speziellen Situationen richtig interpretiert wird. Die Transkriptionsregeln, die dieses Vorgehen leiteten, lehnen sich an die von Kuckartz (2012) vorgeschlagenen Transkriptionsregeln an (vgl. ebd. S. 136 ff.). Die folgende Tabelle gibt einen Überblick über die angewandten Regeln (Tabelle 3.1):

Bei der Verschriftlichung der Interviews wurde das Computerprogramm f4, eine Software zur Transkription von Audiotexten in Schriftform, verwendet. Mithilfe dieser Software wurde die Abspielgeschwindigkeit des Datenmaterials in Audioform verlangsamt, sodass die Inhalte besser verständlich wurden und sich zudem leichter transkribieren ließen, ohne die Audiodatei häufig zu stoppen. Zudem bietet die Software die Möglichkeit, Zeitmarken zu speichern, mit deren Hilfe problemlos auf gewünschte Textpassagen zurückgegriffen werden kann.

Aufgrund des induktiv-deduktiven Vorgehens wurden die geführten Interviews vollständig in Schriftform übertragen.

3.5 Datenauswertung

Nach der Datenerhebung und -aufbereitung erfolgte die Auswertung der Daten. Bei der Beschreibung der Datenauswertung wird im Folgenden zuerst auf theoretische Grundannahmen eingegangen. Im Anschluss wird die Kategorienbildung erläutert und die Validität der Auswertung dargelegt. Das Kapitel schließt ab mit der Beschreibung der Muster- und Typenbildung.

3.5.1 Theoretische Grundannahmen

Die Datenauswertung erfolgte mittels qualitativer Inhaltsanalyse nach Mayring (2010), welche „eine Familie von Verfahren zur systematischen Textanalyse [darstellt], die regelgeleitet und nachvollziehbar Texte auf eine Fragestellung hin interpretiert und auswertet“ (Ramsenthaler 2013, S. 1). Nach König (2002, S. 233) ist die gedankliche Voraussetzung für die Methode der Inhaltsanalyse, dass der Mensch als „ein bedeutungs- bzw. sinngenerierender Organismus“ gesehen wird. Demnach seien Individuen dazu fähig, ihre Gedanken in Worte zu fassen und diese zu kommunizieren. Das Verstehen dieser Explikationen durch die Forschenden ist Kernpunkt der Inhaltsanalyse und verdeutlicht die Nähe dieser Methode zur Hermeneutik (vgl. ebd. S. 236). Gleichzeitig ist die Inhaltsanalyse eine empirische Methode, da durch lineare, im Vorab festgelegte Vorgehensweisen, die alle Forschenden in gleicher Art und Weise durchzuführen haben, die Unabhängigkeit vom Verständnis des einzelnen Forschenden durch eine quasi objektive „Messung“ wie eine kategoriale Einteilung erreicht werden soll (vgl. ebd. S. 237).

Als Auswertungsmethode ist die qualitative Inhaltsanalyse in Forschungsarbeiten sinnvoll, im Rahmen derer regel- und theoriegeleitet sowie einer bestimmten Systematik folgend Texte analysiert werden sollen (vgl. Mayring 2016, S. 114). Essentiell bezüglich der Regelgeleitetheit ist „die Festlegung eines konkreten Ablaufmodells der Analyse […]“ (Mayring 2010, S. 48 f.), das im Hinblick auf die Forschungsfrage hin konzipiert werden muss. Dazu gehört sowohl das Festlegen bestimmter Regeln – zum Beispiel der Kodierregeln – als auch der einzelnen Analyseschritte. Des Weiteren ist die qualitative Inhaltsanalyse in Forschungsarbeiten einsetzbar, in denen Inhalte erfasst werden, die den Befragten kognitiv zugänglich und kommunizierbar sind. Dies ist für die vorliegende Arbeit zutreffend, da subjektive Theorien über den Erhalt von Gesundheit im Lehrerberuf im Fokus der Befragung stehen. Diese sind, wie bereits beschrieben wurde, für die Befragten als subjektive Konstrukte, Beschreibungen, Bewertungen und Wenn-dann-Hypothesen verbalisierbar (vgl. König 2002, S. 56 f.).

3.5.2 Fallübergreifende Analyse: Kategorienbildung

Im Kern der qualitativen Inhaltsanalyse steht die Arbeit mit einem Kategoriensystem[3], anhand dessen das Textmaterial strukturiert und abstrahiert wird (vgl. Mayring & Brunner 2010, S. 325). Przyborski und Wohlrab-Saar (2014) bezeichnen Kategorien als „höherwertige, abstraktere Konzepte [...], [die] die Ecksteine der sich herausbildenden Theorie [bilden]" (ebd. S. 201). Die Kategorien werden in einem induktiv-deduktiven Verfahren durch die aus der Theorie und dem Forschungsstand entwickelten Fragestellung und durch das empirische Material erarbeitet. Sie werden stufenweise durch Abstraktion des Materials sowie über Konstruktions- und Zuordnungsregeln definiert und im Verlauf immer wieder überprüft und modifiziert (vgl. Mayring 2010, S. 59). Ziel bei der induktiv-deduktiven Erarbeitung des Kategoriensystems war es, einen fallübergreifenden Überblick über die Strategien zur Erhaltung von Gesundheit im Lehrerberuf zu ermöglichen.

Die Analyse des Forschungsstandes und daraus resultierende Vermutungen der Forscherin, die zur deduktiven Kategorienbildung beitrug, spiegeln sich auch in der Konzeption des Leitfadens wider. Hier wurde den Vorannahmen der Forscherin Rechnung getragen, indem sie in verschiedene Bereiche des Leitfadens untergliedert für die Datenerhebung Verwendung fanden. So bezieht sich ein Abschnitt des Fragebogens auf konkrete berufliche Belastungen und deren Bewältigung, da die Forscherin dies als eine Möglichkeit zur Erhaltung von Gesundheit im Lehrerberuf vermutete. In einem anderen Abschnitt sind die Fragen und Impulse so formuliert, dass sie Aussagen zu Strategien bezüglich der Nutzung von Ressourcen evozieren sollen, da auch das Wahrnehmen und Nutzen von unterschiedlichen Ressourcen eine von der Forscherin vermutete und durch den Forschungsstand bestätigte Form der Gesundheitserhaltung sein kann.

Bei der induktiven Kategorienbildung wurde das Interviewmaterial nach relevanten Passagen durchsucht, die auf eine neue Kategorie hindeuteten. Dabei handelte es sich sowohl um Unterkategorien der erarbeiteten Hauptkategorien als auch um völlig neu entwickelte Kategorien und Subkategorien. Im Verlauf der

[3]Das Kategoriensystem findet sich im Anhang der Arbeit.

Interpretation wurden die Kategorien und deren Definitionen immer wieder überarbeitet und neue Kodierregeln formuliert, die der Abgrenzung der Kategorien dienen (vgl. Kuckartz 2012, S. 132 ff.). Diese Überarbeitung, die als „iterativer Prozess“ (ebd. S. 34) beschrieben werden kann, diente einerseits dazu, Überschneidungen der Kategorien zu vermeiden und andererseits, neue Erkenntnisse sichtbar zu machen und von anderen Inhalten abzugrenzen.

Konkret wurden bei der Interpretation des Textmaterials die drei Grundformen der qualitativen Inhaltsanalyse nach Mayring angewandt: Zusammenfassung, Explikation und Strukturierung (vgl. Mayring 2010, S. 64 f.). Während der Zusammenfassung erfolgte die Reduktion des Datenmaterials. Dadurch wurde die Fülle des Materials überschaubarer, inhaltlich wurden die Textstellen abstrahiert, blieben dabei aber ein Abbild des Ursprungsmaterials und konnten zur induktiven Kategorienbildung genutzt werden (vgl. Mayring 2016, S. 115). Ziel der explikativen Analyse ist es, Unklarheiten im Textmaterial durch Heranziehen anderer Materialien zu klären. Im Rahmen dieses Arbeitsschrittes wurden Textstellen, die vorher im Inhalt unklar waren, mithilfe von Recherche und Wortklärungen sowie Zuhilfenahme weiteren Materials oder des Interviewkontextes erklärt. Im Rahmen des geschilderten Verfahrens konnte ein Kategoriensystem mit fünf Hauptkategorien erarbeitet werden. Kodiert wurden Aussagen von Lehrkräften bezüglich ihrer Vorstellungen zur Erhaltung von Gesundheit im Lehrerberuf. Somit sind die Kodes, die durch das Kategoriensystem strukturiert und gebündelt wurden, von Lehrkräften explizierte Strategien zur Erhaltung von Gesundheit. Die fünf Hauptkategorien stellen daher fünf Strategien bezüglich der Erhaltung von Gesundheit dar. Jede als gesundheitserhaltende Strategie kodierte Texteinheit lässt sich des Weiteren einer Subkategorie zuordnen. Diese Subkategorien wurden im Lauf des Interpretationsprozesses immer weiter ausdifferenziert, um möglichst alle Teilaspekte der Aussagen zu erfassen. Vor der Interpretation des Datenmaterials wurden Kodiereinheiten festgelegt. Als kleinstmögliche Kodiereinheit wurden Halbsätze festgelegt, als größtmögliche Einheit aus mehreren Sätzen bestehende Abschnitte eines Interviews. Während der Strukturierung wurden die Interviews im Hinblick auf bestimmte Aspekte durchsucht und anhand des Kategoriensystems strukturiert gegliedert, wie oben bereits beschrieben wurde. Die Struktur, die dabei herausgefiltert wurde, kann grundsätzlich formale oder inhaltliche Aspekte sowie Skalierungen oder Dimensionen im Fokus haben.

In der vorliegenden Forschungsarbeit standen inhaltliche Aspekte im Zentrum der Strukturierung und bei der Erstellung des Kategoriensystems. Hierbei wurden die Kategorien genau definiert, um Textstellen eindeutig zuordnen zu können. Diese Textstellen aus den Interviews wurden wiederum als sogenannte „Ankerbeispiele“ (Mayring 2010, S. 61) ins Kategoriensystem eingefügt und belegen das Vorkommen der Kategorie im Datenmaterial. Mayring und Brunner (2010) postulieren, „die Zuordnung von Kategorien zu Textmaterialstellen so genau mit inhaltsanalytischen Regeln zu fassen, dass eine intersubjektiv eindeutige Zuordnung möglich wird“ (ebd. S. 325). Bei Schwierigkeiten bezüglich der Abgrenzung zwischen Kategorien wurden Kodierregeln verfasst, die eine Zuordnung ohne Überschneidung möglich machten. In der vorliegenden Arbeit wurden die einzelnen Interviewtranskripte zuerst abschnittweise paraphrasiert und generalisiert. Während bei der Paraphrasierung die Forscherin den Inhalt in eigenen Worten wiedergab, stellte die Generalisierung bereits den ersten Schritt der Abstraktion dar. Darauf folgte eine Reduktion ersten Grades, die als weiterer Schritt zur Abstraktion bereits die Zuordnung der Textstelle in eine Unterkategorie darstellte. Die darauffolgende Abstraktion zweiten Grades hob die Interpretation auf eine noch abstraktere Ebene, die bereits einer Hauptkategorie entsprach. Dies wird an folgendem Beispiel gezeigt (Tabelle 3.2):

Im obigen Beispiel aus dem Interview mit Mohn wird der dreistufige Interpretationsprozess verdeutlicht. Im ersten Schritt, der Paraphrasierung, wird die Aussage des Befragten von der Forscherin in eigenen Worten wiedergegeben. Im zweiten Schritt, der Generalisierung, wird das Material abstrahiert, bevor im dritten Schritt, der Reduktion ersten Grades durch weitere Abstraktion der Inhalt einer Subkategorie zugeordnet wird bzw. sich durch neue Inhalte eine neue Subkategorie auftut. Im letzten Schritt, der Reduktion zweiten Grades, wird das Material einer Hauptkategorie zugeordnet, nachdem es ein weiteres Mal abstrahiert wurde. Eröffnete sich im beschriebenen dreistufigen Prozess eine neue Sub- oder Hauptkategorie, so wurde für ebendiese eine Kodierregel verfasst, eventuell Kodierregeln anderer Kategorien modifiziert und alle bisherigen Interpretationen im Hinblick auf diese Veränderungen überarbeitet.

Nachdem das Kategoriensystem möglichst weit ausdifferenziert wurde, um alle Aspekte um die Strategien zur Erhaltung von Gesundheit im Lehrerberuf zu erfassen, wurde es zum Schluss wieder verdichtet, um die als nächsten Schritt der Datenauswertung folgende Typenbildung nach Kelle und Kluge (2010) möglich zu machen. Endergebnis dieses Interpretationsverfahrens ist ein Kategoriensystem mit fünf Hauptkategorien und insgesamt 19 Subkategorien, welche jeweils Strategien zur Erhaltung von Gesundheit im Lehrerberuf bündeln und einen fallübergreifenden Überblick ermöglichen.

Tabelle 3.2 Beispielhafte Darstellung des Interpretationsvorgangs (eigene Darstellung)

Interviewtext	Paraphrase	Generalisierung	Reduktion	Reduktion zweiten Grades
Mohn, Z. 328–333: Andere Kollegen fragen, ob sie nicht doch Sachen haben, die einem für den Unterricht helfen. Und also einfach, das wichtigste ist wirklich, mit anderen Leuten reden. […] Oder vielleicht auch Sachen bekommt, die einem wieder einen ganzen Batzen Arbeit abnehmen. Dass man das Rad nicht unbedingt neu erfinden muss.	Der Befragte sagt, dass man sich Arbeit ersparen soll, indem man auf Material von Kolleginnen und Kollegen zurückgreift.	Materialaustausch zur Arbeitserleichterung als gesundheitsfördernder Faktor	Zusammenarbeit mit Kollegen zur Arbeitsersparnis als gesundheits-fördernde Strategie	Präventive Strategien/Maßnahmen

3.5.3 Validierung

Die Interpretation des Materials wurde sowohl im Hinblick auf die Zusammenfassung als auch auf die Explikation und Strukturierung mit anderen Wissenschaftlerinnen und Wissenschaftlern diskutiert und so kommunikativ validiert. Die kommunikative Validierung der ersten neun Interviews erfolgte in zwei Interpretationsgruppen, die anderen sieben Interviews wurden im Austausch mit einer zweiten Forscherin validiert.[4] Im Gegensatz zum Struktur-Lege-Verfahren, das als kommunikatives Validierungsverfahren beim engeren Verständnis von subjektiven Theorien Verwendung findet und die Interpretation des Gesagten durch die Forschenden direkt im Austausch mit den Befragten validiert, wurde also bei der vorliegenden Arbeit die Validierung der Daten im kommunikativen Prozess mit weiteren Forschenden vorgenommen. Dabei wurde die Interpretation der Interviews von den anderen Wissenschaftlern und Wissenschaftlerinnen auf Nachvollziehbarkeit und die Passung der Ankerbeispiele in die jeweilige Kategorie überprüft. Dadurch ließ sich sicherstellen, dass die Kodierregeln so formuliert waren, dass sie tatsächlich zur trennscharfen Bildung von Kategorien brauchbar waren und dass die selben Textpassagen von verschiedenen Kodierern derselben Kategorie zugeordnet wurden. Differenzen bei der Kodierung wurden in der Gruppe bzw. mit der zweiten Forscherin diskutiert und durch die Überarbeitung der Kodierregeln oder Umkodierung der Textstelle in eine andere Kategorie aufgearbeitet. Mayring und Brunner (2010) sprechen von Interkoderreliabilität bzw. Objektivität und fordern, dass nach Einarbeitung in die Kodierregeln die Kodierung der Texte durch mindestens einen zweiten Forscher oder eine zweite Forscherin erfolgen soll. Dabei gilt eine „hohe Übereinstimmung [...] [als] ein Indikator für die Stabilität des Verfahrens" (Mayring & Brunner 2010, S. 326). Dieser Forderung wurde somit Rechnung getragen. Bei der vorliegenden Arbeit wurde im Validierungsprozess nicht nur die Interpretation der Interviews und die Passung der Ankerbeispiele in das Kategoriensystem diskutiert, sondern auch die Logik und Schlüssigkeit des gesamten Kategoriensystems als theoretisches Konstrukt. Auch die zweite Stufe des Auswertungsprozesses, die Bildung der Typen und Muster, wurde durch weitere Forschende begleitet, diskutiert und dadurch validiert. Dieser zweite Schritt wird im folgenden Kapitel beschrieben.

---

[4]Herzlichen Dank an Prof. Annette Scheunpflug, Dr. Nikolaus Schröck, Dr. Caroline Rau, Alexander Wiernik, Simone Beck, Lisa Gutschik, Sabine Dörr, Irena Hybl, Dr. Mark Wenz, Sonja Richter und ganz besonders an Sabine Lang.

3.5.4 Verdichtung und Generalisierung: gruppierende Typenbildung

Nach Abschluss der fallübergreifenden Analyse, deren Ergebnis das oben beschriebene Kategoriensystem ist, wurden Einzelfälle gruppiert und die Ergebnisse somit weiter verdichtet. Zu Beginn wurden Fälle durch das Analysieren von Gemeinsamkeiten gebündelt und dabei inhaltliche Muster identifiziert. Diese Muster wurden weiter zu zwei Typen subjektiver Theorien verdichtet. Dieses iterative, abduktive Vorgehen sowie die Bedeutung der Begriffe Muster und Typ werden im Folgenden näher beschrieben.

In dieser Forschungsarbeit wurde bei der Verdichtung und Generalisierung der Daten zu einer idealtypischen Typologie auf das Vorgehen bei Kelle und Kluge (2010) sowie Kuckartz (2016) rekurriert. Diese beschreiben Typenbildung als einen Gruppierungsprozess, an dessen Ende eine Typologie steht. Dieses Verfahren hat laut Lang und Ruesch Schweizer (2020) die Funktion, unterschiedliche Kombinationen von Kategorien – im vorliegenden Fall also Strategien zum Erhalt von Lehrergesundheit – und die Sinnzusammenhänge, die diese Kategorien verbinden oder unterscheiden, „als das jeweils idealtypische überindividuell Gemeinsame subjektiver Argumentationsstrukturen sichtbar zu machen und damit die angestrebte Verdichtung in Form einer Typologie idealtypischer subjektiver Theorien zu erreichen“ (ebd. Absatz 16). Bezugnehmend auf Schütz (1974) sehen Kelle und Kluge (2010) Typisierungsprozesse als unverzichtbaren Prozess von Menschen, um sich im Alltag zurechtzufinden (vgl. ebd. S. 84). Bei der wissenschaftlichen Typenbildung mit dem Ziel der Generalisierung von Forschungsergebnissen wird auf den fallübergreifenden Vergleich im Rahmen der komparativen Analyse zurückgegriffen, um Ähnlichkeiten und Unterschiede zu ermitteln und durch diese Strukturierung das Material zu Typen zu verdichten. Typen sind somit Gruppen von Fällen, die auf der Ebene des Falles, hier also auf der Ebene der subjektiven Theorie, Homogenität aufweisen und sich auf der Ebene der Typologie möglichst stark voneinander unterscheiden. Kelle und Kluge nennen als Möglichkeit zur Erfassung von Typen das Erstellen einer Kreuztabelle, mithilfe derer sich die Merkmale, die die einzelnen Fälle prägen, vergleichen lassen. Dabei geht es aber nicht nur um das Erkennen von auftretenden Gemeinsamkeiten und Unterschieden zwischen den Fällen, sondern auch um das Erfassen inhaltlicher Zusammenhänge, also der heuristischen Funktion von Typologien (vgl. ebd. S. 91). Dies geschieht durch einen vierstufigen Prozess. Zuerst werden Vergleichsdimensionen erarbeitet. In der vorliegenden Arbeit wurde dafür mittels qualitativer Inhaltsanalyse ein Kategoriensystem mit Haupt- und Subkategorien erarbeitet, was bereits beschrieben wurde. In einem zweiten Schritt wurden die Fälle in Hinblick auf ihre empirischen Regelmäßigkeiten gruppiert. Als drittes wurden die inhaltlichen Sinnzusammenhänge herausgearbeitet, die hinter den Merkmalskombinationen in den gefundenen Gruppen standen, bevor in einem vierten Schritt die so gebildeten Typen charakterisiert wurden (vgl. ebd. S. 92). In der vorliegenden Arbeit fanden diese Schritte, wie von Kelle und Kluge postuliert, nicht starr aufeinanderfolgend statt, sondern in einem zirkulären Prozess. Ergebnis dieses vierstufigen Vorgehens ist eine eindimensionale Typologie mit zwei Typen. Diese zwei Typen, die sich in ihrer Struktur voneinander unterscheiden, weisen jeweils noch Untergruppen auf, die im Folgenden als Muster beschrieben werden. Die Typologie kann als eindimensional bezeichnet werden, da die Typen sich aufgrund eines einzigen Merkmals unterscheiden, in diesem Fall nämlich in ihrer Struktur: Das ausschlaggebende Merkmal, zu welchem Typ eine subjektive Theorie gezählt wird, besteht darin, ob innerhalb dieser subjektiven Theorie eine Handlungsfacette fokussiert wird oder alle Handlungsfacetten als gleichrangig gesehen werden.

Die in der vorliegenden Studie gebildeten Typen sind Webers Unterscheidung in Realtypen und Idealtypen (vgl. Weber 1922) folgend als Idealtypen zu bezeichnen, wenngleich in der Forschungspraxis die Trennlinie zwischen den beiden Typen häufig verschwimmt (vgl. Schmidt-Hertha & Tippelt 2011, S. 26). So stellen die zwei in dieser Arbeit gebildeten Typen und ihre weitere Untergliederung in Muster eine „Überspitzung empirischer Tatsachen" (Weber 1922, S. 191) dar und keine exakte Deskription des empirischen Materials. Vielmehr kann die Typen- und Musterbildung in dieser Arbeit „als Abstraktion real vorfindbarer Merkmale" (Schmidt-Hertha & Tippelt 2011, S. 25) verstanden werden. Nach Kelle und Kluge (2010, S. 83) wird ein Idealtypus als zwischen Empirie und Theorie befindlich verstanden, wobei er reale empirische Phänomene nicht nur deskriptiv, sondern in einer Übersteigerung ihrer Merkmale darstellt. Ziel dabei ist die Generierung eines Modells von sozialer Wirklichkeit (vgl. ebd. S. 83). Im Folgenden wird das konkrete forschungspraktische Vorgehen bei der Typen- und Musterbildung für die vorliegende Studie beschrieben.

Um einen Vergleichshorizont für die entstehenden Muster zu bilden, wurde zunächst auf das Kategoriensystem rekurriert, welches im vorangehenden Kapitel bereits dargestellt wurde. Die Kategorien wurden als Vergleichsdimensionen herangezogen, um in einem abduktiven Prozess Muster subjektiver Theorien zu generieren. Somit bildeten die Haupt- und Unterkategorien die Struktur für die typologische Analyse des empirischen Materials. Diese wurden – wie bereits in Abschnitt 3.5.2 detailliert beschrieben – in einem induktiv-deduktiven Prozess aus dem empirischen Material heraus entwickelt und in mehreren Überarbeitungsschleifen ausdifferenziert sowie verdichtet. Auf inhaltlicher Ebene bedeutete dies für die typologische Analyse, dass die unterschiedlichen Strategien, denen Lehrkräfte im Rahmen ihrer subjektiven Theorien Bedeutung für den Erhalt ihrer Gesundheit zusprechen, deutlich voneinander abgrenzbar sein und gleichzeitig Parallelen und Ähnlichkeiten sichtbar gemacht werden sollten. Um diese Vergleichsmöglichkeit zu schaffen, wurde mit Hilfe einer Kreuz-Tabelle deutlich gemacht, welche Kombinationen von Strategien zur Erhaltung von Gesundheit als subjektive Theorien auftraten. Somit wurden subjektive Theorien über den Erhalt von Gesundheit als mehrgliedrige kognitive Gebilde entlang des Merkmalsraums Kategoriensystem darstellbar.

Eine subjektive Theorie über den Erhalt von Gesundheit im Lehrerberuf kann folglich als kognitives Konstrukt mit der von Groeben et al. (1988) geforderten Argumentationsstruktur verstanden werden: Gesundheit im Lehrerberuf wird erhalten durch das Anwenden bestimmter Strategien. Anhand der tabellarischen Übersicht über die Teilbereiche – die gesundheitserhaltenden Strategien – der subjektiven Theorien konnte ein Überblick über potenzielle sowie empirisch auftretende Kombinationen von subjektiven Theorien geschaffen werden. Darauf aufbauend wurden die Kombinationen fallübergreifend miteinander verglichen sowie abgegrenzt. Hierbei wurden inhaltlich homogene Fälle bei den Merkmalskombinationen zu Mustern verdichtet, was stets materialgebunden stattfand. Um zu einem gemeinsamen Muster verdichtet zu werden, mussten die Fälle innerhalb der Muster nicht in allen Merkmalen bzw. Bestandteilen identisch sein. Zu einem Muster wurden diejenigen Fälle zusammengefasst, bei denen die Übereinstimmungen bei den Merkmalen überwogen und bei denen dadurch gemeinsame, inhaltliche Zusammenhänge sichtbar wurden. Jede Interviewpartnerin und jeder Interviewpartner verfolgt ihre bzw. seine eigene subjektive Theorie bezüglich der Erhaltung von Gesundheit im Lehrerberuf, welche sich aus mehreren gesundheitserhaltenden Strategien zusammensetzt. Bei der Musterbildung konnte aus dem Material herausgearbeitet werden, dass die subjektiven Theorien der Befragten dabei aber bestimmten Mustern folgen. Somit ist ein Muster zu verstehen als eine subjektive Theorie zweiter Ordnung und folglich die abstraktere Einheit. In Anlehnung an Kelle und Kluge wurde bei der Musterbildung vorausgesetzt, dass bei der Merkmalskonstellation kein Zufall vorliegt, sondern dass in den Konstellationen inhaltliche Zusammenhänge deutlich werden, die für weitere Hypothesen- und Theoriebildung von Interesse sind (vgl. Kelle & Kluge 2010, S. 10 f.). Abschließend wurden die gefundenen Muster entlang der vorliegenden Merkmalskombinationen charakterisiert und beschrieben.

Diese Muster konnten weiter zu zwei Typen subjektiver Theorien verdichtet werden. Typ I beschreibt fokussierte Muster, also diejenigen subjektiven Theorien, die bestimmte Strategien fokussieren. Konkret bedeutet dies, dass in der

Konstruktion der Theorien bestimmte Bausteine betont werden und sich zu einem Kerngedanken verdichten lassen. Typ II beschreibt additive Muster, also diejenigen Muster, bei denen mehrere Strategien auf hierarchisch gleicher Ebene zu einer Theorie addiert werden. Innerhalb von Typ I ließen sich inhaltliche homogene Fälle identifizieren, deren subjektive Theorien somit als Muster bezeichnet werden können. Die Unterscheidung subjektiver Theorien in Typen bezieht sich also auf die Unterschiedlichkeit in der Theoriekonstruktion, während bei Mustern die Theoriekonstruktion dieselbe ist und sich der Inhalt der Theorien unterscheidet. Dies wird in der folgenden Darstellung veranschaulicht:

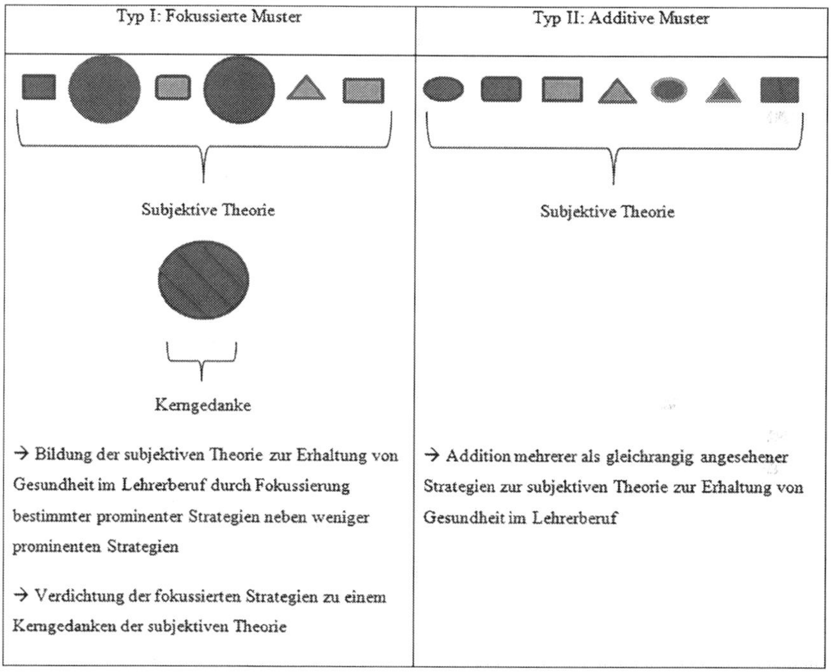

Abbildung 3.1 Zwei Typen subjektiver Theorien (eigene Darstellung)

Die fokussierten Muster sind jene, bei denen sich die subjektive Theorie auf einen Schwerpunkt fokussiert. So wird in der subjektiven Theorie des Typs I stets ein Kerngedanke für die Erhaltung von Gesundheit sichtbar, der sich aus den fokussierten, also betonten, Strategien herausarbeiten ließ. Im Gegensatz dazu stehen im additiven Muster viele Faktoren nebeneinander, ohne dass dabei eine oder mehrere Strategien betont werden und relevanter sind als andere Strategien. Aus der Zusammensetzung und der gegenseitigen Beeinflussung der fokussierten Strategien in den fokussierten Mustern ließ sich jeweils ein Kerngedanke für die jeweiligen Muster verdichten, der die Muster charakterisiert. Zudem sind im Rahmen der subjektiven Theorie auch andere Merkmale bzw. Faktoren zur Gesundheitserhaltung vorhanden. Diese werden aber weniger betont und stehen hierarchisch unter den fokussierten Strategien. Insgesamt wurden drei fokussierte Muster identifiziert. Subjektive Theorien des Typs II hingegen weisen eine Bandbreite von als für die Gesundheit relevant erachteten Faktoren auf, die auf derselben hierarchischen Ebene nebeneinanderstehen. Keinem Faktor wird dabei eine größere Bedeutung zugeschrieben als einem anderen Faktor.

Nachdem das Vorgehen bei der komparativen Analyse sowie der Typenbildung nun deutlich gemacht wurde, werden im nächsten Kapitel die Samplingstrategien und das Sample dargestellt.

3.6 Samplingstrategie und Sample

Im folgenden Kapitel steht die Auswahl der Interviewpartnerinnen und -partner für die Generierung des empirischen Datenmaterials im Fokus. Die Vorgehensweise bei der Gewinnung der zu Befragenden orientierte sich am Theoretical Sampling nach Glaser und Strauss (1967). Diese wird zunächst in 3.6.1 beschrieben, bevor auf diesen theoretischen Grundlagen aufbauend in Abschnitt 3.6.2 die für diese Studie relevanten Samplingkriterien und deren Verteilung im Sample beschrieben werden, die der Forscherin vor Durchführung der Interviews bekannt waren. Neben diesen Auswahlkriterien waren Kriterien, die sich während der ersten Auswertungsphasen im Datenmaterial zeigten, für die Auswahl weiterer Lehrerinnen und Lehrer als Interviewpartnerinnen und -partner wichtig. Diese werden im Rahmen der Fallportraits in Abschnitt 3.6.3 dargestellt.

3.6.1 Theoretische Grundlagen für die Auswahl der Befragten

Bei der Gewinnung von Interviewpartnern und -partnerinnen für die vorliegende Studie wurde nach dem Theoretical Sampling nach Glaser und Strauss (1967) vorgegangen. Dementsprechend wurde die Auswahl der zu Interviewenden nicht im Vorfeld der Untersuchung definiert, sondern entwickelte sich im Spiegel theoretischer Gesichtspunkte im Lauf der empirischen Forschungsarbeit (vgl. Przyborski

& Wohlrab-Saar 2014, S. 181). So war bei den ersten Befragten lediglich wichtig, dass es sich um Lehrkräfte handelt, die bereit waren, in einer Interviewsituation über das Thema Lehrergesundheit zu sprechen. Die folgenden Interviewpartnerinnen und Interviewpartner wurden nach dem Prinzip der Maximierung und Minimierung von Unterschieden ausgewählt. Durch die minimale Kontrastierung sollten im Forschungsprozess entstandene Annahmen überprüft werden, während durch die maximale Kontrastierung die Bandbreite des Forschungsfeldes abgearbeitet werden sollte (vgl. ebd.). Unter diesen Gesichtspunkten wurden so lange weitere Lehrkräfte interviewt, bis die theoretische Sättigung erreicht wurde und kein neuer Erkenntnisgewinn aus weiteren Interviews zu erwarten war. Die Interviewpartnerinnen und Interviewpartner wurden über persönliche Kontakte gefunden. Teilweise waren die Befragten der Forscherin persönlich bekannt, teilweise fand ein persönliches Kennenlernen erst in der Interviewsituation statt, nachdem eine kurze Information zur Interviewsituation und Thematik in einem Telefonat vorangegangen war.

Bei der Auswahl der Befragten wurde versucht, möglichst verschiedene Faktoren abzudecken, die Einfluss auf die subjektiven Theorien über den Erhalt von Gesundheit im Lehrerberuf haben könnten. Dabei wurden sowohl von außen sichtbare Faktoren wie demographische Daten oder Rahmenbedingungen in der Schule berücksichtigt als auch Kriterien, die erst im Verlauf des Auswertungsprozesses aus den Inhalten der Interviews deutlich wurden, für das Sampling relevant. Erstere Samplingkriterien, die vor der Befragung bekannt waren und aufgrund von Vermutungen der Forscherin als für das Sample relevant gesehen wurden, werden im Unterkapitel 3.6.2 beschrieben. Diejenigen Kriterien, die sich erst durch die Auswertung des Datenmaterials ergaben und dadurch erst im späteren Verlauf des Samplings relevant wurden, werden im Rahmen der Fallportraits in Unterkapitel 3.6.3 dargestellt.

3.6.2 Samplingkriterien

Wie oben bereits beschrieben wurden die Interviewpartner und -partnerinnen aufgrund von verschiedenen Kriterien ausgewählt. Einige dieser Kriterien waren schon vor der Durchführung der Interviews bekannt, fußten auf Vermutungen der Forscherin und zielten darauf ab, dass Lehrkräfte mit unterschiedlichen Belastungen und Ressourcen möglicherweise unterschiedliche subjektive Theorien über den Erhalt von Gesundheit im Lehrerberuf explizieren.

So wurde erstens vermutet, dass Lehrkräfte mit unterschiedlichen Belastungen auch über unterschiedliche subjektive Theorien zu Umgangs- und Bewältigungsstrategien verfügen. Deshalb wurde beim Sampling darauf geachtet, Lehrkräfte mit unterschiedlichen Belastungen zu befragen. So wurden Lehrkräfte mit besonders hohem Arbeitsaufwand durch korrekturintensive Fächer, Lehrkräfte mit Doppelbelastung durch Beruf und Familie und Lehrkräfte, die in Brennpunktschulen tätig waren, interviewt, da bei ihnen eine besondere Belastung vermutet wurde und subjektive Theorien über den Umgang damit für die Forschungsarbeit von Interesse war. Zur maximalen Kontrastierung wurden Lehrerinnen und Lehrer befragt, bei denen die von außen zu vermutende Belastung aufgrund der Fächerwahl, der familiären Situation oder des Schulstandortes eher niedrig war. Ebenso wurde angenommen, dass die Lehrkräfte je nach Alter der Schülerinnen und Schüler sowie nach Schulart verschiedene Arten von Belastungen erlebten, die zu verschiedenen subjektiven Theorien zum Erhalt von Lehrergesundheit führen können. Neben den Faktoren, die von außen als belastend bewertet werden, wurden zudem in den Aussagen der Befragten nach geäußerten Belastungen gesucht. Diese Faktoren wurden ebenfalls bei der Suche nach weiteren Interviewpartnerinnen und -partnern berücksichtigt, indem weitere Lehrkräfte mit minimaler oder maximaler Kontrastierung befragt wurden.

Zweitens wurden die Interviewpartnerinnen und -partner im Hinblick auf die ihnen zu Verfügung stehenden Ressourcen ausgewählt. Vermutet wurde dabei, dass Lehrkräfte zu Beginn ihrer Tätigkeit auf weniger interne Ressourcen wie Erfahrung sowie externe Ressourcen wie Auswahl an Unterrichtsmaterial zurückgreifen können als Lehrkräfte, die bereits seit mehreren Jahren im Dienst waren. Auch wurde angenommen, dass Lehrkräfte, die in einer Partnerschaft oder Familie eingebunden waren, andere soziale Ressourcen zur Verfügung haben als alleinstehende Personen. Auch im Hinblick auf die Ressourcen wurde neben den Annahmen der Forscherin ebenso der Inhalt der Interviews ein Kriterium für die Suche nach weiteren Interviewpartnerinnen und -partnern im Sinne der maximalen und minimalen Kontrastierung. Eine weitere Vermutung war, dass Lehrerinnen und Lehrer, die sich aufgrund gesundheitsbezogener Unterrichtsfächer, aufgrund einer Beschäftigung mit Lehrergesundheit als schulinternes Amt oder aufgrund einer vorangegangenen Erkrankung, die sie (auch) auf ihre berufliche Situation zurückführen, andere subjektive Theorien über die Erhaltung von Gesundheit im Lehrerberuf haben könnten als andere Personen. Auch demografische Daten wurden beim Sampling berücksichtigt. So wurde vermutet, dass Frauen andere subjektive Theorien über den Erhalt von Gesundheit im Lehrerberuf haben könnten als Männer, da empirische Studien bereits einen Unterschied bezüglich des psychischen Gesundheitszustandes von Frauen und Männern im

Lehramt (vgl. Schaarschmidt 2005b, S. 52 f.) und des Gesundheitsverhaltens von Frauen und Männern im Allgemeinen (vgl. Faltermaier 2008) zeigen konnten. Auch das Dienstalter wurde als ein möglicher Einflussfaktor gesehen, da neben der Annahme, dass dienstältere Lehrkräfte andere Ressourcen haben als jüngere zudem empirisch nachgewiesen wurde, dass Berufseinsteiger die besten Werte im Hinblick auf ihre psychische Gesundheit aufweisen. Dieser Zustand verschlechtert sich fast durchgängig bis zu einem Dienstalter von 35 Jahren (vgl. Schaarschmidt 2005b, S. 58).

Die folgende tabellarische Darstellung gibt einen Überblick über das Sample. Aufgeführt werden diejenigen Kriterien, die vor Beginn der Datenerhebung aufgrund der oben beschriebenen Vermutungen der Forscherin als relevant erachtet wurden. Weitere Samplingkriterien, die sich im Lauf des Interpretationsprozesses aufgrund der Aussagen der Befragten ergaben, werden bei der Darstellung der Fallportraits in 3.6.3 erläutert (Tabelle 3.3).

3.6.3 Fallportraits

Im folgenden Kapitel werden die Fälle des Samples einzeln vorgestellt. Bei der Auswahl der Interviewten wurden zum einen Faktoren berücksichtigt, die vor der Durchführung der Interviews sichtbar und der Forscherin bekannt waren. Diese Samplingkriterien, zu denen Geschlecht, Alter, Dienstalter, Schulart, objektive Belastungsfaktoren und Erfahrungen mit Krankheit sowie deren Verteilung im Sample gehören, wurden im vorhergehenden Kapitel beschrieben. Zum anderen waren bei der Auswahl der Interviewpartner und -partnerinnen auch Faktoren relevant, die erst im Prozess der Datenauswertung in den Aussagen deutlich wurden. Sowohl die Kriterien, die der Forscherin vor der Befragung bekannt waren als auch die Kriterien, die sich aus den Inhalten der Interviews ergaben, wurden bei der Weiterentwicklung des Samples berücksichtigt und werden deshalb in den Fallportraits dargestellt. Die Darstellung erfolgt in der Reihenfolge der geführten Interviews, um deutlich zu machen, inwiefern der Forderung nach minimaler und maximaler Kontrastierung Rechnung getragen wurde.

Herr Krokus

Herr Krokus gehört der Altersgruppe 51 bis 55 Jahre an und ist seit 21 bis 25 Jahren als Lehrer tätig. Er arbeitet in Vollzeit und unterrichtet katholische Religionslehre an einer Berufsschule. Herr Krokus ist verheiratet und hat keine Kinder. Im Interview nennt er als einen gesundheitsfördernden Faktor eine Besonderheit seines Unterrichtsfaches, weshalb zur maximalen Kontrastierung im weiteren Verlauf des Samplings Frau Sonnenblume, eine Lehrkraft, die ausschließlich

Tabelle 3.3 Übersicht des Samples in Hinblick auf von außen sichtbare Faktoren (eigene Darstellung)

Geschlecht:

Männlich: 6	Weiblich: 10

Alter der Befragten:

bis 30 Jahre: 1	31–35 Jahre: 6	36–40 Jahre: 2	41–45 Jahre: 1
46–50 Jahre: 0	51–55 Jahre: 2	56–60 Jahre: 1	61–67 Jahre: 3

Dienstalter in Jahren:

<5: 4	5–9: 4	10–15: 2	16–20: 0	21–25: 1	26–30: 3	> 30: 2

Schulart[a]:

Grundschule: 5	Mittelschule: 4	Realschule: 3	Gymnasium: 4	Berufsschule: 1	Förderschule: 1	Andere: 1

Familienstand:

Alleine lebend: 3	Partnerschaft ohne Kinder: 5	Familie mit zu Hause lebenden Kindern: 5	Familie mit erwachsenen Kindern: 1	Alleinerziehend: 2

Vermutete Belastungsfaktoren:

Brennpunktschule:2	Korrekturintensive Fächer: 2	Doppelbelastung von Familie und Beruf: 8	Alleinerziehend: 2

Besondere Erfahrungen mit Gesundheit und Krankheit:

Schwebehinderte: 1	Vorangegangene, überwundene psychische Erkrankung, die von den Betroffenen (auch) auf die berufliche Belastung zurückgeführt wurde: 2	Aktuelle Erkrankung, die von der Betroffenen auf berufliche Belastungen zurückgeführt wird: 1

[a]Drei der Befragten unterrichten in zwei Schularten.

naturwissenschaftliche Fächer unterrichtet, und als minimaler Kontrast Frau Margerite, eine Lehrkraft, die wie Herr Krokus Religion unterrichtet, interviewt wurden.

Frau Tulpe

Frau Tulpe unterrichtet in Teilzeit (75 %) an einer Brennpunkt-Mittelschule in einer Übergangsklasse[5]. Sie ist zwischen 51 und 55 Jahre alt und seit 26 bis 30 Jahren – mit Unterbrechungen aufgrund von Elternzeiten und Auslandsaufenthalten – im Schuldienst tätig. Frau Tulpe ist alleinerziehende Mutter von zwei jugendlichen Kindern. Als Klassenlehrerin in der Mittelschule unterrichtet sie fast alle Fächer. Die von der Forscherin vermutete besondere Belastung als Lehrerin in einer Übergangsklasse, die mit großer Heterogenität seitens der Schüler- und Elternschaft sowie mit Verständigungsproblemen verbunden ist, wird von Frau Tulpe im Interview nicht als solche thematisiert. Als minimale Kontrastierung wurde Herr Kaktus als Lehrer in einer Sprachlernklasse für Migrantinnen und Migranten interviewt. Als maximalen Kontrast wurde Herr Lavendel, Gymnasiallehrer in ländlichem Umfeld mit wenig heterogener Schülerschaft aus überwiegend bildungsnahen deutschen Familien, ins Sample genommen.

Herr Flieder

Herr Flieder ist Lehrer im Primarbereich an einer Förderschule. Aufgrund von Altersteilzeit unterrichtet er 75 % des vollen Stundendeputats. Er ist zwischen 60 und 65 Jahre alt, seit mehr als 30 Jahren als Lehrer tätig und lebt seit seiner Scheidung allein. Als entlastenden und somit gesundheitsfördernden Faktor nennt Herr Flieder die Möglichkeit der freien Einteilung von Zeit und Inhalten im Unterricht und sieht sich deshalb als Förderschullehrer im Primarbereich privilegiert. Aufgrund dieser Aussage wird zur minimalen Kontrastierung eine weitere Lehrkraft aus dem Primarbereich, Frau Rose, befragt. Zur maximalen Kontrastierung wurde Frau Osterglocke, eine Realschullehrerin, die aufgrund der Bedingungen ihrer Schulart sehr wenig Spielraum hinsichtlich zeitlicher und inhaltlicher Gestaltung hat, ins Sample aufgenommen.

[5] Übergangsklassen sind Klassen, in denen ausschließlich Schülerinnen und Schüler mit Migrationshintergrund ohne oder mit geringen Deutschkenntnissen unterrichtet werden. Dabei liegt der Schwerpunkt darauf, die Schülerinnen und Schüler im Hinblick auf ihre Sprachkenntnisse so zu fördern, dass sie möglichst zeitnah in eine Regelklasse wechseln und dort beschult werden können.

Frau Dahlie

Frau Dahlie gehört zur Altersgruppe der 61 bis 65jährigen und ist seit 26 bis 30 Jahren im Schuldienst tätig. Seit dem Tod ihres Ehepartners lebt sie allein. Die Befragte ist Leiterin einer Grund- und Mittelschule und in Vollzeit tätig. Die Tätigkeit als Schulleiterin war für das Sampling insofern von Interesse, da Schulleitende durch ihr Führungshandeln auch eine Einflussgröße auf die Gesundheit ihrer mitarbeitenden Lehrkräfte sind und sich dies möglicherweise auch in der subjektiven Theorie über den Erhalt von Lehrergesundheit von Frau Dahlie widerspiegeln könnte (vgl. Ksienzyk & Schaarschmidt 2005, S. 78 ff.). Zur minimalen Kontrastierung wurde Herr Lavendel interviewt, der Mitglied der erweiterten Schulleitung ist.

Herr Winterling

Der Befragte ist zwischen 56 und 60 Jahre alt und seit über 30 Jahren als Lehrer tätig. Er arbeitet an einer Mittelschule in einer Metropolregion und wird dort als Fachlehrer, nicht als Klassenleitung, eingesetzt. Er arbeitet in Vollzeit, hat jedoch aufgrund einer Schwerbehinderung Stundenermäßigungen. Herr Winterling litt in der Vergangenheit an einer psychischen Erkrankung, deren Ursache er auch mit Belastungen im Berufsleben in Verbindung bringt. Sowohl die Schwerbehinderung als auch die überwundene psychische Erkrankung waren für das Sampling relevant, da vermutet wurde, dass eine intensive Beschäftigung mit Krankheit und Belastungen möglicherweise subjektive Theorien über den Erhalt von Gesundheit im Lehrerberuf beeinflusst. Herr Winterling ist geschieden und lebt alleine. Zur minimalen Kontrastierung wurde Frau Osterglocke, eine Lehrerin, die ebenfalls eine psychische Erkrankung durchlebt hatte, befragt.

Frau Osterglocke

Frau Osterglocke, die zwischen 31 und 35 Jahre alt ist, arbeitet seit fünf bis neun Jahren als Lehrerin an Realschulen. Sie unterrichtet die Fächer Deutsch und Geschichte, weshalb vermutet wurde, dass die Befragte einer besonderen Belastung hinsichtlich des Korrektur- und Vorbereitungsaufwandes ausgesetzt ist. Aufgrund einer psychischen Erkrankung, die sie auch auf Belastungen in der Schule zurückführt, hat Frau Osterglocke ihr Stundendeputat auf 75 % reduziert. Frau Osterglocke ist verheiratet und hat keine Kinder. Sie ist in ihrer Schule im Arbeitskreis Lehrergesundheit engagiert. Diese Tätigkeit sowie die psychische Erkrankung, die sie auch auf Belastungen im Schulleben zurückführt, waren für das Sampling wichtig, da angenommen werden konnte, dass dies die subjektiven Theorien über den Erhalt von Gesundheit im Lehrerberuf beeinflusste. Zur minimalen Kontrastierung wurden Frau Anemone mit korrekturaufwändigen Fächern und zur maximalen Kontrastierung Herr Lavendel mit weniger korrekturaufwändigen Fächern befragt.

Frau Rose

Frau Rose ist zwischen 36 und 40 Jahre alt und seit zehn bis 15 Jahren als Grundschullehrerin tätig, derzeit an einer Schule im ländlichen Gebiet. Die Befragte hat vier Kinder unter zehn Jahren und ist nach dem gesetzlichen Mutterschutz ihres jüngsten Kindes sofort mit 75 % des vollen Stundendeputats wieder ins Berufsleben zurückgekehrt, während ihr Mann die Kinderbetreuung übernimmt. Bei Frau Rose wurde deshalb vor Beginn des Interviews eine besondere Belastung durch die Doppelbelastung von Familie und Beruf erwartet, die sich aber im Interview nicht bestätigte. Zur minimalen Kontrastierung wurden Frau Primel und Frau Kamille befragt, die ebenfalls allein für den Unterhalt der Familie zuständig sind.

Frau Sonnenblume

Frau Sonnenblume gehört zur Gruppe der 26 bis 30jährigen Lehrerinnen und Lehrern. Das Interview fand in den Sommerferien nach Frau Sonnenblumes ersten Schuljahres als Lehrerin statt. Für das Sampling war dies wichtig, da aufgrund mangelnder Erfahrung und mangelnder materieller Ressourcen eine besondere Belastung bei Berufsanfängern vermutet wurde. Zudem unterrichtet Frau Sonnenblume Mathematik und Physik an einem Gymnasium, obwohl sie Lehramt an Realschulen studiert und auch das Referendariat an Realschulen absolviert hat. Die Befragte hat einen Partner und keine Kinder. Zur minimalen Kontrastierung wurde Herr Kaktus befragt, der ebenfalls Berufsanfänger ist, zur maximalen Kontrastierung Frau Anemone, die seit 26 bis 30 Jahren im Schuldienst tätig ist.

Frau Anemone

Frau Anemone ist zwischen 56 und 60 Jahre alt und seit 26 bis 30 Jahren als Lehrerin tätig. Sie ist Gymnasiallehrerin für drei Sprachen sowie Theater und Literatur und zudem als Seminarlehrerin und Lehrbeauftragte tätig. Frau Anemone arbeitet Vollzeit, ist verheiratet und hat zwei erwachsene Kinder, die nicht mehr zu Hause leben.

Herr Lavendel

Herr Lavendel ist Mathematik- und Sportlehrer an Gymnasien und zwischen 41 und 45 Jahre alt. Er ist seit zehn bis 15 Jahren als Lehrer und mittlerweile zudem in der erweiterten Schulleitung tätig. Der Befragte ist verheiratet und hat zwei Kinder unter fünf Jahren, weshalb bei ihm eine besondere Belastung aufgrund der Doppelbelastung von Familie und Beruf vermutet wurde. Als entlastenden Faktor wurde der im Vergleich zu Sprachen geringere Korrekturaufwand und der ländliche Schulstandort mit homogener Schülerschaft als Kontrastfall zu Brennpunktschulen angenommen.

Herr Kaktus

Herr Kaktus ist zwischen 31 und 35 Jahre alt, seit weniger als einem Jahr im Schuldienst und somit Berufsanfänger. Der Befragte arbeitet in Teilzeit (40 %), da er zwei Kinder unter fünf Jahren hat, für deren Betreuung und Erziehung überwiegend er zuständig ist, da seine Ehefrau in Vollzeit arbeitet. Die Doppelbelastung durch die Vereinbarung von Familie und Beruf war für das Sampling besonders relevant. Zudem wurde bei Herrn Kaktus eine besondere Belastung vermutet, da er erstens als Quereinsteiger ohne Lehramtsausbildung tätig ist und zweitens überaus heterogene Gruppen von jugendlichen Migranten mit geringen Deutschkenntnissen unterrichtet.

Frau Primel

Frau Primel gehört zur Altersgruppe der 36 bis 40jährigen und ist seit fünf bis neun Jahren als Grundschullehrerin tätig. Sie ist alleinerziehende Mutter von zwei Kindern unter 13 Jahren und lebt in einer Partnerschaft, ist jedoch hauptsächlich für den Lebensunterhalt der Familie verantwortlich, weshalb vor der Befragung von einer besonderen Belastung ausgegangen wurde. Ein weiterer Belastungsfaktor, der, wie vorher vermutet wurde, die subjektiven Theorien über den Erhalt von Gesundheit beeinflussen kann, ist der Einsatz in einer Brennpunktschule und die damit verbundenen beruflichen Belastungen.

Frau Margerite

Frau Margerite, zwischen 31 und 35 Jahre alt, ist Lehrerin für Religion und ein weiteres Fach und seit weniger als fünf Jahren im Schuldienst tätig. Sie unterrichtet an zwei Schulen, die zum selben privaten Träger gehören. Frau Margerite bezeichnet sich selbst als nicht gesund und führt diesen Zustand auf Belastungen im Beruf zurück. Als eine besondere Belastung nennt sie die Anforderungen durch den Schulträger. Die Befragte lebt mit ihrem Partner und hat keine Kinder. Zur minimalen Kontrastierung wurde Frau Lilie befragt, die ebenfalls an einer Schule in privater Trägerschaft unterrichtet.

Frau Lilie

Frau Lilie ist eine 31 bis 35 Jahre alte Grundschullehrerin an einer Montessori-Schule und seit fünf bis neun Jahren als Lehrerin tätig. Sie wird als Klassenleitung eingesetzt und arbeitet in Teilzeit (75 %), ist verheiratet und hat ein unter drei

Jahre altes Kind. Im Kontrast zu Frau Margerite äußert sie im Interview, dass sie die Rahmenbedingungen und Anforderungen des privaten Schulträgers als positiv empfindet. Zudem wird im Interview deutlich, dass Frau Lilie die Gestaltungsfreiheit bei der Wahl des Schulträgers und dessen pädagogischem Konzept sowie dessen täglicher Umsetzung als gesundheitsfördernden Faktor versteht. Zur maximalen Kontrastierung wurde deshalb Herr Mohn befragt, der als Gymnasiallehrer eine Weiterqualifizierung zum Lehrer an Mittelschulen macht und dabei wenig Freiraum und viel Kontrolle erlebt.

Frau Kamille

Frau Kamille gehört zur Gruppe der 31 bis 35 Jahre alten Befragten. Sie ist Grundschullehrerin und arbeitet in Teilzeit (70 %). Zum Zeitpunkt des Interviews ist sie als mobile Reserve eingesetzt und bezieht sich im Interview sowohl auf diese Situation als auch auf ihre Tätigkeit und die Rahmenbedingungen in der Stammschule. Frau Kamille ist verheiratet und hat ein unter drei Jahre altes Kind. Da ihr Ehepartner noch studiert, ist sie für den Lebensunterhalt der Familie zuständig, weshalb eine besondere Belastung vermutet wurde.

Herr Mohn

Herr Mohn ist zwischen 31 und 35 Jahre alt und seit weniger als fünf Jahren als Lehrer tätig. Der Befragte ist Gymnasiallehrer und nimmt, da er an Gymnasien keine unbefristete Stelle erhält, an einer Qualifizierungsmaßnahme für das Lehramt an Mittelschulen teil, die mit wenigen Gestaltungsmöglichkeiten aufgrund der häufigen Unterrichtsbesuche und Beurteilungen verbunden ist. Diese Bedingungen wurden als Grund für besondere Belastungen vermutet, was im Interview bestätigt wurde. Außerdem unterrichtet Herr Mohn an einer Brennpunkt-Schule mit überwiegend bildungsfernen Schülerinnen, Schülern und Eltern, bei denen häufig Sprachbarrieren und kulturelle Differenzen zu Schwierigkeiten führen. Herr Mohn hat eine Partnerin und keine Kinder.

4 Darstellung der empirischen Ergebnisse

In diesem Kapitel werden die Ergebnisse der empirischen Analyse vorgestellt. Zunächst wird in 4.1 die fallübergreifende Analyse dargestellt und dabei in 4.1.1 zunächst auf das Kategoriensystem eingegangen. Darauf aufbauend wird der Inhalt des Kategoriensystems in 4.1.2 expliziert und anhand dessen Strategien zur Erhaltung von Gesundheit im Lehrerberuf darstellt. In Abschnitt 4.2 wird die Typologie dargestellt. Auch hier wird zunächst in 4.2.1 auf das Vorgehen bei der Typenbildung eingegangen, bevor in 4.2.2 die Ergebnisse, subjektive Theorien zur Erhaltung von Gesundheit im Lehrerberuf, expliziert werden.

4.1 Die fallübergreifende Analyse: Strategien zur Erhaltung von Gesundheit im Lehrerberuf – Qualia im Überblick

In diesem Kapitel werden die Vorgehensweise und die Ergebnisse der fallübergreifenden, vergleichenden Analyse dargestellt. Grundlage der im folgenden beschriebenen Ergebnisse sind 16 Einzelinterviews, die von der Forscherin selbst mit den Befragten durchgeführt und dabei als Tonaufnahme aufgezeichnet und später transkribiert wurden. Das Vorgehen bei der Auswahl der Interviewpartner und -partnerinnen sowie der Frage nach der Sättigung des Samples entspricht dem Theoretical Sampling nach Glaser und Strauss (1967). Die Interviews wurden in einem induktiv-deduktiven Vorgehen inhaltsanalytisch ausgewertet (vgl.

Elektronisches Zusatzmaterial Die elektronische Version dieses Kapitels enthält Zusatzmaterial, das berechtigten Benutzern zur Verfügung steht https://doi.org/10.1007/978-3-658-32928-0_4

J. Mach-Würth, *Gesund bleiben im Lehrerberuf*, https://doi.org/10.1007/978-3-658-32928-0_4

Kapitel 3), wobei sich die Phasen der Datenerhebung und der Datenauswertung aufgrund der Samplingstrategie teilweise überschnitten. Die fünf Hauptkategorien, die das Ergebnis der fallübergreifenden Analyse darstellen, sind die folgenden:

1. Hauptkategorie: Strategien professionellen Lehrerhandelns
2. Hauptkategorie: Strategie der Zuschreibung auf nicht beeinflussbare Umstände
3. Hauptkategorie: Balancierungsstrategien
4. Hauptkategorie: Reaktive Bewältigungsstrategien
5. Hauptkategorie: Präventive Strategien

Durch die fallübergreifende Analyse können also Strategien zur Erhaltung von Lehrergesundheit, die sich aus den einzelnen Interviews herausarbeiten ließen, gezeigt werden. Im vorliegenden Kapitel werden diese Strategien in fünf Haupt- und 19 Subkategorien ausführlich dargestellt. Dabei werden die Kodierregeln expliziert, die Kategorien voneinander abgegrenzt und der inhaltliche Kern durch Ankerbeispiele illustriert.

Es werden jeweils zuerst die Hauptkategorien beschrieben, bevor im Anschluss daran auf die jeweiligen Subkategorien eingegangen wird. Alle Kategorien stellen Strategien zur Erhaltung von Gesundheit im Lehrerberuf dar und wurden im Interpretationsprozess aus den Aussagen der Interviewpartner und -partnerinnen durch Abstraktion verdichtet. Dabei wurden sowohl Aussagen kodiert, in denen die Befragten davon sprechen, wie sie aktuell und in der Vergangenheit ihre Gesundheit durch bestimmte Strategien erhalten und fördern können und konnten als auch Aussagen, in denen die Befragten explizieren, was sie noch tun könnten oder in der Vergangenheit besser hätten machen können, um ihre Gesundheit im Lehrerberuf zu fördern und dauerhaft zu erhalten. Die Subkategorien wurden entsprechend folgender Systematik angeordnet: Zuerst werden jeweils die Strategien beschrieben, bei denen die meiste Interaktion mit anderen Akteurinnen und Akteuren des Schulalltags oder im Privatleben stattfindet. Als letztes erfolgt die Explikation der Strategien, im Rahmen derer die Befragten die geringste Interaktion mit anderen Personen zeigen, die sich also auf Handeln beziehen, welches nur sie selbst betrifft.

4.1.1 Strategien professionellen Lehrerhandelns

Die erste Hauptkategorie beinhaltet Strategien professionellen Lehrerhandelns. Kodiert wurden Textpassagen, in denen deutlich wird, dass die Befragten ihren

Beruf mehr als bereichernd denn als belastend empfinden, wenn sie durch professionelles Handeln Erfolg spüren. Dieses Erfolgserleben und die Freude an der beruflichen Tätigkeit werden als gesundheitsfördernd und gesundheitserhaltend interpretiert. Innerhalb dieser Hauptkategorie wurden die betreffenden Textpassagen drei verschiedenen Unterkategorien zugeteilt, die im Folgenden dargestellt werden.

Pädagogische Professionalität im Umgang mit Schülerinnen, Schülern und Eltern
In diese Subkategorie wurden Textpassagen eingeordnet, in denen die Befragten explizieren, dass es sie beflügelt, wenn sie als Lehrkräfte im Umgang mit Schülerinnen und Schülern sowie deren Eltern im Unterricht und im Schulleben allgemein professionell und dadurch erfolgreich sind. Diese Form von beruflicher Professionalität beinhaltet die Aspekte der Authentizität im Umgang mit den Kindern, Jugendlichen und deren Erziehungsberechtigten sowie Konfliktfähigkeit, also die Kompetenz, Konflikte deeskalativ zu lösen oder durch produktives, zielorientiertes Handeln gar nicht erst entstehen zu lassen. Ein Ankerbeispiel für die Facette Konfliktfähigkeit im Rahmen von pädagogischer Professionalität mit Schülerinnen und Schülern ist folgende Textpassage aus dem Interview mit Flieder:

Flieder Z. 70-73: „Naja, die Situation ist die, dass man sich professionell verhalten muss. Im Endeffekt muss man ruhig bleiben, muss warten, bis sie sich ein bisschen abreagiert haben, bis sie wieder zugänglich werden."

Flieder stellt in diesem Textbeispiel dar, dass er sich in Konfliktsituationen mit Schülerinnen und Schülern als der professionelle Teil der Konfliktseiten versteht und mit „ruhig bleiben" eine Strategie zur Lösung von Konfliktsituationen parat hat, die ihm professionell erscheint und Konfliktsituationen als Beanspruchungssituationen erfolgreich bewältigen lässt.

Des Weiteren wurden Passagen kodiert, in denen es um Beziehungskompetenz als gesundheitsfördernde Strategie ging. Dabei lag der Schwerpunkt nicht auf dem Umgang mit Konflikten, sondern auf der positiven Gestaltung der Beziehung zu den Schülerinnen und Schülern. Die Befragten explizierten, dass es sie beflügele und ihnen ihr Beruf Freude mache, wenn sie ein aus ihrer Sicht positives Verhältnis zu ihren Schülerinnen und Schülern haben. Auch das erfolgreiche Gestalten der Lernumgebung sowie Lernstandsdiagnostik zählt zur pädagogischen Professionalität. Die Befragten schildern Erfolgserleben und Freude am Beruf, wenn es ihnen gelänge, die Schülerinnen und Schüler zu fördern, zu motivieren und Lernfortschritte zu erreichen. Diese Prozesse stehen im engen

Zusammenhang mit Unterrichtskompetenz im Sinne von gelungener Themen- und Methodenwahl. Zudem wird auch erzieherisches Wirken als Teilbereich pädagogischer Professionalität verstanden. In Angrenzung zur Vermittlung kognitiver Wissensbestände sehen die befragten Lehrkräfte erzieherisches Wirken im Sinne von Werteerziehung. Diese Facette ließ sich beispielsweise aus dem folgenden Interviewausschnitt herausarbeiten:

Mohn Z. 12-23: „Also ich bin froh, an der Mittelschule zu sein, weil da eben diese Rolle des Wissensvermittlers eben weiter hinten anzustellen ist. Auch wenn es natürlich ein wichtiger Bestandteil von Unterricht ist. Aber ich finde, vor allem in der Regelklasse, in der ich gerade bin, da ist das Wesentliche, dass du den Schülern durch Vorbildsein und durch ja strukturierten Unterricht, durch Regeln, die du einfach aufstellst, die doch ein Stück weit erziehst und halt auch noch ein bisschen packen kannst in ihrer Entwicklung. Dass du da so ein wichtiger Bestandteil in ihrer Entwicklung bist und die sozusagen dann ein bisschen vorwärts bringst. Das würde ich als elementaren Bestandteil von der Schule oder eine Facette der Schule und des Unterrichts ansehen. Also eine, die ich auch gerne erfülle."

Mohn schreibt im obigen Textausschnitt dem erzieherischen Handeln in einer Regelklasse an der Mittelschule eine größere Bedeutung zu als an anderen Schularten. Neben der Vermittlung von kognitiven Wissensbeständen, welche im Rahmen pädagogischer Professionalität der Facette der Unterrichtskompetenz zugeschrieben werden können, sieht er es als Kernaufgabe an, die Kinder zu erziehen. Dies geschieht seiner Meinung nach durch Struktur im Unterricht und Vorbildverhalten. Mohn beschreibt diesen Aufgabenbereich als eine Aufgabe, die er „gern erfüll[t]", die ihn also beflügelt und ihm Freude vermittelt.

Als letzte Facette pädagogischer Professionalität wird auch als erfolgreich gewertete Elternarbeit zu pädagogischer Professionalität gezählt und als gesundheitsfördernde und gesundheitserhaltende Strategie interpretiert.

Aktive Gestaltung des Arbeitsumfeldes

Die zweite Subkategorie beschreibt die aktive Gestaltung des Arbeitsumfeldes. Kodiert wurden Textstellen, in denen die Befragten deutlich machen, dass sie das aktive Gestalten ihrer schulischen Arbeit (Tätigkeit) und ihres schulischen

Arbeitsplatzes (Räumlichkeit) nach eigenen Vorstellungen und Zielen für gesundheitserhaltend halten. Die aktive Gestaltung schulischer Arbeit bezieht sich auf die Tätigkeiten, welche die Lehrerinnen und Lehrer in ihrem Berufsalltag verrichten wie die Themen- und Methodenauswahl. Die Gestaltung des Arbeitsplatzes betrifft die räumliche Dimension der Arbeit, also die Gestaltung des Klassenzimmers, die Wahl der Dienststelle oder das Schaffen eines außerschulischen Arbeitsplatzes. Wie in Hauptkategorie „Strategien professionellen Lehrerhandelns" in der Subkategorie „Pädagogische Professionalität mit Schülerinnen, Schülern und Eltern" wurde auch hier das Gestalten von Lehr-Lernprozessen kodiert, allerdings wurden hier Textstellen kodiert, bei denen der Schwerpunkt der Aussage auf dem aktiven Gestalten der genannten Prozesse lag. Die Befragten sehen sich als bewusst handelnde Akteure, die selbstständig in ihrem eigenen Interesse und dem ihrer Schülerinnen und Schüler Einfluss auf ihre berufliche Umwelt nehmen. Diese Eigeninitiative empfinden sie, so die kodierten Textstellen, als beflügelnd. Selbst Einfluss auf die Gestaltung der beruflichen Tätigkeiten und Räumlichkeiten nehmen zu können, wird folglich als gesundheitserhaltende Strategie verstanden. Dies konnte beispielsweise aus folgendem Materialausschnitt erarbeitet werden:

Anemone Z. 157-173: „Ja das ist die Strategie. Das rauszufinden, was dir Spaß macht und das auszubauen. Und alles andere abzubauen. Also zum Beispiel was mich immer wahnsinnig gestresst hat und genervt hat, waren die langen Korrekturen in Deutsch. Ja und jetzt also das war wirklich ich hatte sehr viele Kurse, sehr viele Abikurse auch. Und ich unterrichte Deutsch nicht mehr, sondern nur noch Theater und Literatur, wo ich eben nicht mehr so wahnsinnig viele Korrekturen habe. Ja aber wenn jetzt ein Deutschlehrer jedes Jahr irgendwie einen Deutschkurs hat, da wird man verrückt, glaube ich, zum Beispiel. Also ich habe schon genügend zu korrigieren mit Französisch. Das sind ja beides Korrekturfächer, sodass ich da versuche, ja, mich da so ein bisschen rauszuziehen. Oder dass ich mich beim Seminar beworben habe, als ich gemerkt habe, 25 Stunden nur Schule macht mir keinen Spaß. Oder dass ich dann geguckt habe, dass ich einen Lehrauftrag kriege an der Uni. Eben genau aus dem Grund, weil ich von allen Phasen der Ausbildung auch Studium, was mitkriegen wollte. Und nicht mich beschränkt habe auf

Klasse fünf und Jahrgangsstufe zwei und jedes Jahr das gleiche Programm. Sondern dass es sich schon ein bisschen verteilt. Und das finde ich auch ganz gut."

Anemone benennt es explizit als gesundheitsfördernde Strategie, sich das berufliche Umfeld aktiv nach eigenen Vorlieben und Interessen zu gestalten. Dabei bezieht sie sich zum einen auf die Wahl ihrer Unterrichtsfächer als inhaltliche Komponente der schulischen Arbeit. So wurde ihrer Aussage nach Anemone aktiv, indem sie bewusst versuchte, sich „da so ein bisschen rauszuziehen", also weniger Deutsch zu unterrichten, um den großen Korrekturaufwand einzugrenzen. Auch die Bewerbung zur Seminarleiterin geschah laut Anemone, um eigene Interessen auszubauen und Abwechslung im Berufsleben zu erlangen. Zudem bezieht sie sich bei der Strategie des aktiven Gestaltens auch darauf, dass sie beruflich auch außerhalb der Schule im Rahmen eines Lehrauftrags tätig ist, also als Lehrerin sowohl inhaltlich als auch räumlich in einem anderen Setting agiert. Interessant ist, dass Anemone im Sinne aktiver Gestaltung des Arbeitsumfeldes sowohl Belastungen – wie den Korrekturaufwand in Deutsch – minimiert als auch positiv gewertete Tätigkeiten – die aus ihrer Sicht abwechslungsreiche Arbeit im Seminar oder an der Universität – maximiert.

Ein weiteres Ankerbeispiel für die gesundheitserhaltende Strategie „Aktive Gestaltung des Arbeitsumfelds" ist der folgende Textausschnitt aus dem Interview mit Primel.

Primel Z. 37-52: „Aber was Schönes gibt es! Schön ist, dass man viel Raum hat in der Grundschule, sich seinen eigenen Lernbereich-Lehrbereich so zu gestalten, wie man möchte. Weil man wirklich ein Klassenzimmer hat, in das man täglich reinkommt, und das man einfach nach seinen Bedürfnissen und seinen Vorstellungen gestalten kann. Das finde ich sehr schön. Und ich gehe auch täglich gerne in mein Klassenzimmer rein." I: „Was ist es, worauf du dich da am meisten freust?" BF8: „Wenn ich reinkomme, weiß ich, dass es gut riecht (lacht), weil ich halt auch mit Geruch arbeite. Dann weiß ich, ich habe die Farben verwendet, also ich versuche immer ein bisschen farbpsychologisch zu arbeiten, die mir einfach gefallen. Ich gehe gern rein, weil ich viel grün und blau, und auf die grün und blau mag ich einfach. Das hat auf mich eine gute Wirkung. Ja. Und es ist schön gestaltet. Fröhlich."

Primel beschreibt die aktive Gestaltung ihres Klassenzimmers, betont also bei der aktiven Gestaltung des Arbeitsumfeldes nicht wie Anemone im obigen Zitat die inhaltliche, sondern die räumliche Komponente. Sie bewertet die Freiheit, die sie als Grundschullehrerin bei der Gestaltung des Klassenzimmers hat, und aufgrund derer sie das Zimmer nach eigenen „Bedürfnissen und [...] Vorstellungen gestalten kann" als etwas „Schönes" und expliziert auch, in welchem Rahmen sie diese Freiheit für sich nutzbar gemacht hat.

Aktive Gestaltung des Arbeitsumfeldes ist also eine gesundheitsfördernde Strategie, die sich im Schulalltag der Interviewpartner und -partnerinnen in verschiedenen Facetten zeigt.

(Selbst)Reflexion

Die dritte Subkategorie der Hauptkategorie „Strategien professionellen Lehrerhandelns" stellt „(Selbst)Reflexion" dar. In dieser Subkategorie wurden Passagen kodiert, in denen die Befragten äußern, dass Selbstreflexion und Reflexion verschiedener Situationen im beruflichen Kontext wichtig seien, um dauerhaft im Lehrerberuf gesund zu bleiben. Dabei reflektieren sie Wirkung und Wechselwirkung ihres Verhaltens und dessen Wirkung auf sich und ihre Arbeit sowie auf andere. Grundsätzlich geht es bei dieser Strategie darum, Geschehnisse auf einer Metaebene zu betrachten, um dabei eventuell das eigene aktive Handeln bzw. passive Verhalten in der Interaktion mit anderen zu überdenken. Diese Strategie zur Erhaltung von Gesundheit hat verschiedene Facetten. Zum einen geschieht Reflexion im Kontext der Unterrichtsgestaltung. Dabei äußern die Befragten, dass sie darüber nachdenken, ob und inwiefern ihre Unterrichtsgestaltung dem Entwicklungs- und Kenntnisstand der Schülerinnen und Schülern entspricht und was sie diesbezüglich als Lehrkraft optimieren können. Eine weitere Facette der Selbstreflexion stellt das Überdenken der Schüler-Lehrer-Beziehung dar. Hierbei wird beispielsweise darüber reflektiert, warum Konflikte entstanden sind und wie die Beziehung zwischen Lehrkraft und Schülerinnen und Schülern optimal gestaltet werden kann. Auch das sich Eingestehen der eigenen Grenzen im Hinblick auf die Leistungsfähigkeit und Belastbarkeit zählt zur Strategie Selbstreflexion. Folgender Textausschnitt aus dem Interview mit Dahlie dient als Ankerbeispiel für die gesundheitserhaltende Strategie (Selbst)Reflexion:

Dahlie Z. 195-198: „Und ich glaube, die jungen Kollegen müssten sich auch immer fragen, ob es der richtige Beruf ist. Und im Notfall wirklich die Notbremse ziehen und sagen: Nein, das ist nicht mein Beruf."

Dahlie beschreibt im obigen Interviewausschnitt die Bedeutung der Reflexion im Hinblick auf die eigene berufliche Situation und bezieht sich dabei auf Lehrkräfte am Beginn ihrer Lehrertätigkeit. Sich selbst darüber bewusst zu werden, wie man sich mit der beruflichen Tätigkeit fühle und ob Veränderungsbedarf vorliege, sieht Dahlie als Grundlage für mögliche gesundheitserhaltende Veränderungen, hier konkret einen Ausstieg aus dem Lehrerberuf. Somit beschreibt Dahlie Selbstreflexion, die die oben genannten Facetten wie Reflexion über die Unterrichtsgestaltung, die Beziehung zu den Schülerinnen und Schülern sowie die eigenen Grenzen zusammenfasst.

4.1.2 Strategie der Zuschreibung auf nicht beeinflussbare Umstände

Die zweite Hauptkategorie trägt die Bezeichnung „Strategie der Zuschreibung auf nicht beeinflussbare Umstände“. Kodiert wurden Textpassagen, in denen die Befragten darstellen, dass sie das Aufrechterhalten ihrer Gesundheit äußeren Umständen zuschreiben, die sie selbst als nicht beeinflussbar sehen. Es geht hierbei also um die subjektiv vorgenommene Zuschreibung, nicht um deren tatsächliche objektivierbare Wirkung. Die beschriebenen Umstände werden als nicht beeinflussbar gesehen, wodurch eigene Aktivität als Strategie zur Gesundheitsförderung ausgeschlossen wird. Die Befragten sehen sich bezüglich der Erhaltung ihrer Gesundheit als passiv und den nicht beeinflussbaren Umständen ausgesetzt. Die Strategie der Zuschreibung auf nicht beeinflussbare Umstände lässt sich in zwei Subkategorien unterteilen, die im Folgenden näher beschrieben werden.

Institution Schule
Kodiert wurden in der Subkategorie „Institution Schule“ Textstellen, in denen die Befragten explizieren, dass sie für die Erhaltung ihrer Gesundheit Faktoren verantwortlich machen, die mit der Institution Schule generell und/oder speziell an ihrer Einsatzschule zu tun haben und die sie selbst als nicht beeinflussbar sehen. Dabei beziehen sich die Befragten auf Personen, Ausstattung sowie Charakteristika des Berufes. Als nicht beeinflussbarer Umstand, der zur Erhaltung von Gesundheit beitragen kann, werden im Bereich der Personen die Schulleitung, die Kolleginnen du Kollegen sowie die Schülerinnen und Schüler genannt. Dem Handeln der Schulleitenden wird eine große Bedeutung im Hinblick auf Personalführung und Konfliktmanagement mit Schülerinnen, Schülern und Eltern zugemessen. Verhält sich die Schulleitung gemäß den Erwartungen der befragten Lehrerinnen und Lehrern und wird somit als unterstützend wahrgenommen,

wird die Rolle der Schulleitung als gesundheitsfördernd und gesundheitserhaltend gesehen. Auch das Kollegium wird als unbeeinflussbare Größe verstanden, die im Falle einer positiven Bewertung gesundheitsförderlich wirkt. Eigenschaften wie Hilfsbereitschaft werden als positiv für die Gesundheit gewertet, ohne dass dabei eigene Möglichkeiten zur Einflussnahme gesehen werden. Auch die Schülerinnen und Schüler, mit denen die Lehrkräfte täglich arbeiten, werden in dieser Subkategorie als nicht beeinflussbar gesehen. Hier werden positive Eigenschaften und Verhaltensweisen der Schülerinnen und Schüler betont, wie beispielsweise die Neugier der Grundschüler oder das positive Arbeitsverhalten der Jugendlichen im M-Zweig[1] der Mittelschule. Kodiert wurden Textstellen, in denen deutlich wurde, dass die Befragten ihrem eigenen Verhalten gegenüber den Kindern und Jugendlichen sowie der Schulleitung keine Relevanz im Hinblick auf Einflussnahme zusprachen. Somit werden Schülerinnen und Schüler, das Kollegium und die Schulleitung entweder als positiv wahrgenommen, was in den Augen der Befragten gesundheitsförderlich wirkt, oder eben nicht. Eine Möglichkeit zur Beeinflussung wird nicht gesehen. Auch die Ausstattung einer Schule wird als nicht beeinflussbare Größe verstanden, die, sofern als positiv wahrgenommen, förderlich für den Erhalt von Gesundheit ist. Im folgenden Ankerbeispiel aus dem Interview mit Lavendel wird deutlich, dass der Befragte sowohl die Ausstattung als auch Personen im schulischen Umfeld – hier der Sachaufwandsträger, der für die Ausstattung der Schule verantwortlich ist – als von ihm unbeeinflussbare Größe versteht:

Lavendel Z. 86-100

Lavendel: „Ja, puh, ich denke, dass die Strukturen an vielen Dienststellen nicht optimal sind. Also ich denke, dass man einfach gute Arbeitsbedingungen haben sollte. Wenn man gute Arbeitsbedingungen hat, hat man automatisch weniger Stress, ist motivierter und so fällt es leichter, gesund zu bleiben. Wenn man ständig gegen diese äußeren Widerstände auch ankämpfen muss, schlechte Strukturen, schlechte Ausstattung."

I: „Was meinst denn du mit schlechten Strukturen?"

Lavendel: „Naja zum Beispiel, wenn in der Schule kein Arbeitsbereich vorhanden ist. Wenn die Computer nicht funktionieren oder all diese Dinge oder bei uns

[1] Der M-Zweig bietet Schülerinnen und Schülern an Mittelschulen in Bayern die Möglichkeit, einen mittleren Bildungsabschluss zu erwerben. In M-Klassen werden somit die Schülerinnen und Schüler unterrichtet, die bessere Schulleistungen erbringen als ihre Mitschülerinnen und Mitschüler in Regelklassen der Mittelschule.

zum Beispiel Whiteboard-Zimmer wird echt gut gepflegt, aber Sachaufwandsträger müsste an der einen oder anderen Stelle jetzt mal endlich nachbessern. Wenn man eine super Stunde geplant hat und dann aufgrund äußerer Umstände die Stunde nicht halten kann, weil da irgendwas nicht funktioniert. Da muss die Infrastruktur einfach passen. Und das denke ich, das ist was, was von Arbeitgeberseite sozusagen geleistet werden müsste."

Lavendel zeigt einen klaren Zusammenhang zwischen „gute[n] Arbeitsbedingungen" und dem Erhalt von Gesundheit auf. Die Arbeitsbedingungen an einer Schule wie die mediale Ausstattung oder ein Arbeitsbereich für die Lehrerinnen und Lehrer zur Vor- und Nachbereitung des Unterrichts sieht Lavendel als von Lehrkräften nicht zu beeinflussen, jedoch als Einflussgröße auf die Lehrergesundheit. Beeinflussbar ist die schulische Infrastruktur laut Lavendel vom Sachaufwandsträger, also den Personen, die im Landratsamt für die Ausstattung von Schulen zuständig sind. Dass deren Handeln von Lehrkräften beeinflusst werden kann, wird von Lavendel nicht thematisiert, weshalb aus dem Textbeispiel sowohl die Ausstattung als auch die dafür verantwortlichen Personen als unbeeinflussbare Größe deutlich werden.

Persönlichkeit der Lehrkraft

Neben Faktoren der Institution Schule wird von den befragten Lehrkräften auch die Persönlichkeit der Lehrerinnen und Lehrer als Einflussgröße auf die Erhaltung von Gesundheit gesehen. Kodiert wurden Textstellen, in denen die Befragten das Gesundbleiben im Beruf bestimmten Persönlichkeitsmerkmalen zuschreiben. Die Persönlichkeit wird hier in Abgrenzung zu Hauptkategorie „Berufliche Professionalität" als statisch gesehen und nicht als durch Lernen veränderbar. Gesund blieben demnach Lehrkräfte, die bestimmte Persönlichkeitseigenschaften besäßen, welche sie als Lehrkraft erfolgreich machen. Dies konnte beispielsweise aus dem folgenden Interviewausschnitt erarbeitet werden:

Flieder Z. 272-274: „Ja ich denke, ich denke, es gibt in jedem Beruf den geborenen, der dafür geboren ist oder berufen ist und es gibt die, die ihre Probleme damit haben."

Nach Aussage von Flieder gibt es in allen Berufen – so auch im Lehrerberuf – „den geborenen", also von Natur aus mit den passenden Eigenschaften ausgestatteten Kandidaten zur Ausführung der beruflichen Tätigkeit. Diejenigen, die nicht von Natur aus mit den passenden Charaktereigenschaften und Fähigkeiten ausgestattet sein, würden „ihre Probleme“ haben, also wenig erfolgreiche Lehrkräfte sein. Den Gedanken der Professionalisierung, durch die auf Kompetenzen von Lehrkräften Einfluss genommen werden kann, äußert Flieder nicht. Somit ist die Lehrerpersönlichkeit für ihn eine von außen gegebene und nicht beeinflussbare Größe, die er – sofern sie in positivem Sinn vorhanden ist – als gesundheitserhaltenden Faktor sieht.

4.1.3 Balancierungsstrategien

Für die Hauptkategorie „Balancierungsstrategien“ wurden Textstellen kodiert, in denen die Befragten deutlich machen, dass es um Regeneration von ihrer beruflichen Tätigkeit und ihrem Arbeitsalltag geht, ohne dass dabei die Bewältigung bestimmter Probleme im Fokus steht. Somit stehen die Gedanken der Erholung oder Zerstreuung bzw. das Schöpfen von Kraft und Energie im Vordergrund. Im Gegensatz zur zweiten Hauptkategorie, die aufgrund der Zuschreibung auf nicht beeinflussbare Umstände Lehrkräften bei der Erhaltung ihrer Gesundheit eine passive Rolle zuschreibt, steht bei den Balancierungsaktivitäten wieder das aktive Handeln der Lehrerinnen und Lehrer im Sinne des Ausführens einer bewusst gewählten Strategie im Vordergrund. Auch die Hauptkategorie „Balancierungsstrategien“ enthält mehrere Unterkategorien, welche im Folgenden ausführlich dargestellt werden.

Erfahren von Gemeinschaft
Kodiert wurden für diese Subkategorie Textpassagen, in denen die Befragten explizieren, dass sie die Gemeinschaft mit anderen Menschen als gesundheitsfördernd empfinden. Sich gezielt verabreden, um Gemeinschaft zu erfahren und zu erleben, wird somit als gesundheitsfördernde Strategie verstanden. Im Fokus steht der Gedanke des sich Erholens und der Zerstreuung bzw. Ablenkung von als unangenehm empfundenen schulischen Themen und Aufgaben. Gerade deshalb ist es bemerkenswert, dass das Erfahren von Gemeinschaft sowohl mit Kolleginnen und Kollegen als auch mit Menschen aus dem rein privaten Umfeld als gesundheitsfördernd geschildert wird. Manche Interviewpartner explizieren die Gemeinschaft mit Kolleginnen und Kollegen in außerschulischen Kontexten als angenehm und entspannend. Im Gegensatz dazu betonen manche Befragten die Relevanz von schulfremden Themen und wählen als Gesellschaft deswegen Personen, die sie nicht aus der Schule kennen und von denen sie die Beschäftigung

mit anderen Themen erwarten. Letzteres wird in folgendem Ankerbeispiel, einem Textausschnitt aus dem Interview mit Margerite, deutlich:

Margerite 292-300: „Also ich glaube echt, erstmal muss man echt hoffen, dass man irgendwo ist, wo man Leute kennt oder schnell Leute kennenlernt, die nicht nur in seinem Kollegium sind, sondern dass man Leute hat, mit denen man halt. Also so wie es halt auch als Mutter ist. Wenn du dich nur mit Müttern triffst, dann sprichst du viel mehr über das Thema. Wenn ich mich nur mit Lehrerkollegen treffe, geht es automatisch dann dahin. Das heißt du brauchst erstmal echt einen guten Freundeskreis, mit dem du irgendwie auf andere Themen kommst, ganz natürlicherweise, finde ich sauwichtig."

Margerite betont in der obigen Textpassage die Bedeutung von Kontakten mit Menschen, die nicht im Lehrerberuf arbeiten, als soziale Kontakte. Sie beschreibt ihre Erfahrung, dass es sich bei Treffen mit Menschen, die ebenfalls als Lehrkräfte arbeiten, schnell in Gesprächen nur noch um Schule dreht, was sie mit den Worten „[...] geht es automatisch dann dahin“ negativ bewertet. Für Margerite ist also wichtig, beim Erfahren von Gemeinschaft Abstand zur Schule zu gewinnen. Die Entspannung, die sich in diesem Fall durch die Beschäftigung mit schulfremden Themen einstellt, bewertet sie als gesundheitsfördernd.

Familiäre Eingebundenheit

Auch unter die Subkategorie „Familiäre Eingebundenheit“ fallen Aussagen, in denen die Befragten das Erleben von sozialer Eingebundenheit als gesundheitsfördernd oder gesundheitserhaltend beschreiben. Im Gegensatz zu der oben beschriebenen Subkategorie „Erfahren von Gemeinschaft“ geht es hierbei jedoch ausschließlich um die Beschäftigung mit Mitgliedern der eigenen Familie. Das können sowohl Partner und Partnerin als auch Kinder oder Haustiere, die zur Familie gerechnet werden, der Befragten sein. Kodiert wurden Aussagen, in denen die Befragten explizieren, dass sie das Eingebunden sein – auch mit Verantwortung und der Erfüllung von Aufgaben verbunden – in ihre Familie als Balance zur Arbeit in der Schule empfinden. Dabei wurden für die Subkategorie „Familiäre Eingebundenheit“ nur die Aussagen kodiert, bei denen die Beschäftigung mit Familienangehörigen tatsächlich als Balancierungsstrategie, also als Ausgleich, Erholung oder erwünschter Zerstreuung dargestellt wird und nicht als zusätzliche Belastung. Textstellen, in denen die Befragten die Beschäftigung mit der eigenen Familie als (weiteren) Stressfaktor bzw. als Belastung beschreiben, wurden nicht kodiert, da für das Kategoriensystem ausschließlich Textpassagen über Strategien zur Gesunderhaltung relevant sind. Hier wird deutlich, dass die subjektive Wahrnehmung und Deutung der Befragten im Fokus der Interpretation standen. Folgender Ausschnitt aus dem Interview mit Kaktus dient als Ankerbeispiel:

Kaktus Z. 86-91: „Der wichtigste Ausgleich sind die Kinder, weil diese Aufgabe mich voll fordert und auch das Kind oder die Kinder das nicht tolerieren, wenn ich zerstreut bin (lacht). Ich kann mir das nicht leisten, in Gedanken bei etwas Anderem zu sein. Da laufen dann die Sachen schief. Dann fangen die Kinder an zu plärren und das ist extrem disziplinierend abzuschalten."

Kaktus beschreibt, dass ihn die Betreuung seiner Kinder „voll fordert". Er empfindet diese Aufgabe also nicht ausschließlich als erholsam. Dennoch nennt er die Beschäftigung mit ihnen den „wichtigste[n] Ausgleich", da er hierbei gedanklichen Abstand zu Belastungen aus dem Schulalltag nimmt. Er beschreibt also, dass ihm das Abschalten vom Schulalltag durch die Beschäftigung mit seinen Kindern gelingt.

Kontrastprogramm

Kodiert wurden für diese Subkategorie Aussagen, in denen die Befragten explizieren, dass sie Beschäftigungen, die sich von der Tätigkeit in der bzw. für die Schule unterschieden und für Entspannung sorgen, für gesundheitsförderlich halten. Dabei spielt es keine Rolle, welcher Art die Beschäftigungen sind, sofern es sich nicht um die Beschäftigung mit der eigenen Familie handelt, was für die oben beschriebene Subkategorie kodiert wurde. Hier wurden die Beschäftigung mit Hobbys wie Musik oder Sport, das Wahrnehmen von kulturellen Angeboten wie Theater oder Konzerten oder Medienkonsum wie Lesen oder Fernsehen kodiert. Dabei liegt die Betonung darauf, dass sich die Aktivität von der im beruflichen Umfeld unterscheidet. Dies zeigt sich beispielsweise in folgender Interviewpassage:

Osterglocke Z. 147-161: „[...] weil ich denke, wir haben ja sowieso einen Beruf, da muss man auch recht geistige Fähigkeiten, geistig, wie soll ich sagen, ist ja schon auch zum Teil auch etwas anstrengend, wenn ich mich da einlese. Gerade wenn man Deutsch und Geschichte hat, dann sollte man ja auch in der Politik und in verschiedenen Bereichen Bescheid wissen. Und dann ist es auch ganz wichtig, dass man sich auch mal was Seichtes reinzieht. Also wenn das halt so eine blöde, keine Ahnung, Bachelor, egal weiß ich nicht, sowas halt, das finde ich soll man auch nicht verurteilen. Ich denke, dass sollte halt jeder machen, wie er denkt. Oder wenn das ein Witzebuch oder sowas ist. So halt einfach auch mal, dass man bisschen runterkommt. Dass man nicht nur auf hohem Niveau arbeitet, sowohl im beruflichen Bereich als auch im privaten. Sondern dass man auch einfach wieder bisschen runterkommt und vielleicht auch Dinge liest oder aufnimmt, die jetzt vielleicht eher so banal sind."

Osterglocke beschreibt, dass sie sich im Rahmen ihrer Unterrichtsvorbereitung mit intellektuell anspruchsvollen Themen beschäftigt und dadurch das Bedürfnis nach einem intellektuell weniger fordernden Kontrastprogramm hat. Als Beispiel für „was Seichtes" im Kontrast zu beispielsweise „Politik" im Rahmen der Vorbereitungsarbeit für die Schule nennt sie eine Fernsehsendung oder das Lesen eines Witzebuchs. Gleichzeitig betont sie, dass es sich dabei um nur um Beispiele handelt, die Beschäftigung mit Kontrastprogramm individuell sehr unterschiedlich ist und das Wichtige ist, dass „man auch einfach wieder bisschen runterkommt." Osterglocke versteht also die Beschäftigung mit Themen, die sich im intellektuellen Anspruch von der schulischen Arbeit unterscheiden, als förderlich für die Erhaltung von Gesundheit im Lehrerberuf.

Interessanterweise geht aus dem Interviewmaterial hervor, dass die Beschäftigung mit „Kontrastprogramm" im Rahmen von „Balancierungsstrategien" nicht ausschließlich in außerschulischen Örtlichkeiten stattfindet. Auch während des Schulalltags – also zeitlich gesehen in der Schulzeit – und im Schulgebäude – also räumlich gesehen in der Schule – kann Kontrastprogramm zur Balancierung und Regeneration hilfreich sein. Dies wird beispielsweise in Folgenden sichtbar:

Primel Z. 245-256: „Also was ich schon mache, ist, dass ich zum Beispiel, ich habe mittlerweile kein Pult mehr in meinem Zimmer, sondern ich habe einen runden Tisch. So einen großen vorne. Und da ich habe eine Kaffeemaschine in meinem Zimmer und ich habe Wasserkocher und und und. Und habe eine Schulbegleiterin. Und wir machen regelmäßig Kaffeerunden. Und dann verbieten wir uns dann, also wir bleiben dann in der Pause drinnen und ABER Gebot ist, wir reden jetzt nicht über Schule, sondern wir reden über was Anderes. Nehmen uns dann immer ein Thema, was weiß ich, Politik oder was auch immer. Aber man kommt halt mal kurz auf andere Gedanken. Und reden dann einfach mal da drüber. Und das bringt mich dann immer wieder auch auf andere Gedanken zwischenrein."

Primel beschreibt ein kleines Ritual, das sie in den Pausen mit ihrer Mitarbeiterin durchführt. Gemeinsam setzen sie sich an einen Tisch, trinken Kaffee und unterhalten sich bewusst über Themen, die nichts mit der Schule zu tun haben. Primel sagt, dass sie dadurch „auf andere Gedanken" kommt, was als Balancierungsmaßnahme in der Ausprägung Kontrastprogramm interpretiert wurde. Hier wird im Vergleich mit dem Textbeispiel von Osterglocke deutlich, welche Relevanz die Bewertung der Befragten für die Kodierung der Strategien hatte, da Beschäftigung mit Politik von der einen Interviewpartnerin als herausfordernd und anstrengend und von der anderen als Möglichkeit zur Zerstreuung von schulischen Themen gesehen wird. Aus beiden Textbeispielen wird jedoch sichtbar, dass die Befragten die Beschäftigung mit Themen, die sich von der Tätigkeit in der Schule und für die Schule unterscheiden, als gesundheitsfördernd sehen.

Ruhepausen/Schlaf

Im Gegensatz zu den Subkategorien „Erleben von Gemeinschaft", „Familiäre Eingebundenheit" und „Kontrastprogramm" ist das Einhalten von Ruhepausen bzw. Schlafen keine Aktivität im engeren Sinn, sondern das Ausschalten jeglicher Aktivität. Kodiert wurden Textstellen, aus denen hervorgeht, dass die Befragten sich durch Verzicht auf jegliche Aktivitäten regenerieren. Die Befragten nennen Schlafen als gesundheitserhaltende Strategie und beziehen dies besonders auf einen Mittagsschlaf nach der Schule. Dies geht aus folgenden Beispielen hervor:

Sonnenblume Z. 32-33: „Und ich lege mich meistens eine halbe Stunde hin, wenn ich nach Hause komme. (lacht). Essen und halbe Stunde hinlegen."

Rose Z. 80-82: „Also ich brauch dann vielleicht mal, dass ich in mein Zimmer gehe oder so und sage, ich brauche jetzt ganz meine Ruhe und lege mich dann erstmal ein bisschen hin oder sowas."

Flieder Z. 106: „Ja, indem ich mich ein bisschen ausruhe, erstmal hinlege."

Flieder, Rose und Sonnenblume nennen alle das Einhalten einer Mittagsruhe nach der Schule als gesundheitserhaltende Strategie. Ruhepausen im weiteren Verständnis sind ebenfalls eine gesundheitserhaltende Strategie. So wird mit Ruhepausen nicht nur das tatsächliche Schlafen gemeint, sondern auch Zeit für sich alleine ohne die Beschäftigung mit schulischen Themen oder Kontrastprogramm. Zudem werden auch zeitliche Abstände von schulischen Herausforderungen als Pausen verstanden, die förderlich für den Erhalt der Gesundheit sind. Das Ankerbeispiel aus dem Interview mit Kaktus zeigt dieses Verständnis von Ruhepausen:

Kaktus Z. 106-112: „Dass ich überhaupt so eine geringe Stundenzahl habe, dass ich da nicht jeden Tag sein muss in der Schule. Das finde ich auch sehr, sehr wichtig. Also Abstand. Abstände von mehreren Tagen zu haben, bis ich da wieder konfrontiert bin. Sehr wichtig. Weil ich einfach nicht mehr schaffen würde jetzt mit der jetzigen Erfahrung, mit dem geringen Erfahrungsstand."

Kaktus beschreibt, dass er es als sehr wichtig für den Erhalt seiner Gesundheit empfindet, nicht jeden Tag in der Schule zu arbeiten und den dortigen Belastungen ausgesetzt zu sein. Er brauche die unterrichtsfreien Tage zwischen seinen Schultagen als Möglichkeit, um Abstand zu gewinnen und Kraft für die erneute Konfrontation mit den Belastungen zu schöpfen. Dieses Bedürfnis nach Pausen zur Regeneration zwischen den Einsätzen in der Schule schreibt er dem „geringen Erfahrungsstand“ zu, auf den er in seinem ersten Jahr als Lehrer zurückgreifen kann. Hier wird deutlich, dass Kaktus Ruhepausen im weiteren Sinne als relevant für die Lehrergesundheit einschätzt.

4.1.4 Reaktive Bewältigungsstrategien

Für die Hauptkategorie „Reaktive Bewältigungsstrategien“ wurden Textstellen kodiert, die erkennbar machen, dass die Befragten mit den genannten Handlungen auf ein oder mehrere Probleme reagieren. Das bedeutet, dass diese Handlungen auftretenden Problemen zeitlich nachgeordnet sind und als Strategien der Problembearbeitung zu verstehen sind. Der aktive Umgang mit als problematisch wahrgenommenen Situationen im Schulalltag wird von den Befragten als eine bedeutende Strategie zum Erhalt von Gesundheit im Lehrerberuf verstanden. Im Interpretationsprozess wurden hier mehrere Facetten von reaktiven Bewältigungsstrategien deutlich, die die Subkategorien dieser Hauptkategorie darstellen und im Folgenden explizit dargestellt werden.

Unterstützung im Kollegium

Die erste Subkategorie beschreibt „Unterstützung im Kollegium“ als reaktive Bewältigungsstrategie. Kodiert wurden Textstellen, in denen deutlich wird, dass die Befragten sich in einen Prozess der Kommunikation mit Kolleginnen und Kollegen begeben, dessen Ziel es ist, die Probleme gemeinsam besser bewältigen zu können oder sich durch den Austausch zu entlasten. Im Gegensatz zu „Unterstützung im Kollegium“ als Unterkategorie der Hauptkategorie „Präventive Maßnahmen“ wurden für diese Kategorie Aussagen kodiert, in denen die Befragten Unterstützung im Kollegium zur Verarbeitung von Problemen darstellen und nicht als Maßnahme, um Probleme gar nicht erst entstehen zu lassen. Dabei kann die dargestellte Unterstützung im Kollegium sowohl zur Lösung der Probleme durch gemeinsam erarbeitete Lösungsmöglichkeiten erfolgen als auch zur reinen psychischen Entlastung durch kommunikativen Austausch, der den Interviewpartnerinnen und -partnern das Gefühl vermittelt, mit den Problemen nicht allein zu sein und verstanden zu werden. Als Kollegium werden hier nicht nur die Kolleginnen und Kollegen empfunden, die ebenfalls als Lehrkräfte tätig sind und sich auf derselben hierarchischen Stufe befinden wie die Befragten, die von der reaktiven Bewältigung einer Problemsituation berichten, sondern auch deren Vorgesetzte in der Schulleitung. Erstere Variante, Unterstützung im Kollegium im Sinne von entlastenden Gesprächen ohne produktive Bewältigung der Probleme, konnte beispielsweise aus dem folgenden Textausschnitt erarbeitet werden:

Margerite Z. 131-133: „Und mit zwei, drei Kollegen, die man gerne mag und die man auch privat gerne mag, mit denen sich erstmal auskotzen, dass ich dann auch nicht mehr den XXX (Name des Partners) ewig damit belaber."

Margerite beschreibt es als hilfreich bei der Bewältigung von Problemen im Schulalltag, sich mit Kolleginnen und Kollegen, zu denen sie ein vertrauensvolles Verhältnis hat, darüber zu unterhalten und „auszukotzen“. In Margerites Aussage wird deutlich, dass es darum geht, Probleme auszusprechen und durch das Offenlegen und den Austausch mit anderen die Belastung, die von den Problemen ausgeht, zu schmälern. Dass die Probleme durch konstruktive Arbeit an Lösungsstrategien behoben und minimiert werden, wird von Margerite im obigen Ausschnitt nicht thematisiert. Ziel der Aussprache ist lediglich Entlastung.

Beide Varianten der Unterstützung im Kollegium, Kommunikation zum Zweck der Entlastung sowie Kommunikation zum Zweck der Lösungserarbeitung, werden in folgendem Materialausschnitt sichtbar:

Lilie Z. 45-52: „Ich hatte bis vor meiner Elternzeit hatte ich eine Fahrgemeinschaft mit einem Kollegen von mir. Und wir fahren immer so eine halbe Stunde nach Hause. Das war immer so Psychohygiene. Da haben wir uns ganz viel ausgetauscht, den Tag Revue passieren lassen, gemeinsam überlegt, woran wir als nächstes denken müssen, was wir organisieren müssen. Ja und auch Lösungen für Probleme gesucht, uns über einzelne Schüler ausgetauscht und überlegt, was man da unternehmen könnte. Das hat mir sehr geholfen."

Lilie schildert, wie sie die gemeinsame Autofahrt mit einem Kollegen zum Austausch über die schulischen Herausforderungen nutzte und beschreibt diese Form der gegenseitigen Unterstützung als „Psychohygiene", also als Strategie zur Verbesserung der psychischen Gesundheit. Im Gegensatz zum obigen Ankerbeispiel von Margerite, die kollegiale Unterstützung nur im Rahmen von Austausch zur Entlastung sucht, beschreibt Lilie jedoch auch Versuche, gemeinsam mit dem Kollegen Problemlösungen zu generieren. Beide Bereiche der Zusammenarbeit, die sie im Rahmen der täglichen Fahrgemeinschaft erlebt hat, bewertet Lilie als hilfreich. In anderen Worten: Austausch zum Zweck der Entlastung sowie zum Zweck der konstruktiven Problemlösung wird als gesundheitsfördernde Strategie dargestellt.

Inanspruchnahme von professionellen Hilfsangeboten

Kodiert wurden für diese Subkategorie Textpassagen, aus denen hervorgeht, dass die Befragten im Fall von Beanspruchungen Entlastung durch die Inanspruchnahme von professionellen Hilfsangeboten erleben, erlebt haben oder damit rechnen, Entlastung zu erfahren. Die professionellen Akteure können dabei zum einen aus dem Gesundheitswesen sein, wie beispielsweise Ärztinnen und Ärzte für physische Leiden als auch Psychiater als Ansprechpartner für psychische Schwierigkeiten, die in der Annahme der Befragten durch schulische Belastungen auftreten. Zum anderen wurden auch Aussagen kodiert, in denen die Befragten von der Konsultation professioneller Ansprechpartner aus dem Bildungsbereich berichten, die ihnen bei der Bewältigung von Problemen hilft. Dies sind beispielsweise Schulpsychologen oder Beratungslehrkräfte. Allen gemeinsam ist, dass sie eine Qualifikation besitzen, der die Befragten Relevanz bei der Bearbeitung ihrer Probleme zusprechen und die sie selbst nicht besitzen. Als Ankerbeispiel für die beschriebene Subkategorie dient die folgende Textstelle:

Winterling Z. 287-293: „Naja und also ich denke, ich nutze auch die Angebote mehr hier. Von unserer Betreuungslehrerin hier. Wenn ich merke, da wird es irgendwie bisschen schwierig, dann gehe ich hin zu ihr

```
und sage: Du, das und das. Können wir da was machen?
Hast du da Ideen, was man tun könnte? Wo ich früher
gedacht hab, das muss ich jetzt alleine durchstehen,
weil ich bin ja Klassenleiter und ich will keine
Schwachheit zeigen oder was."
```

Winterling beschreibt die Konsultation der Beratungslehrerin, also einer professionellen Akteurin aus dem Bildungsbereich mit einer besonderen Qualifikation, die aus seiner Sicht über seine eigene Qualifikation als Lehrkraft hinausgeht, als interventive Maßnahme. Dass es sich um eine reaktive Bewältigungsstrategie handelt, wird dadurch deutlich, dass er davon spricht, dass es „irgendwie ein bisschen schwierig [wird]." Es handelt sich also um eine Reaktion auf bereits bestehende Probleme. Winterling erhofft sich von dem Gespräch mit der Beratungslehrerin konkrete Handlungsvorschläge zur Lösung eines Problems. Damit sieht Winterling die Inanspruchnahme von professionellen Hilfsangeboten als Chance zur Bewältigung schulischer Probleme.

Kommunikativer Austausch im privaten Umfeld

Eine weitere Subkategorie stellt der „Kommunikative Austausch im privaten Umfeld" dar. Kodiert wurden Textstellen, die erkennbar machen, dass es in den Ausführungen der Befragten um den Austausch mit Personen in ihrem privaten Umfeld bezüglich erlebter Probleme geht, der als entlastend empfunden wird. Im Gegensatz zur Subkategorie „Zusammenarbeit im Kollegium", zeigte sich im Interpretationsprozess für die hier beschriebene Kategorie, dass die Befragten nur Austausch zum Zwecke der Entlastung schilderten und keinen Austausch zur produktiven Generierung von Problemlösungen. Dies ließ sich beispielsweise aus dem folgenden Textausschnitt herausarbeiten:

```
Kamille Z. 38-41: „Dann also meine Mutter ist ja
auch Lehrerin, die anrufen. Oder dem XXX (Name des
Partners) bescheid sagen und der muss sich das alles
anhören. Oder meine Schwester. Alles abladen und dann
geht es eigentlich wieder."
```

Kamille schildert, wie sie nach dem Erleben von Belastungssituationen im Schulalltag Entlastung durch Gespräche mit Personen aus ihrem privaten Umfeld erfährt. So erzählt sie von Telefonaten mit ihrer Mutter, die ebenfalls Lehrerin ist und die deshalb möglicherweise besonderes Hintergrundwissen vorweist, die jedoch nicht die Funktion einer Kollegin inne hat. Kamille beschreibt zudem, dass sie auch mit ihrer Schwester oder ihrem Partner über Probleme in der Schule spricht. Aus der Formulierung „alles abladen und dann geht es eigentlich wieder" wird deutlich, dass es sich um Gespräche mit Entlastungscharakter handelt und nicht um das gemeinsame Finden von Lösungen. Der kommunikative Austausch im privaten Umfeld wird von Kamille als Möglichkeit zur Entlastung und somit als gesundheitsfördernde Strategie gesehen.

Emotionale Distanzierung
Die vierte und letzte Subkategorie wird sprachlich gefasst als „Emotionale Distanzierung“. Kodiert wurden Textstellen, in denen deutlich wird, dass die Befragten sich als Reaktion auf Belastungen in einem aktiven Prozess emotional abzugrenzen versuchen. Die Betonung liegt auf dem aktiven Prozess der Distanzierung als Reaktion auf eine Belastung. Im Gegensatz zu „Emotionaler Distanz“ als Subkategorie der „Präventiven Strategien“, im Rahmen derer emotionale Distanz bereits vor eventuell auftretenden Beanspruchungen vorhanden ist, so dass diese nicht als solche interpretiert werden bzw. als weniger schlimm wahrgenommen werden, muss emotionale Distanz im Fall von Beanspruchungen konkret erarbeitet werden. Diese aktive emotionale Distanzierung wird von den Befragten unterschiedlich geschildert. Die unterschiedlichen Strategien, die alle das Ziel der emotionalen Distanzierung von erlebten Problemen haben, sind beispielsweise das Reduzieren der Stundenzahl, Schlafen oder bestimmte kognitive Strategien wie das Arbeiten mit gedanklichen Bildern. Letzteres zeigt sich im folgenden Textausschnitt aus dem Interview mit Dahlie:

Dahlie Z. 87-92: „Also zum Beispiel habe ich, ich fahr mit dem Auto, und wenn ich über eine bestimmte große Straße fahre, dann habe ich immer rot, da muss ich immer warten. Das ist der Punkt, wo ich alle Müllsäcke abstelle und dann quasi mit dem Auto und meiner Person unbelastet weiterfahre und mich am nächsten Morgen diesen Müllsäcken wieder annehme."

Dahlie beschreibt im obigen Interviewausschnitt, wie sie auf dem Heimweg von der Schule durch ein bestimmtes gedankliches Bild emotionale Distanz zu den Problemen aufbaut, die sie in der Schule erlebt hat und die sie bis dahin noch beschäftigen. Sie beschreibt die Probleme mit der Metapher „Müllsäcke“, wodurch die negative Konnotation und der Wunsch, diese loszuwerden, verdeutlicht werden. Gedanklich stellt sie diese Müllsäcke an einer bestimmten Stelle auf ihrem Heimweg ab, um danach bis zum nächsten Arbeitstag gedanklich von diesen Problemen befreit zu sein. Dass Dahlie dieses gedankliche Bild des Abladens von Müllsäcken zur Schaffung emotionaler Distanz von den Beanspruchungen in der Schule mit dem täglichen Arbeitsweg verbindet, zeigt, dass das Vorgehen zur Distanzierung bereits ritualisiert ist. Sich emotionale Distanz zu verschaffen beschreibt Dahlie also als gesundheitsfördernde Strategie im Hinblick auf den Umgang mit erlebten Problemen.

4.1.5 Präventive Strategien

In der fünften Hauptkategorie mit der Bezeichnung „Präventive Strategien" wurden Textstellen kodiert, die erkennbar machen, dass genannte Strategien vor konkreten Belastungssituationen – also präventiv – angewandt werden. In Abgrenzung zur Hauptkategorie „Balancierungsstrategien" finden „Präventive Strategien" jedoch im beruflichen Kontext statt. Im Gegensatz zur Hauptkategorie „Reaktive Bewältigungsstrategien" sind die hier beschriebenen präventiven Strategien nicht auf aktuelle Vorkommnisse abgestimmt, sondern entsprechen eher einem generellen, zeitlich überdauernden Habitus. Diese Hauptkategorie beinhaltet sechs Subkategorien, die im Folgenden dargestellt werden.

Unterstützung im Kollegium
Als „Unterstützung im Kollegium" wurden Textstellen kodiert, in denen es um Zusammenarbeit mit Kolleginnen und Kollegen geht, ohne dass dabei ein spezielles Problem bearbeitet werden soll, wie dies in der Hauptkategorie „Reaktive Bewältigungsstrategien" für die Subkategorie „Zusammenarbeit mit Kollegen" der Fall ist. Im Gegensatz dazu wurden hier Textstellen kodiert, in denen die Befragten von Arbeitserleichterung durch Zusammenarbeit und Vernetzung sprechen. Diese Formen der Arbeitserleichterung werden als präventive Maßnahmen gegen Belastungserleben und somit als gesundheitsfördernde Strategie verstanden. Dies zeigt sich beispielsweise in folgendem Textausschnitt aus dem Interviewmaterial von Mohn:

Mohn Z. 370-382: „Ansonsten auch mit dem Lehrplan DAZ, also Deutsch als Zweitsprache, das Themenfeld ist unendlich. Du kannst alles machen, was irgendwie mit der deutschen Sprache zu tun hat. Du kannst alles rechtfertigen. Und das ist das Problem. Also dass man da, da hätte ich vielleicht auch mehr noch das Gespräch suchen sollen mit anderen Kollegen. Mehr gemeinsame Ressourcen nutzen. Also dass einfach Leute, die das schon gemacht haben, einen gewissen Fahrplan haben. Also dieses eine Thema, Jahreszeiten gemacht hast, dass du da auch so Vokabular wie heiß, kalt oder Wasser oder was eben grad so aktuell in die Jahreszeit passt, dass man das halt ein bisschen verknüpfen kann, auch mit Gradzahlen und dann Zahlen auch gleich hast und einfach dieses ganze bisschen besser vernetzt. Also fächerübergreifend vernetzt."

Mohn beschreibt im obigen Textausschnitt, dass er mehr Unterstützung von Lehrkräften, die in der Tätigkeit der Deutsch-als-Zweitsprache-Didaktik erfahrener sind als er selbst, hätte in Anspruch nehmen sollen. Er beschreibt das Unterrichten im Bereich DAZ als sehr frei, was er jedoch aufgrund der Unsicherheiten bei der Themenkonkretisierung eher als belastend denn als bereichernd empfindet. Unterstützung von erfahreneren Kolleginnen und Kollegen im Sinne von kommunikativem Austausch und dem zur Verfügung stellen von Material wäre aus seiner Sicht hilfreich. Dabei bezieht sich Mohn nicht auf das Lösen bestimmter Probleme, sondern auf die Vereinfachung des Unterrichtsalltags, weshalb die Aussage als präventive Strategie zur Erhaltung von Gesundheit kodiert wurde.

Inanspruchnahme von institutioneller Gesundheitsförderung

Kodiert wurden in dieser Subkategorie Textstellen, in denen die Befragten Maßnahmen zur Gesundheitsförderung auf institutioneller Ebene als hilfreich für den Erhalt von Gesundheit bewerten. Die Lehrkräfte schildern dabei die Teilnahme an gesundheitsfördernden Angeboten, die nicht sie selbst im privaten Umfeld organisieren, sondern die als Präventionsangebot von professionellen Akteuren im Bildungs- oder Gesundheitswesen angeboten werden. Ebenso wurden Textstellen kodiert, in denen die Befragten den Wunsch nach besagten präventiven Angeboten explizieren. Der folgende Textausschnitt dient dieser Subkategorie als Ankerbeispiel:

Primel Z. 202-238:

Primel: „Oder, das fangen wir jetzt langsam an, das ist jetzt ganz neu, dass man Kollegensport hat an der Schule. Das ist jetzt bei uns seit drei, vier Wochen. Also wir haben jetzt so einen Personal Coach, der mit uns als Kollegium arbeitet, ja, und da treffen wir uns halt und machen dann gemeinsam Übungen. Auch so, ja, zusammenarbeitsfördernde Übungen. Finde ich gut. Müsste es eigentlich aber nicht privat wieder organisiert von Kollegen, sondern das müsste vom Staat organisiert werden, dass eben die Kollegen gesund bleiben. Genauso ähnlich wie Polizeisport müsste es auch letztendlich für Lehrer solche Sachen geben."

I: „Und dieser Coach, der macht jetzt mehr so Sport oder ist das mehr so soziales, wenn du jetzt sagst, zusammenarbeitsfördernd?"

Primel: „Beides. Wir machen Sport. Wir machen im Moment Muskelaufbau. Geplant ist, dass wir nach Pfingsten dann Kondition machen einen Baustein. Aber wir machen auch immer wieder so Übungen, wo man eben zu zweit oder zu dritt oder zu mehreren zusammenarbeiten muss. Finde ich eine klasse Geschichte eigentlich. Aber es ist nicht von irgendwoher von oben gekommen, sondern wir mussten uns halt selber drum kümmern."

I: „Selbst die Initiative ergreifen für sowas."

Primel: „Und es kostet natürlich auch was."

I: „Zahlt das dann die Schule?"

Primel: „Ne. Das zahlen wir. Aber sowas müsste es eben finde ich geben."

I: „Das ist ja große Initiative vom Kollegium."

Primel: „Ja. Unsere Chefin hat das ins Leben gerufen. Die hat den halt gekannt und dann machen aber viele jetzt mit. Also es hat großen Anklang."

Primel beschreibt ein Angebot an ihrer Schule, das gesundheitsfördernden Charakter durch die Bausteine Kooperationsförderung und Sport hat. Sie erzählt, dass das Angebot aus einer Initiative des Kollegiums entstand und ihre Schulleiterin sich dann um die Umsetzung kümmerte. Gleichzeitig äußert Primel den Wunsch, dass solche Angebote „nicht privat wieder organisiert von Kollegen" werden, sondern auf institutioneller Ebene von Akteuren aus dem Bildungsbereich organisiert werden. Primel sieht das Angebot als institutionell organisierte Gesundheitsförderung im Rahmen von Sport und zusammenarbeitsfördernden Angeboten als hilfreiche Strategie für den Erhalt von Gesundheit im Lehrerberuf.

Soziale Unterstützung im Privaten

Kodiert wurden für die Subkategorie „Soziale Unterstützung im Privaten" Textpassagen, in denen deutlich wird, dass die Befragten soziale Unterstützung, die nichts mit Schule zu tun hat, als förderlich für die Gesundheit im Beruf empfinden. Es wird also von den Befragten angenommen, dass Entlastung und Unterstützung im Privatleben gesundheitsfördernde Wirkung für die Tätigkeit im Lehrberuf hat. Dies wird zum Beispiel in folgendem Interviewausschnitt sichtbar:

Kamille Z. 158-168: „Und es ist natürlich so, dass viel Unterstützung habe. Der XXX (Name des Partners) wechselt sich mit mir ab, wenn ich viel Arbeit am Wochenende hinkriegen muss und unternimmt was mit XXX (Name des Kindes) und dann arbeitet er wieder. Oder alle zwei Wochen ist der XXX (Name des Kindes) bei meinen Eltern Freitagnachmittag. Damit ich was arbeiten kann. Oder wenn auch so mal ein Termin ist. Also ich weiß immer, im Prinzip, auch meine Schwester musste nicht einspringen, würde aber. Ich weiß, dass wenn was ist, sich da was finden würde."

Kamille beschreibt es als entspannendes Moment, dass sie viel Unterstützung in ihrem privaten Umfeld erlebt. Diese Unterstützung äußert sich in der Betreuung ihres Kindes durch andere Familienmitglieder. Dass ihr Kind gut betreut ist, entspannt für Kamille die Situation im Schulalltag. Deshalb wurde diese Textpassage, also das Wahrnehmen und in Anspruch nehmen von sozialer Unterstützung im Privaten, als gesundheitsfördernde Strategie kodiert.

Emotionale Distanz

Kodiert werden Textpassagen, die deutlich machen, dass die Befragten emotionale Distanz – also nach Beendigung der Arbeit nicht mehr oder sehr wenig an die Schule zu denken – als gesundheitserhaltend sehen. Hierbei geht es nicht um Distanzierung als aktiven Prozess, sondern eher um einen zeitlich überdauernden Habitus. Diese Distanz, die als gesundheitsfördernd verstanden wird, äußert sich in verschiedenen Facetten, wie beispielsweise in der räumlichen Distanz zur Schule, die damit einhergeht, dass die Lehrkraft in ihrer Freizeit und auf dem Arbeitsweg kaum Schülerinnen, Schüler oder Eltern trifft. Ein Beispiel für diese Facette findet sich im folgenden Interviewausschnitt aus dem Interview mit Winterling:

Winterling Z. 145-155: „Ich habe früher vielleicht mehr mit Schülern noch gemacht auch außerhalb der Schule in der Freizeit. Mit denen getroffen oder die mal eingeladen. Das ist eigentlich weniger geworden, weil für mich zugegeben, eine gewisse Distanz, die möchte ich da schon aufrechterhalten, ne? Ich wohne da ja auch in der Nähe von dem Schulzentrum von dem großen am XXX-Platz, also ich hätte schon lange an eine Schule gehen können, wo ich dann einen Fußweg von 12,80 Meter hab. Aber das habe ich nie gemacht, weil ich eigentlich das nicht wollte, dass ich im Sprengel wohne wie die Schüler, sondern es schon ganz gut finde, wenn mich nicht jeder kennt, wenn ich das Haus verlasse."

Winterling beschreibt, dass er früher seine Schülerinnen und Schüler gelegentlich zu sich nach Hause einlud und auch private Verabredungen mit ihnen einging. Davon habe er aber Abstand genommen, weil er „eine gewisse Distanz“ wahren möchte. Aufgrund dieses Wunsches nach Distanz habe er auch nie einen Versetzungsantrag an die Schule in seiner Wohnortnähe gestellt, da er in diesem Fall im selben Sprengel wohnen würde wie seine Schülerinnen und Schüler. Distanz, die Winterling als gesundheitsförderlich versteht, wird also vornehmlich durch räumliche Distanz gebildet.

Auch Mohn empfindet Distanz zur Schule und damit einhergehenden Beanspruchungen als gesundheitsfördernd. Im Gegensatz zu Winterling generiert er diese innerliche Distanz nicht durch räumliche Trennung von Beruf und Privatleben, sondern durch eine kognitive Strategie:

Mohn Z. 189-203: „Und ja wie mache ich das, dass es mir gut geht? Also es ist eine Einstellungssache, glaube ich auch. Also zum einen Abschalten können, zum anderen es nicht zu arg an einen ranlassen. Also so eine Art Schutzhülle um einen rum, wo man weiß, okay das ist jetzt ich als Lehrer in der Funktion vor der Klasse und ich mache Sachen, die ich haltmachen muss, weil es halt mein Beruf ist. Und das andere ist halt, dann ziehe ich diese Jacke wieder aus, also ich halt wie ich bin in meiner Freizeit und wie ich mich dann auch gern. Ja man unterhält sich auch anders im Privaten Raum wie jetzt im Beruf. Okay, manchmal auch nicht (lacht). Mit manchen Kollegen unterhält man sich auch so, wie man sich normalerweise unterhält. Aber das ist ja auch das Schöne. Also. Aber trotzdem diese Zweiteilung im Endeffekt akzeptieren. Das eine ist mein Beruf, das muss ich machen, das andere, wenn ich das gemacht habe, dann habe ich eben auch meine Freizeit."

Mohn verwendet die Metapher einer „Schutzhülle“ bzw. einer „Jacke“, die er als Lehrer trägt und die er auszieht, wenn er sich wieder als Privatperson wahrnehmen möchte. Diese imaginäre Schutzhülle hilft ihm beim Aufrechterhalten von Distanz, wodurch er bestimmte Probleme weniger an sich „ranlässt“. Das

Aufrechterhalten von Distanz durch die Anwendung eines gedanklichen Bildes bzw. einer kognitiven Strategie wurde im Interpretationsprozess als Strategie zur Erhaltung von Lehrergesundheit kodiert, welche als dauerhafte Handlungsweise zu verstehen ist, um das Auftreten psychischer Probleme zu vermeiden.

Körperliche Achtsamkeit

Kodiert wurden in der Subkategorie „Körperliche Achtsamkeit" Textstellen, in denen die Befragten explizieren, dass sie, um ihre Gesundheit zu erhalten, auf ihre körperliche Konstitution achten, Warnzeichen wahrnehmen, bevor sie erkranken, und gegebenenfalls durch gezielte Maßnahmen gegensteuern. Auch hier ist relevant, dass die körperliche Achtsamkeit als zeitlich überdauernde Handlungsbereitschaft oder Einstellung gesehen wird und nicht als Reaktion auf bestimmte Probleme. Ein Ankerbeispiel für die Subkategorie „Körperliche Achtsamkeit" ist folgende Textstelle aus dem Interview mit Dahlie:

Dahlie Z. 245-255: „Also ich glaube, je älter man wird, desto wichtiger ist es, dass man gesundheitlich gut beieinander ist. Und das liegt nicht nur am Sport. Das liegt an was man isst, welche Gedanken man hat, womit man sich sonst beschäftigt und umgibt. Und vielleicht auch an guter medizinischer Pflege. Also ich bin ja auch. Also im frühen China war das ja toll. Da hat der Arzt so lange Geld gekriegt, das gilt jetzt leider nicht für das Fußvolk, da war das nicht so. Aber da hat der Arzt solange Geld gekriegt, ein monatliches Gehalt, solange wie man gesund geblieben ist. Und er hat keins mehr bekommen, wenn man irgendwie krank geworden ist. Also diese Vorsorge für sich."

Dahlie bezeichnet es als wichtig, in guter gesundheitlicher Verfassung zu sein. Dies sieht sie besonders mit steigendem Alter als relevant. Faktoren, um diese gesundheitliche Verfassung gut zu erhalten sind für Dahlie sportliche Aktivität, Ernährung und die Frage danach, worüber man sich Gedanken macht und in welcher Umgebung man sich aufhält. Dahlie sieht Gesundheit also multikausal verursacht. Dabei betont sie das Aufrechterhalten von Gesundheit durch Prävention statt das Wiederherstellen durch kurative Maßnahmen, was dadurch sichtbar wird, dass sie von Medizinern im China der Vergangenheit erzählt, die nur dann bezahlt wurden, wenn ihre Klienten gesund blieben. Hier wird deutlich, dass Dahlie ganzheitlicher Prävention im Hinblick auf körperliche Gesundheit einen großen Stellenwert zumisst.

Bemühung um positive Sichtweise
Die letzte Subkategorie der Hauptkategorie „präventive Strategien" wird sprachlich als „Bemühung um positive Sichtweise" gefasst. Kodiert wurden Textstellen, in denen die Befragten das Gesundbleiben im Beruf in Zusammenhang bringen mit der kognitiven Strategie, die Dinge positiv zu sehen. Dabei beziehen sie sich auf ihre eigenen Handlungen, mit denen sie sich Mühe geben zufrieden zu sein. Zudem beziehen sie sich auf ihre Schülerinnen und Schüler, bei denen sie bewusst besonders die positiven Eigenschaften zu sehen versuchen oder auf bestimmte Tätigkeiten, die sie im Lauf des Arbeitstages erwarten und auf die sie sich bewusst freuen. Vor allem die letzte Facette konnte beispielsweise aus dem Interview mit Lavendel herausgearbeitet werden:

Lavendel Z. 46-52: „Das ist, puh, die Strategie wie an jedem Tag, dass ich versuche, Freude an dem zu haben, was ich tu, und das probiere ich jeden Tag so neu. Also ich versuche, ja, immer was Schönes an dem Tag zu sehen, stehe dann gerne auf. Sehe am Tag davor versuche ich die Sachen eigentlich nicht als Last oder Pflicht zu sehen, sondern denke mir, das Schöne wartet morgen auf mich. Also eben auch in der Arbeit und so weiter. Und ja. Wenn ich das so schaffe, das Tag für Tag zu machen und immer versuche, mich auf schöne Sachen zu freuen […]"

Lavendel bezeichnet es als eine Strategie zur Erhaltung seiner Gesundheit, den auf ihn zu kommenden Arbeitstag positiv zu sehen und „Freude an dem zu haben, was [er] tu[t]." Er bemüht sich um eine positive Sichtweise, indem er seine Gedanken bewusst auf die positiven Aspekte lenkt und die negativen Aspekte weniger zu betonen versucht. Diese Strategie kann als zeitlich überdauernder Habitus verstanden werden, da Lavendel expliziert, dass er diese Strategie täglich anzuwenden versucht und sie keine Reaktion auf vorhandene Probleme darstellt.

4.2 Die typologische Analyse: Subjektive Theorien zur Erhaltung von Gesundheit im Lehrerberuf

Nachdem im vorangehenden Kapitel die Ergebnisse des fallübergreifenden Vergleichs anhand des Kategoriensystems dargestellt wurden, werden im vorliegenden Kapitel die Ergebnisse der typologischen Analyse beschrieben. Im Anschluss an die komparative Analyse, deren Ergebnis das oben dargestellte Kategoriensystem ist, wurden Einzelfälle gruppiert und dabei die vorher generierten

Erkenntnisse zu gesundheitserhaltenden Strategien weiter strukturiert, aufeinander bezogen sowie voneinander abgegrenzt. Durch dieses Vorgehen wurden mehrere Muster subjektiver Theorien über den Erhalt von Gesundheit im Lehrerberuf verdichtet. Innerhalb einzelner subjektiver Theorien desselben Musters zeigt sich weitgehende inhaltliche Homogenität, während zwischen den Mustern inhaltliche Differenzen sichtbar wurden. Hinsichtlich der Struktur ließen sich die Theoriemuster zu zwei Typen gruppieren, die folgendermaßen gefasst werden: Typ I beschreibt subjektive Gesundheitstheorien, die einen Kerngedanken fokussieren. Typ II beschreibt hingegen diejenigen Theorien, innerhalb derer verschiedene Strategien ohne Fokussierung zu einer subjektiven Gesundheitstheorie verbunden werden. Die typologische Analyse erfolgte in der vorliegenden Arbeit als zirkulärer und iterativer Prozess. Durch Abduktion wurden Regelmäßigkeiten und Fälle gleichzeitig analysiert ohne dass das Schema, nach dem gesucht wurde, vorher bekannt war. In den Abschnitt 4.2.1 und 4.2.2 werden nun die Typen und Muster, die aus dem empirischen Material verdichtet werden konnten, explizit beschrieben.

4.2.1 Typ I: die fokussierten Muster

Als Ergebnis der typologischen Analyse kann festgehalten werden, dass unterschiedliche Muster subjektiver Theorien zur Erhaltung von Gesundheit im Lehrerberuf aus dem empirischen Material verdichtet werden konnten. Diese wurden weiter abstrahiert und dabei im abduktiven Prozess in fokussierte und additive Muster und somit in zwei Typen hinsichtlich der Theoriekonstruktion eingeteilt. Bevor auf die additiven Muster eingegangen wird, werden an dieser Stelle die drei Muster des Typs I beschrieben, innerhalb derer ein Kerngedanke zur Erhaltung von Gesundheit verdichtet werden konnte. Dieser Kerngedanke zeigt sich in der Fokussierung bestimmter Strategien zur Erhaltung von Gesundheit, welche im Merkmalsraum Kategoriensystem aufgespannt sind. Aus dem Material konnten drei fokussierte Muster erarbeitet werden, die im Folgenden dargestellt werden.

4.2.1.1 Muster A: Aktive Gestalter

Das Muster A „Aktive Gestalter“ zeigt sich in der subjektiven Theorie von Anemone, Lilie und Rose. Kerngedanke bzw. Charakteristikum dieses Theoriemusters ist, dass Gesundheit durch aktive Einflussnahme der Lehrkraft auf verschiedene Bereiche ihres Arbeits- und auch Privatlebens erhalten werden kann. Bei der Verdichtung des Datenmaterials wurde sichtbar, dass dieser Kerngedanke innerhalb der subjektiven Theorie pädagogische Professionalität und das aktive Gestalten des Arbeitsumfeldes als die zwei wesentlichen Strategien zur Erhaltung von Gesundheit fokussiert. Zudem zeigt sich dieser Kerngedanke auch im Rahmen von Balancierungsstrategien und durch Leerstellen in der subjektiven Theorie.

Die folgende Tabelle zeigt die subjektive Theorie des Musters A im Rahmen des Kategoriensystems überblicksartig. Dabei werden nur relevante Gemeinsamkeiten und nicht das Kategoriensystem in der Gesamtheit gezeigt. Anschließend wird das Muster entlang des Merkmalsraums Kategoriensystem explizit dargestellt (Tabelle 4.1).

Tabelle 4.1 Merkmale des Musters A (eigene Darstellung)

	Anemone	Lilie	Rose
1. Hauptkategorie: Strategien professionellen Lehrerhandelns			
1.1 Pädagogische Professionalität	x	x	x
1.2 Aktive Gestaltung des Arbeitsumfeldes	x	x	x
2. Hauptkategorie: Zuschreibung auf nicht veränderbare Umstände			
2.2 Persönlichkeit	–	–	–
3. Hauptkategorie: Balancierungsstrategien			
3.2 Familiäre Eingebundenheit	–	x	x
3.3 Kontrastprogramm	x	x	–
4. Hauptkategorie: Reaktive Bewältigungsstrategien			
4.4 Emotionale Distanzierung	–	–	–
5. Hauptkategorie: Präventive Strategien			
5.2 Inanspruchnahme von institutioneller Gesundheitsförderung	–	–	–
5.4 Emotionale Distanz	–	–	–
5.6 Bemühung um positive Sichtweise	–	–	–

Das Muster „Aktive Gestalter“ spannt sich an Strategien des Handelns auf, die in den Kategorien „Pädagogische Professionalität“, „Aktive Gestaltung des Arbeitsumfeldes“ und in den zwei Formen von Balancierungsaktivitäten „Familiäre Eingebundenheit“ und „Kontrastprogramm“ subsumiert sind. Besonders relevant ist im Rahmen der subjektiven Theorie des Musters A die Vorstellung, dass Aktivsein einen positiven Einfluss auf Gesundheit hat. Aktiv zu gestalten statt passiv auf äußere Umstände zu reagieren, ist ein überaus wichtiger Gedanke im Rahmen der subjektiven Theorie des Musters A. Dies wird im Folgenden ausführlich dargestellt.

Die erste relevante Strategie im Rahmen des Merkmalsraums zur Darstellung der Muster ist die Unterkategorie „Pädagogische Professionalität". Hierunter werden die Aussagen gebündelt, in denen die Befragten explizieren, dass es sie beflügelt, wenn sie als Lehrkräfte im Umgang mit Schülerinnen und Schülern sowie deren Eltern professionell und dadurch erfolgreich sind. Konkret wurden im Interpretationsprozess Aussagen in diese Kategorie gefasst, in denen es einerseits um erzieherisches Wirken und andererseits um Lernerfolge auf kognitiver Ebene, sogenannter „Stoffvermittlung" geht. Die Lehrkräfte fühlen sich in beiden Bereichen kompetent und setzen diese Kompetenz in Zusammenhang mit beruflichem Erfolg, welcher zur Erhaltung von Gesundheit führt. Häufig wird der erzieherische Einfluss unabhängig von Themen im Unterricht als gelungener Kontakt mit den Schülerinnen und Schülern sowie deren Erziehungsberechtigten geschildert, der zu positiv interpretierter Verhaltensänderung im Hinblick auf Sozial- und Lernverhalten führt. Lernerfolge auf kognitiver Ebene beschreiben stoffbasierten Lernzuwachs. Dieser wird in den Augen der Lehrkräfte erreicht durch das Einsetzen der zur Klasse und zum Thema passenden Unterrichtsmethode sowie durch eine geeignete Themenauswahl seitens der Lehrkraft. Auch Schülerinnen und Schüler zu motivieren sehen die Lehrkräfte als pädagogische Kompetenz. Hier zeigt sich eine Schnittstelle zwischen erzieherischem Wirken auf emotionaler, zwischenmenschlicher Ebene und kognitiver Ebene. Stets sehen sich die Lehrerinnen und Lehrer dabei als aktive Gestalter. Aufgrund ihrer beruflichen Kompetenzen sind sie im Stande, aktiv das Lernen ihrer Schülerinnen und Schüler zu beeinflussen. Dies wird auch dadurch deutlich, dass von außen gegebene Faktoren, wie beispielsweise die Klassengröße oder -zusammensetzung nicht als problematisch dargestellt werden. Relevant ist stattdessen der eigene Einfluss, das aktive Handeln, welches durch Professionalität auf mehreren Ebenen gekennzeichnet ist. Folgender Textausschnitt aus dem Interview mit Anemone zeigt exemplarisch, wie stark das Erleben von beruflichem Erfolg durch kompetentes, aktives Handeln als gesundheitserhaltende Strategie die subjektive Theorie des Musters A prägt:

Anemone Z. 9-15: „Und mir gefällt es, wenn ich die in irgendeiner Weise motivieren kann. Das gefällt mir. Das empfinde ich als beflügelnd. Was ich als belastend empfinde, [...] ist manchmal das genaue Gegenteil eben, dass die schlecht zu motivieren sind. Also dass sie keine Lust haben. Das ist natürlich nicht so schön.

`Also ich merke nie, wenn die Zeit vergeht, wenn es mir gelingt, die mitzureißen und die dabei zu haben. Und ich empfinde es als tödlich, wenn es nicht gelingt."`

Anemone beschreibt, dass die gelungene Motivierung der Schülerinnen und Schüler für sie mit positivem beruflichen Erleben verbunden ist. Es wird in der Textstelle deutlich, dass Anemone sich dabei als aktive Gestalterin der Unterrichtssituation sieht und nicht als passives Opfer der von außen gegebenen Umstände wie Launen der Schülerinnen und Schüler oder schwierigen Rahmenbedingungen in Randstunden. Dies wird ersichtlich durch die Formulierung „[...] wenn es mir gelingt, die mitzureißen und die dabei zu haben", in der sie als Lehrkraft den aktiven Part hat. Die Darstellung der gegenteiligen Situation und ihre Bewertung mit dem Wort „tödlich" macht die Relevanz deutlich, die Anemone beruflicher Kompetenz im Sinne der Fähigkeit, Schülerinnen und Schüler motivieren zu können, zuschreibt und spielt auch schon auf deren Bedeutsamkeit im Kontext von Gesundheit an. Die subjektive Theorie des Musters „Aktive Gestalter" weist also der beruflichen Professionalität eine hohe Relevanz für den Erhalt von Gesundheit von Lehrerinnen und Lehrern zu, indem sie eine aktive Gestaltung möglich macht.

Die zweite Handlungsstrategie im Rahmen des Merkmalsraums ist die Unterkategorie „Aktive Gestaltung des Arbeitsumfeldes". Hierunter wurden im Interpretationsprozess Textstellen kodiert, in denen die Befragten explizieren, dass sie das aktive Gestalten ihrer Arbeit (Tätigkeiten) und ihres Arbeitsplatzes (Räumlichkeit) nach eigenen Vorstellungen und Zielen für gesundheitserhaltend halten. Schulische Arbeit im Sinne von Tätigkeiten beschreibt zum einen die Gestaltung von Lern-Lehr-Situationen im Unterricht. Im Gegensatz zur Kategorie „Pädagogische Professionalität", die ebenfalls relevant für die subjektive Theorie des Musters A ist und oben bereits beschrieben wurde, steht hier aber nicht die Professionalität der Lehrkraft im Vordergrund, sondern die eigene Entscheidungsfreiheit, die auch aktiv wahrgenommen wird. So beschreiben Anemone, Lilie und Rose beispielsweise, wie sie selber Unterrichtsthemen oder Projekte für ihre Klassen aussuchen, die sie als wichtig erachten, und andere bewusst weglassen. Auch schulisches Arbeiten außerhalb des Klassenzimmers wird in diesem Kontext thematisiert. Dazu zählen die bewusste Auswahl von Arbeitskreisen, Fachgruppen oder Wahlfächern sowie die Einteilung der Zeit für diese Aufgaben und das Weglassen anderer Tätigkeiten. Aus dem empirischen Material konnte also herausgearbeitet werden, dass aktive Gestaltung der beruflichen Tätigkeiten im Sinne von gezielter Selektion der Unterrichtsinhalte, -methoden und außerunterrichtlichen Aufgaben in der subjektiven Theorie des Musters A eine fokussierte Strategie zur Erhaltung von Gesundheit ist.

Das aktive Gestalten als gesundheitserhaltende Strategie bezieht sich, wie aus dem Interviewmaterial herausgearbeitet werden konnte, nicht ausschließlich auf die Gestaltung der Tätigkeit, sondern auch auf die Gestaltung des Raumes. Auch hier wurde deutlich, dass das Umsetzen eigener Vorstellungen bei der Gestaltung des Arbeitsraumes bzw. des Klassenzimmers als gesundheitsförderlich gesehen wird. Dies konnte im Interpretationsprozess beispielsweise aus dem folgenden Interviewausschnitt herausgearbeitet werden:

Rose Z. 165-170: „Dann mache ich mein Klassenzimmer gestalte ich immer. Und das ist jetzt auch bei der Rektorin sehr gut möglich. Ich hab jetzt so ein Hochbett in meinem Klassenzimmer als Lesepodest. Du kannst es dir einrichten wie du möchtest eigentlich. […] und das ist mir wichtig, dass ich in mein Klassenzimmer reingehe, und auch die Schüler und Eltern, und da schon ein positives Gefühl habe."

Rose beschreibt, dass sie das Klassenzimmer, in dem sie unterrichtet, nach ihren eigenen Vorstellungen möbliert, um dabei einen gewissen Wohlfühlfaktor für sich selbst, die Schülerinnen und Schüler sowie deren Eltern zu schaffen. Im Interpretationsprozess wurde diese Aussage dahingehend interpretiert, dass Rose die Gestaltung ihres schulischen Arbeitsplatzes, des Klassenzimmers, nach ihren eigenen Vorstellungen als Strategie für die Erhaltung ihrer psychischen Gesundheit sieht. Rose schafft sich durch die aktive Gestaltung des Klassenzimmers in Form von Möblierung eine Atmosphäre, die sie mit den Worten „positives Gefühl" als förderlich für die psychische Gesundheit beschreibt. Eine Schnittstelle von Tätigkeit und Raum ist die Auswahl des schulischen Arbeitsplatzes bzw. eines zweiten Arbeitsplatzes neben der Schule. Im Interview mit Lilie wurde deutlich, dass sie sich die Montessori-Schule, an der sie unterrichtet, bewusst aussuchte, um die Formen der beruflichen Tätigkeiten unter Berücksichtigung eines besonderen pädagogischen Profils auf ihre Vorstellungen zuschneiden zu können. Anemone, die neben ihrer schulischen Tätigkeit als Lehrbeauftragte an zwei Hochschulen tätig ist, betont ebenfalls die aktive Auswahl dieser zusätzlichen Aufgaben als Erfüllung eigener Wünsche und Ansprüche. Aus diesen Materialstellen wurde interpretiert, dass die aktive Gestaltung des Arbeitsumfelds sich nicht nur auf die Gestaltung der Arbeit in der Dienststelle bezieht, sondern auch die Wahl derselben sowie zusätzliche berufliche Tätigkeiten miteinschließt. Bei der Verdichtung des empirischen Materials wurde deutlich, dass die aktive Gestaltung der beruflichen Tätigkeit nach persönlichen Vorstellungen, Wünschen und Interessen sowie im Hinblick auf die Besonderheiten der Klasse im Rahmen der subjektiven Theorie des Musters A besonders relevant ist. Die subjektive Theorie des Musters A setzt also für den Erhalt von Gesundheit im Lehrerberuf ein hohes Maß an aktiver Mitbestimmung im beruflichen Umfeld voraus, welches sich auf die Gestaltung des Unterrichts und außerunterrichtlicher Tätigkeiten sowie auf die Gestaltung der schulischen Räumlichkeiten und auch des schulischen Arbeitsplatzes und einer anderweitigen beruflichen Beschäftigung bezieht.

Merkmale des Musters A in der Hauptkategorie „Balancierungsaktivitäten"
Fokussiert wird im Rahmen der subjektiven Theorie des Musters A ebenfalls die Beschäftigung mit Themen jenseits von Schule, den sogenannten Balancierungsstrategien. Hier zeigen sich allerdings unterschiedliche Ausprägungen: Während die jungen Lehrerinnen Rose und Lilie die Beschäftigung mit ihren Kindern und Familien als relevante und gesundheitsförderliche Aktivität beschreiben, nennt Anemone, deren Kinder bereits erwachsen sind, vor allem Sport und Reisen als ausgleichende Tätigkeiten. Alle betonen jedoch die Wichtigkeit von selbst gewählten und selbst gestalteten Aktivitäten als Balancierung zum Schulalltag, mit Hilfe derer „abgeschaltet" und entspannt werden kann. Im abduktiven Prozess wurde herausgearbeitet, dass aufgrund dieser Gemeinsamkeit für das Muster A die beiden Unterkategorien zusammengefasst werden können: Auch im Bereich der Freizeitgestaltung und des Privatlebens wird der Fokus auf selbstbestimmte Gestaltung gelegt. Dies wird auch im Kontrast zu anderen subjektiven Theorien deutlich. So sieht beispielsweise Tulpe die Beschäftigung mit ihren Kindern keineswegs als Balancierung oder Möglichkeit zur inneren Distanzierung von der Schule, sondern vielmehr als zusätzliche Herausforderung und Belastung, mit der sie konfrontiert ist, sobald sie zu Hause ist:

Tulpe Z. 91-95: „Ich habe keinen Ausgleich. Ich setze mich ins Auto und gehe vielleicht noch schnell einkaufen unterwegs und dann fahre ich heim und dann empfangen mich meine Kinder zu Hause. Und dann, ja, dann muss ich für die da sein."

Im folgenden Interviewausschnitt aus dem Interview mit Rose konnte das Gegenteil herausgearbeitet werden. Hier wird deutlich sichtbar, dass im Muster A die Beschäftigung mit der Familie als Ausgleich zur Arbeit gesehen wird:

Rose Z. 68-77: „Also wenn es jetzt wirklich ein anstrengender Tag war, wo ich weiß, okay, jetzt brauche ich erstmal gar nichts von der Schule oder sowas. Also es ist häufig so, dass ich durch die vier Kinder, die wir ja haben, erstmal beschäftigt bin dann mit ihnen. Erstmal anzuhören und selber durchschnaufen. Wir machen es ganz oft so, dass wir dann erstmal zusammen Kaffee trinken oder uns erstmal zusammen hinsetzen und austauschen, was hat so jeder am Tag gemacht. Und dann sind eben teilweise irgendwelche Termine, die die Jungs haben, oder wie der XXX (Name des Kindes) eben hat, irgendwelche Ideen, die er umsetzen möchte. Und dann ist man, finde ich, ganz schnell weg von dem und schafft sich das."

Rose beschreibt, dass sie sich nach einem Schultag mit vielen Herausforderungen in ihrem privaten Umfeld zuerst mit ihren Kindern beschäftigt. Während sie den Kindern zuhört, kann sie „durchschnaufen", was dahingehend interpretiert wurde, dass Rose sich im Umgang mit ihren Kindern von der Schule erholen kann. Die Beschäftigung mit den Themen und Terminen ihrer Kinder hilft Rose beim Abschalten. Somit spielt im Muster A die Beschäftigung mit außerschulischen Themen eine große Rolle bei der Erhaltung von psychischer Gesundheit. Auch hier wird wieder die Bedeutung von aktiver Gestaltung sichtbar, in diesem Fall von aktiver Gestaltung der Freizeit: Aus dem Textausschnitt konnte herausgearbeitet werden, dass Rose sich nicht als passives Glied ihrer Familie sieht, sondern sich bewusst durch die Interaktion mit ihren Kindern von schulischen Problemen ablenken lässt und sich dadurch einen Ausgleich schafft, was durch das Zitat „Und dann ist man, finde ich, ganz schnell weg von dem und schafft sich das."

Durch Leerstellen geprägte Merkmale des Musters A

Neben den Faktoren, denen in der subjektiven Theorie des Musters A Bedeutung bei der Erhaltung von Gesundheit im Lehrerberuf zukommt, sind auch Leerstellen in der subjektiven Theorie interessant, also die Facetten des Merkmalsraumes, die im Theoriemuster A nicht aus dem Material herausgearbeitet wurden. Die Leerstellen, die ebenfalls überblicksartig der oben eingefügten Tabelle zu entnehmen sind, werden im Folgenden expliziert. Erstens ist im Muster „Aktive Gestalter" eine Leerstelle in Bezug auf die Persönlichkeit der Lehrkraft zu finden. In der hier beschriebenen subjektiven Theorie wird der Lehrerpersönlichkeit als etwas nicht beeinflussbares bzw. als vorgegebene und statische Größe keine Rolle bei der Erhaltung von Gesundheit zugeschrieben. Im Gegensatz dazu war im empirischen Material, welches zu anderen Mustern subjektiver Theorien verdichtet wurde, durchaus die subjektive Theorie zu finden, dass Lehrergesundheit von der angeborenen Lehrerpersönlichkeit abhängt. Dies konnte beispielsweise aus den Interviews mit Dahlie oder Flieder herausgearbeitet werden. In deren subjektiver Theorie, welche zum additiven Muster verdichtet wurde, wird ein Argumentationszusammenhang zwischen der überwiegend angeborenen und somit als unbeeinflussbaren Größe hinzunehmenden Lehrerpersönlichkeit und der Erhaltung von Gesundheit im Lehrerberuf deutlich. Gesund blieben demnach die Lehrkräfte, die die passende Persönlichkeit im Sinne von natürlicher Autorität besäßen. Ein Zusammenhang zwischen Erhaltung von Gesundheit und Lehrerpersönlichkeit existiert in der subjektiven Theorie des Musters A jedoch nicht. Durch diese Leerstelle wird erneut deutlich, dass im Muster A das aktive Beeinflussen und Gestalten eine exponierte Stellung hat. Die Vorstellung, passiv mit einer bestimmten Persönlichkeitsstruktur ausgestattet zu sein, passt nicht zu diesem Bild und findet deshalb in die subjektive Theorie des Musters „Aktive Gestalter" keinen Einzug. Des Weiteren wurden bei der Verdichtung des Materials Leerstellen in den Hauptkategorien „Reaktive Bewältigungsstrategien" und „Präventive Strategien" sichtbar. So spielen in Muster A weder emotionale Distanzierung von Schwierigkeiten als reaktive Bewältigungsstrategie noch emotionale Distanz oder die Bemühung um positive Sichtweise als präventive Strategie eine Rolle. Auch diese beiden Leerstellen bestätigen das Charakteristikum des Musters A. In diesem Muster wird das gedankliche Distanzieren von der Schule und damit verbundenen Beanspruchungen – sei es als grundsätzliche Verhaltensweise vor dem Auftreten konkreter Belastungen oder als Bewältigungsstrategie zur Verarbeitung eines akut aufgetretenen Problems – nicht als relevante Strategie zur Erhaltung von Lehrergesundheit gesehen. Die Leerstellen wurden dahingehend interpretiert, dass gemäß des aktiven Gestaltens des Arbeitsumfeldes die schulische Umgebung „passend gemacht" wird, sodass eine Distanzierung davon nicht mehr notwendig scheint. Statt durch innere Distanzierung Abstand von Belastungen zu schaffen und diese dabei unberührt zu lassen, werden im Muster A aktiv Veränderungen vorgenommen, wie aus den Interviews herausgearbeitet wurde. Im Hinblick auf die Theorie bezüglich der Erhaltung von Gesundheit des Musters A bedeutet dies folglich, dass Distanzierung von Problemen obsolet wird, wenn problematische Situationen durch aktives Gestalten verändert werden können. Dies trifft auch für die verbleibenden zwei Leerstellen im Rahmen des Musters A zu. Weder die „Inanspruchnahme institutioneller Gesundheitsförderung" als relevanten Faktor zur Erhaltung der Lehrergesundheit noch die „Bemühung um positive Sichtweise" konnten bei der Interpretation im Material gefunden werden. Institutionelle Gesundheitsförderung wie Lehrersport als Ausgleich oder Teambuildingmaßnahme, Fortbildungen zum Thema Lehrergesundheit, das Nutzen von Ruheräumen oder gesunden Schulmahlzeiten als Erholung und zum Auffüllen körperlicher Ressourcen spielen in der Theorie des Musters A eine Rolle, da aus Sicht von Anemone, Lilie und Rose die schulische Umwelt in Eigenaktion so gestaltet wird, dass Unterstützung nicht nötig erscheint. Die Vorstellung, die eigenen Kräfte, die zur aktiven Gestaltung des Arbeitsumfeldes nötig sind, könnten schwinden und müssten deshalb durch Präventionsarbeit von außen gestärkt werden, ist der Theorie nicht immanent. Ebenso wenig ließ sich aus dem empirischen Material herausarbeiten, dass der Strategie „Bemühung um positive Sichtweise" Relevanz zugesprochen wird. In schwierigen Situationen besonders die positiven Dinge wahrzunehmen oder zufrieden mit den erreichten Teilzielen zu sein, entspricht nicht dem Charakter des Musters A, denn – so die Interpretation der Leerstellen in Anbetracht der herausragenden Stellung der Strategie des aktiven Gestaltens – hierbei würden die negativen Aspekte unbearbeitet zur Seite geschoben, statt aktiv verändert und gestaltet werden. Zusammenfassend lässt sich bezüglich der Leerstellen im Muster A sagen, dass diejenigen Strategien keine Beachtung erfahren, bei denen Probleme und Grenzen akzeptiert werden müssen. Stattdessen wird im Muster „Aktive Gestalter" den Strategien Gewichtung verliehen, die Aktivität und Gestaltung seitens der Lehrkräfte zulassen.

Zusammenfassend lässt sich für das Theoriemuster A „Aktive Gestalter" festhalten, dass die fokussierte Strategie das selbstständige, aktive Handeln darstellt, durch welches das Arbeitsumfeld Schule inhaltlich und räumlich sowie die außerschulische Lebensumwelt nach eigenen Vorstellungen gestaltet werden kann. Diese aktive Selbstbestimmung und Selbstgestaltung wird im Rahmen des Theoriemusters A als förderlich für die Erhaltung der Gesundheit im Lehrerberuf verstanden.

4.2.1.2 Muster B: Gemeinsam erfolgreich

Ein weiteres fokussiertes Muster trägt die Bezeichnung „Gemeinsam erfolgreich" und zeigt sich im Material bei Dahlie, Kamille und Winterling. Kerngedanke dieses Theoriemusters ist, dass Gesundheit erhalten werden kann durch Zusammenarbeit. Fokussiert werden in dieser subjektiven Theorie zur Erhaltung von Gesundheit im Lehrerberuf Strategien der Zusammenarbeit in verschiedenen Formen. Dieser Kerngedanke lässt sich an mehreren Kategorien aufspannen. Die untenstehende Tabelle zeigt überblicksartig am Kategoriensystem als Merkmalsraum aufgespannt die subjektive Theorie des Musters „Gemeinsam erfolgreich", bevor diese anschließend ausführlich entlang des Merkmalsraums dargestellt und dabei der Verdichtungsprozess zum Muster nachvollziehbar gemacht wird (Tabelle 4.2).

Wie auch in der subjektiven Theorie des Musters A spielen Strategien professionellen Lehrerhandelns eine wichtige Rolle in der subjektiven Theorie des Musters B „Gemeinsam erfolgreich". Während in Muster A bei der Darstellung der pädagogischen Professionalität das aktive Gestalten von Unterrichtsprozessen betont wurde, ist dies für Muster B nicht der Fall. Im Material, aus dem Muster B verdichtet wurde, zeigt sich hingegen, dass auch bei den Strategien

Tabelle 4.2 Merkmale des Musters B (eigene Darstellung)

	Dahlie	Kamille	Winterling
1. Hauptkategorie: Strategien professionellen Lehrerhandelns			
1.1 Pädagogische Professionalität	x	x	x
1.3 (Selbst)Reflexion	x	x	x
3. Hauptkategorie: Balancierungsstrategien			
3.1 Erfahren von Gemeinschaft	–	–	–
4. Hauptkategorie: Reaktive Bewältigungsstrategien			
4.1 Unterstützung im Kollegium	x	x	x
4.2 Inanspruchnahme von professionellen Hilfsangeboten	x	x	x
5. Hauptkategorie: Präventive Strategien			
5.1 Unterstützung im Kollegium	x	x	x

professionellen Lehrerhandelns der Schwerpunkt auf der gelungenen Interaktion mit den Schülerinnen und Schülern und deren Eltern liegt. Betont wird, wie das gemeinsame Arbeiten im Klassenzimmer und mit den Eltern gestaltet wird. Hierbei zeigt sich, dass nicht nur die Zusammenarbeit unter Lehrkräften, mit der Schulleitung und mit professionellen Akteuren als relevant gesehen wird, sondern eben auch die Interaktion mit den Kindern und Jugendlichen. Pädagogische Professionalität im Umgang mit Schülerinnen und Schülern sowie deren Eltern äußert sich, wie aus dem Material herausgearbeitet werden konnte, in der Schulpraxis durch Methodenkompetenz, gelungene Auswahl der Unterrichtsthemen im Hinblick auf Entwicklungsstand und Interessen der Klasse, Fähigkeit zur Motivierung der Kinder und Jugendlichen, positive Gestaltung persönlicher Kontakte, Konfliktfähigkeit und gelungenes erzieherisches Wirken. Im Hinblick auf den Umgang mit den Eltern wird auch gelungene Gesprächsführung und authentischer Umgang als professionelles Handeln verstanden. Das folgende Textbeispiel zeigt, wie im Interpretationsprozess aus dem empirischen Material die Kategorie „Pädagogische Professionalität" verdichtet wurde, die im Rahmen des Musters B als relevante Strategie zur Erhaltung von Gesundheit gesehen wird:

Winterling 160-179 „Also ich denke, mit der Zeit kommt eine gewisse Routine und man regt sich vielleicht als junger Lehrer schneller über Kleinigkeiten auf oder schafft es auch weniger, irgendwas zu deeskalieren. Also ich traue mir inzwischen zu, dass ich sehe, wenn eine Situation irgendwie aus dem Ruder läuft. Was mir inzwischen selten passiert, ist, dass ich mich nicht mehr kontrollieren kann. Also da kann ich mich nicht erinnern in den letzten Jahren, dass ich kurz davor war, dass ich jemanden verprügel oder irgendwas. Wenn ich dann auch von Schülerseite aus merke, dass da irgendwie was eskaliert, dann habe ich da meistens schon irgendwelche Mittel, dass man das irgendwie beruhigt. Oder ich nehme ihn raus oder lege ihm mal die Hand auf die Schulter oder irgend sowas. Also ich denke, das schafft man als junger Lehrer vielleicht nicht so gut, weil man sich da noch eher angegriffen fühlt. Was gibt's denn sonst noch für Strategien? Ja also rausschicken, das mache ich schon öfter mal noch, um dem Schüler die Chance zu geben, die Situation zu verändern oder mal neu nachzudenken. Sag, komm, geh mal zwei Minuten und dann kommst du wieder. Hilft auch meistens oder hilft ganz oft, weil die dann vielleicht selber bisschen runterkommen."

Winterling beschreibt Konfliktfähigkeit als zentrale Strategie, die ihm dabei hilft, die Arbeitsbeziehung mit den Jugendlichen so zu gestalten, dass Arbeiten möglich ist. Professionalität ermöglicht ihm also gelungene Zusammenarbeit mit seinen Schülerinnen und Schülern. Winterling erzählt, dass er sich diese Konfliktlösekompetenz erst im Lauf der Berufsjahre aneignete. Er selbst beschreibt sein Handeln – beispielsweise das Auflegen der Hand oder das Hinausschicken – mit den Worten „Strategie". Diese Strategie professionellen Lehrerhandelns im Hinblick auf Selbstregulation und Fähigkeit, Konflikte möglichst deeskalativ zu bearbeiten, wurde im Verdichtungsprozess als Strategie im Kontext professionellen Lehrerhandelns sichtbar. Wie auch in Muster A zeigt sich also auch in Muster B die Einschätzung von pädagogischer Professionalität als wichtiger gesundheitserhaltender Faktor, allerdings ohne dabei das Aktivsein der eigenen Person zu betonen. Stattdessen wird betont, dass durch professionellen Umgang eine gute Arbeitsbeziehung zwischen Lehrkraft und Schülerinnen und Schülern möglich wird und dies für die Erhaltung von Gesundheit erstrebenswert ist.

Professionalität, der erste Kerngedanke, der das Muster B charakterisiert, zeigt sich des Weiteren in der Unterkategorie „(Selbst)Reflexion". Die Befragten beschrieben es als gesundheitsförderlich, über sich selbst, ihr Handeln und das

Handeln anderer im beruflichen Kontext zu reflektieren. Dabei geht es sowohl um Inhalte des Fachunterrichts, wie beispielsweise die Überlegung, warum eine Unterrichtsstunde nicht planmäßig lief als auch um die eigene Rolle in zwischenmenschlichen Beziehungen zu Schülerinnen und Schülern oder im Kollegium sowie um die Frage des eigenen Wohlbefindens im System der Schule. An dieser Stelle spielt auch das Erkennen und Akzeptieren der eigenen Grenzen im Hinblick auf die Arbeit mit den Schülerinnen und Schülern eine wichtige Rolle. In den entsprechenden Interviewstellen machen die Lehrkräfte deutlich, dass sie für gesundheitsförderlich halten, als Lehrkraft eine Metaebene einzunehmen, um die Situation und die eigene Rolle in dieser Situation zu überdenken und daraus gegebenenfalls Änderungen in ihren Handlungen vornehmen. „Selbstreflexionsfähigkeit" als gesundheitserhaltende Strategie wurde beispielsweise aus folgender Textpassage aus dem Interview mit Dahlie interpretiert:

Dahlie Z. 273-281: „Also ich glaube, dass jeder doch ein Gespür für sich selber hat, ob es ihm gut geht oder nicht. Und wenn es einem nicht gut geht, dann sollte man einen Schritt zurücktreten, oder auch mal mit jemandem reden, woran liegt das? […]) Aber, wenn man dann jemanden gefunden hat, mit dem man reden kann, und man nimmt Rücktritt von seiner eigenen Situation, dann kommt man ja auch auf das, was einem nicht passt. Und dann hat man die Chance zu sagen: Kann ich diesen Punkt verändern? Manche Punkte kann man ja gar nicht verändern. Oder zumindest nicht sofort. Also man könnte dann sagen: Dieses Haus, wo ich jetzt gerade bin, ist nicht das richtige für mich, ich muss mich versetzen lassen. Okay, dann muss man zwar das Jahr noch zu Ende machen, aber man kann einen Versetzungsantrag stellen."

Dahlie beschreibt, wie man sich als Lehrkraft auf eine Metaebene begeben sollte, um die eigene Situation auf systemische Art und Weise prüfend zu betrachten und anschließend eventuell zu verändern. Selbstreflexionskompetenz wird hier als Notwendigkeit zur Veränderung einer gesundheitsgefährdenden Lage beschrieben und deshalb im Umkehrschluss als gesundheitsfördernde Strategie interpretiert. Besonders interessant ist, dass in dem Textausschnitt, der im Verdichtungsprozess der Kategorie „Selbstreflexionskompetenz" zugeordnet wurde, ebenfalls zu erkennen ist, welch große Bedeutung im Muster B Zusammenarbeit für die Erhaltung der Gesundheit hat. So schlägt Dahlie als Hilfe für die Reflexion der eigenen Situation vor, mit einer zweiten Person zu sprechen, was bereits als eine Art der Kooperation interpretiert werden kann. Zusammenarbeit spielt also im Merkmalsraum Selbstreflexionsfähigkeit eine zweifache Rolle: Zum einen wird die (Selbst)Reflexion häufig vor dem Hintergrund geschildert, dass durch reflexive Analyse bestimmter Situationen die Arbeitsbeziehung zu den Schülerinnen und Schülern verbessert werden soll und kann. Zusammenarbeit wird also nicht nur mit Erwachsenen auf Augenhöhe als relevant verstanden, sondern auch mit den Kindern und Jugendlichen. Zum anderen geschieht (Selbst)Reflexion teilweise in Zusammenarbeit mit anderen Akteuren des Bildungs- und Gesundheitswesens.

Merkmale des Musters B in den Hauptkategorien „reaktive Bewältigungsstrategien" und „präventive Strategien"
Der Kerngedanke „Gesundheit durch Zusammenarbeit", der Muster B charakterisiert, ist auch über die Hauptkategorien „Reaktive Bewältigungsstrategien" und „Präventive Strategien" aufgespannt und wird in diesen Facetten des Merkmalsraums beschrieben als das Erleben und Einfordern von Unterstützung im Kollegium. Kollegiale Unterstützung wird sowohl als präventive Strategie als auch als reaktive Bewältigungsstrategie als essentieller Baustein für den Erhalt von Gesundheit gesehen. Im Rahmen der Hauptkategorie „Reaktive Bewältigungsstrategien" wird Unterstützung von Kollegen und Kolleginnen zur Bewältigung von akuten Problemen genannt. Die Befragten schildern Entlastung durch kommunikativen Austausch oder stellen dar, wie gemeinsam aktiv Problemlösemaßnahmen ergriffen werden. Die Probleme können im Umgang mit Schülerinnen und Schülern, Eltern und Vorgesetzten auftreten. Der folgende Textausschnitt aus dem Interview mit Kamille zeigt exemplarisch die Relevanz von Zusammenarbeit als Reaktion auf Probleme und deren Bedeutung für den Erhalt von Gesundheit auf:

> Kamille Z. 212-216: „Und nicht allein im eigenen Klassenzimmer arbeiten, sondern immer, also nicht nur für sich seine Klasse haben und arbeiten und nach Hause gehen, sondern immer im Austausch mit anderen zu bleiben, weil oft haben die einen Tipp, oder man merkt, man ist nicht alleine damit und das, finde ich, hält einen im Kopf gesund."

Kamille empfiehlt in dieser Passage anderen Lehrkräften, den Austausch mit Kolleginnen und Kollegen zu suchen, um die psychische Gesundheit zu erhalten. Man erfahre Unterstützung in Form von Ratschlägen oder empfinde Entlastung durch die Tatsache, sich mit einem Problem nicht allein zu sehen. Diese Aussage wurde im Interpretationsprozess der Kategorie „Unterstützung im Kollegium" zugeordnet und im Verdichtungsprozess als elementarer Baustein der subjektiven Theorie des Musters B identifiziert: Unterstützung durch Kolleginnen und Kollegen wird in Muster B also verstanden als relevanter Bedingungsfaktor für den Erhalt von Gesundheit im Lehrerberuf.

Eine weitere Form der Zusammenarbeit als reaktive Bewältigungsstrategie nach dem Auftreten von Problemen ist die „Inanspruchnahme von professionellen Hilfsangeboten". Auch bei Aussagen, die im Interpretationsprozess unter dieser Unterkategorie subsumiert wurden, wird geschildert, wie Probleme zusammen mit anderen Personen bewältigt werden. Dabei handelt es aber nicht mehr – wie in der eben beschriebenen Kategorie „Unterstützung im Kollegium" – um Kolleginnen und Kollegen im selben Lehrerkollegium mit ähnlicher Ausbildung und ähnlichem Erfahrungshorizont, sondern um Personen, denen aufgrund ihrer Position und/oder Ausbildung eine höhere Kompetenz zugesprochen wird. Die Professionalität der Ansprechpartner kann sich sowohl auf Gesundheitsthemen wie bei der Konsultation eines Arztes als auch auf besondere Fähigkeiten bei der Bewältigung schulischer Herausforderungen beziehen, die beispielsweise Schulpsychologen, Beratungslehrkräften oder Supervisoren zugesprochen werden. Zudem ist auch das Setting der Beratung ein anderes als bei der Unterstützung im Kollegium, da es sich nicht mehr um informelle Tür-und-Angel-Gespräche handelt, sondern um terminlich meist festgelegte, institutionalisierte Treffen.

Zusammenarbeit im Kollegium wird auch im Rahmen von Präventionsstrategien als wichtig erachtet und der gleichnamigen Hauptkategorie zugeordnet. In dieser Kategorie wurden Aussagen gebündelt, die Zusammenarbeit als langfristige Handlungsweise beschreiben, die als gesundheitsförderlich verstanden wird, auch ohne damit ein Problem zu bewältigen. Diese Form von Zusammenarbeit zeigt sich in Materialaustausch, gemeinsamer Organisation von Zusatzaktivitäten oder auch Teamteaching – also vor allem in Aktivitäten, bei denen durch Kooperation Ressourcen geschont werden. Folgender Interviewausschnitt zeigt exemplarisch auf, welche Aussagen im Interpretationsprozess zur Kategorie „Zusammenarbeit im Kollegium" verdichtet wurden:

Winterling Z. 353-360: „Nicht das Rad neu erfinden, obwohl der Kollege da vorgearbeitet hat. Sagen: Hast du da was für - weiß ich nicht - Englisch achte Klasse? Kannst du mir da was geben? Das sollte funktionieren und dann denke ich, ob man dadurch die Schüler schon anders macht, die jetzt inzwischen durch den ganzen medialen Wahnsinn, der auf sie einprasselt, doch schon anders gestrickt sind als vor 20, 30 Jahren noch, weiß ich nicht, ob das da hilft. Aber persönlich `um da einigermaßen gesund zu bleiben, sollte man es auf jeden Fall tun."`

Winterling beschreibt, dass durch den Austausch von Materialien der eigene Arbeitsaufwand eingedämmt werden kann, was er als förderlich für die eigene Gesundheit bewertet. Aus dem Interviewausschnitt wird deutlich, dass es sich bei der Zusammenarbeit nicht um Kommunikation mit Entlastungsfunktion handelt, mit der auf ein Problem reagiert wird, sondern um eine zeitlich überdauernde Handlung, die die eigenen zeitlichen Ressourcen schont und somit als wichtig für den Erhalt von Gesundheit benannt wird. Es lässt sich also festhalten, dass in der subjektiven Theorie des Musters B Zusammenarbeit in mehreren Facetten als Maßnahme zur Erhaltung der Gesundheit eine bedeutende Rolle spielt und somit als fokussierte Strategie bezeichnet werden kann.

Durch Leerstellen geprägte Merkmale des Musters B

Im Gegensatz zu Muster A findet sich in den subjektiven Theorien, die zu Muster B verdichtet wurden, nur eine gemeinsame Leerstelle im Merkmalsraum Kategoriensystem: Aus keinem Fall konnte als subjektive Theorie herausgearbeitet werden, dass das „Erfahren von Gemeinschaft", im Merkmalsraum verortet unter der Hauptkategorie „Balancierungsstrategien", als relevant für das Erhalten von Gesundheit verstanden wird. Bezeichnend für die subjektive Theorie des Musters B ist also, dass der Gedanke der Wichtigkeit von Teamwork und Kooperation nicht im privaten Bereich als Balancierungsstrategie auftritt. Während sichtbar gemacht werden konnte, dass im Muster B diejenigen Strategien professionellen Lehrerhandelns sowie Präventions- und Bewältigungsmaßnahmen als relevant für den Erhalt von Gesundheit gesehen werden, die im Austausch mit anderen Menschen stattfinden, sind zwischenmenschliche Begegnungen für die Gestaltung der Freizeit nicht relevant. Dies belegt, dass es sich bei der Betonung von Kooperation als gesundheitsförderndem Faktor um eine subjektive Theorie zum Thema Lehrergesundheit handelt und nicht darüber hinaus um ein Art Lebensstil, der sich in allen Lebensbereichen wiederfinden lässt.

Die subjektive Theorie des Musters B lässt sich wie folgt zusammenfassen: Aus den fokussierten Strategien konnte der Kerngedanke interpretiert werden, dass Gesundheit im Lehrerberuf durch Zusammenarbeit erhalten werden kann. Zusammenarbeit kann, wie aus dem Material interpretiert werden konnte, in verschiedenen Arten stattfinden. So wird die gesundheitserhaltende Strategie „Pädagogische Professionalität mit Schülerinnen, Schülern und Eltern" im Theoriemuster B so verstanden, dass Professionalität dann vorliegt, wenn es der Lehrkraft gelingt, produktive Zusammenarbeit mit der genannten Klientel zu generieren und aufrecht zu erhalten. Zusammenarbeit wird im Kontext von verschiedenen präventiven und reaktiven Strategien gesehen.

4.2.1.3 Typ C: Im Einklang

Das dritte fokussierte Muster trägt die Bezeichnung „Im Einklang" und zeigt sich im Material bei Margerite, Primel und Osterglocke. Im Vordergrund steht bei dieser subjektiven Theorie der Kerngedanke, dass Gesundheit positiv beeinflusst wird, indem man mit sich selbst und seiner (schulischen) Umwelt im Einklang, also in einer harmonischen Beziehung, ist. Im Verdichtungsprozess wurde sichtbar, dass dieser Kerngedanke mehrere Strategien im Merkmalsraum Kategoriensystem beinhaltet bzw. durch die Konstellation der Strategien zum Ausdruck kommt. Im Gegensatz zu Muster A und Muster B zeigt sich in der subjektiven Theorie des Musters C keine gemeinsame Leerstelle. Eine Übersicht über die Merkmale des Musters C bildet die folgende Tabelle. Anschließend wird auf die Merkmale genauer eingegangen und die Erarbeitung des Musters im Verdichtungsprozess genauer dargestellt (Tabelle 4.3).

Tabelle 4.3 Merkmale des Musters C (eigene Darstellung)

	Margerite	Osterglocke	Primel
1. Hauptkategorie: Strategien professionellen Lehrerhandelns			
1.3 (Selbst)Reflexion	x	x	x
3. Hauptkategorie: Balancierungsstrategien			
3.3 Kontrastprogramm	x	x	x
4. Hauptkategorie: Reaktive Bewältigungsstrategien			
4.2 Inanspruchnahme von professionellen Hilfsangeboten	x	x	x
5. Hauptkategorie: Präventive Strategien			
5.2 Inanspruchnahme von institutioneller Gesundheitsförderung	x	–	x
5.4 Emotionale Distanz	x	x	x
	Margerite	Osterglocke	Primel

Kerngedanke im Theoriemuster C ist, dass Lehrergesundheit erhalten werden kann, indem die Lehrkraft darauf achtet, mit sich und ihrer Umwelt in einer harmonischen Beziehung zu stehen. Aus dem empirischen Material konnte herausgearbeitet werden, dass dieser Kerngedanke unter anderem in der Hauptkategorie „Strategien professionellen Lehrerhandelns“ aufgespannt wird. Die Fähigkeit zur Reflexion des Geschehenen sowie zur eigenen Rolle darin ist in der Theorie des Musters C Grundlage dafür, als Lehrkraft in Balance und somit gesund zu bleiben. Im Gegensatz zu Muster B, bei dem die Selbstreflexion zum Ziel hat, das Arbeiten mit den Schülerinnen und Schülern zu verbessern, ist das Ziel der Selbstreflexion in Muster C das Herstellen von Harmonie mit sich und anderen. Der folgende Textausschnitt zeigt exemplarisch, wie im Interpretationsprozess die Bedeutung von Selbstreflexion für die Erhaltung von Gesundheit zur fokussierten Strategie verdichtet werden konnte:

Primel Z. 183-189: „Wichtig ist, denke ich mal, als Lehrkraft genau das gleiche wie bei allen anderen auch, die gesund sein müssen, dass man sich letztendlich mit sich selber auseinandersetzt regelmäßig und eben nicht versucht, irgendwas unter den Teppich zu kehren, sondern versucht, irgendwo zu einem gesunden, zu einer gesunden Selbstreflexion zu kommen. Und immer wieder sich auch sowas aufzuarbeiten irgendwo."

Primel beschreibt, dass Selbstreflexion als Lehrkraft ebenso wie in anderen Berufen oder Rollen eine große Bedeutung für den Erhalt von Gesundheit hat. Es ist wichtig, sich mit sich auseinanderzusetzen und Probleme offenzulegen statt sie vor sich und anderen zu verbergen. Im Gegensatz zur subjektiven Theorie des Musters B, im Rahmen dessen Selbstreflexion zur Verbesserung der Arbeitsbeziehung und in Austausch mit anderen beschrieben wurde, spielt Zusammenarbeit hier keine Rolle. Stattdessen sollen eigene Probleme und Schwierigkeiten aufgedeckt werden, um diese anschließend zu lösen und sich „In-Einklang“ zu bringen. Diese Art der Selbstreflexion ist Teil der Lehrerprofessionalität, durch die berufliche Schwachstellen „aufgearbeitet“ werden und gleichzeitig relevant für die Erhaltung von Gesundheit. Ohne berufliche Professionalität im Sinne von Selbstreflexionsfähigkeit ist auch kein dauerhafter Erhalt von Gesundheit möglich, so die Theorie des Musters C.

Merkmale des Musters C in der Hauptkategorie „Balancierungsstrategien“

Mit sich selbst und der persönlichen Umwelt in Einklang zu kommen und im Einklang zu bleiben, geschieht neben (Selbst)Reflexion auch durch Balancierungsstrategien, die in der gleichnamigen Hauptkategorie subsumiert sind. Im Einklang zu sein kann auch umschrieben werden mit „in Balance sein“. Um die Balance zwischen Anforderungen und Belastungen des Berufes und den eigenen

Ressourcen zu halten, wird in Muster C Kontrastprogramm als Balancierungsstrategie zur Aufrechterhaltung von Gesundheit betont. Wie in den beiden folgenden Textbeispielen von Osterglocke und Primel deutlich wird, ist die Aktivität im Rahmen der Balancierungsstrategie weniger wichtig als ihre Funktion, ein Mittel zur Distanzierung und Balancierung zu sein. Im Gegensatz dazu wird in der subjektiven Theorie des Musters A betont, dass Balancierungsaktivitäten aktiv gestaltet werden. Dies ist in Muster C irrelevant. Wichtig ist, sich mit anderen Tätigkeiten und Inhalten als mit schulischen zu beschäftigen. Dass dabei, wie in Muster A, aktive Gestaltung eine Rolle spielt, konnte aus dem Material nicht herausgearbeitet werden.

Osterglocke Z. 123-125: „Ja und einen ganz guten Ausgleich zu schaffen. Beruf, aber eben auch Privatleben. Sei es mit Familie und Freunden, aber auch einfach für mich selbst da zu sein."

Osterglocke stellt es als relevant für die Erhaltung von Gesundheit dar, neben der Arbeit im schulischen Umfeld einen Ausgleich im Privaten zu finden. Dass es dabei nicht um eine bestimmte Form der Balancierungsaktivität geht, wird dadurch deutlich, dass Osterglocke mehrere Formen von Kontrastprogramm aufzählt. Sie betont dadurch, dass es einen Ausgleich von der beruflichen Tätigkeit geben sollte, um Gesundheit zu erhalten. In welcher Form dieser Ausgleich stattfindet, ist weniger von Bedeutung. Auch in dieser Facette wird wieder der Kerngedanke des Musters C deutlich: Gesundheit wird erhalten, wenn man als Lehrkraft mit sich und seiner Umwelt im Einklang ist. Dazu gehört, die Balance zwischen Arbeit und Regeneration, zwischen der Beschäftigung mit anderen Menschen und mit sich selbst zu finden.

Des Weiteren wurde bei der Verdichtung des Materials deutlich, dass Balancierungsstrategien in Form von Kontrastprogramm nicht unbedingt räumlich von der Schule getrennt stattfinden. Regeneration durch das Ausbalancieren von Beruflichem und Privatem ist auch in den Räumen der Schule möglich, wenn sich die Befragten zum Beispiel mit schulfremden Themen beschäftigen und sich Gegenstände, die ihrer Entspannung dienen, mit in die Schule nehmen. Dies konnte aus folgendem Textausschnitt[2] herausgearbeitet werden:

Primel Z. 245-256: „Also was ich schon mache ist, dass ich zum Beispiel, ich habe mittlerweile kein Pult mehr in meinem Zimmer, sondern ich habe

[2]Nachdem ausschließlich aus dem Interview mit Primel eine Balancierungsstrategie herausgearbeitet werden konnte, bei der die Balancierung in der Schule und nicht im privaten Rahmen stattfindet, wird an dieser Stelle ein Ankerbeispiel zitiert, das bereits in Abschnitt 4.1.3 Balancierungsstrategien verwendet wurde.

einen runden Tisch. So einen großen vorne. Und da ich habe eine Kaffeemaschine in meinem Zimmer und ich habe Wasserkocher und und und. Und habe eine Schulbegleiterin. Und wir machen regelmäßig Kaffeerunden. Und dann verbieten wir uns dann, also wir bleiben dann in der Pause drinnen und ABER Gebot ist, wir reden jetzt nicht über Schule, sondern wir reden über was Anderes. Nehmen uns dann immer ein Thema, was weiß ich, Politik oder was auch immer. Aber man kommt halt mal kurz auf andere Gedanken. Und reden dann einfach mal da drüber. Und das bringt mich dann immer wieder auch auf andere Gedanken zwischenrein."

Primel beschreibt, wie sie in ihrer Pause gemeinsam mit ihrer Mitarbeiterin „auf andere Gedanken kommt", indem beide es sich im Rahmen eines Kaffeeklatschs gemütlich machen und sich bewusst mit schulfremden Themen beschäftigen. Regeneration durch das Herstellen von Balance ist also auch am Arbeitsplatz möglich. Sich selbst auf andere Gedanken zu bringen, um dadurch Entspannung und Regeneration zu generieren, wurde im Interpretationsprozess zur Kategorie „Kontrastprogramm" abstrahiert.

Merkmale des Musters C in der Hauptkategorie „reaktive Bewältigungsstrategien" und „präventive Strategien"

Wie bereits beschrieben wurden im Interpretationsprozess der Hauptkategorie „reaktive Bewältigungsstrategien" Aussagen zugeordnet, in denen es um die Bewältigung von Problemen im beruflichen Umfeld geht. Als „Präventive Strategien" wurden im Gegensatz dazu Maßnahmen kodiert, die ergriffen werden, um Gesundheit zu erhalten, ohne dass sie als Reaktion auf ein bestimmtes Problem ergriffen werden. Um mit sich selbst in Einklang zu kommen und im Einklang zu bleiben, spielt bei dem hier beschriebenen subjektiven Theoriemuster die Konsultation von professionellen Akteuren eine wichtige Rolle. Diese kann entweder als präventive Strategie durch „In Anspruch nehmen institutioneller Gesundheitsförderung" oder als reaktive Strategie durch „In Anspruch nehmen professioneller Hilfsangebote" Anwendung finden. Bei institutioneller Gesundheitsförderung im Rahmen präventiver Strategien handelt es sich um die Teilnahme an verschiedenen Kursen und Fortbildungen für psychische und physische Gesundheit von Lehrkräften. Im Rahmen reaktiver Strategien wird die zumeist beratende Tätigkeit von Personen genannt, denen besondere Kompetenz bei der Bewältigung schulischer Herausforderungen anerkannt wird, wie beispielsweise Schulpsychologen oder Beratungslehrkräfte. Diese helfen in konkreten Problemsituationen und fördern professionelles Handeln. Teilweise schimmert bei Interviewausschnitten auch durch, dass die Konsultation der Profis als Hilfestellung zur Reflexion gesehen wird. Dies konnte beispielsweise aus vorliegendem Textausschnitt aus dem Interview mit Osterglocke verdichtet werden:

Osterglocke Z. 236-242: „Also, weil allein ist das manchmal nicht so zu bewerkstelligen. Und ich denke, wenn man jetzt auch merkt, irgendwie läuft das in die falsche Richtung, dass man vielleicht dann rechtzeitig die Notbremse zieht. Ja und vielleicht eben auch zu einer Person geht, zu einer dritten, sei es Psychotherapeut, Psychologe, und dann halt sozusagen auch mal rausfindet, warum man sich da so extrem reinstresst. Woher das kommt."

Osterglocke beschreibt, dass es für den Erhalt der psychischen Gesundheit als reaktive Bewältigungsstrategie wichtig sein kann, Hilfe von einem professionellen Akteur aus dem Gesundheitsbereich in Anspruch zu nehmen. Es wird deutlich, dass es sich um eine reaktive Bewältigungsstrategie handelt, da sie von „Notbremse“ und „reinstressen“ spricht, Probleme also bereits vorhanden sind. Um wieder mit sich und seiner schulischen Umwelt in Einklang zu kommen, wird professionelle Hilfe in Anspruch genommen.

Ein weiteres Glied der subjektiven Theorie des Musters C ist die Relevanz von emotionaler Distanz als präventive Strategie. Diese emotionale Distanz von Problemen im schulischen Umfeld wird in Muster C als wichtig gesehen, um nicht selbst aufgrund der Probleme anderer aus der Balance zu kommen. Dies wurde unter anderem aus folgendem Textausschnitt herausgearbeitet:

Osterglocke Z. 179-186: „Aber ich finde, genauso wichtig ist es auch, dass man so ein gesundes Verhältnis, also eine gesunde Einstellung zur Schule bekommt. Also dass man jetzt sagt, okay, man gibt sein Bestes, aber man muss jetzt nicht ganz verkrampft extrem ehrgeizig sein, weil man möchte den Job ja noch etliche Jahre machen. Und dann ist es eben schon wichtig, dass man dann auch wirklich auch versucht, sich von der Schule abzugrenzen. Dass man nicht zu viel Berufliches mit nach Hause nimmt."

Osterglocke betont die Wichtigkeit einer „gesunden“, also nicht zu emotionalen Einstellung zur beruflichen Tätigkeit. Das Anerkennen der eigenen Grenzen und das bewusste Haushalten mit internen Ressourcen wird als essentiell für dauerhafte Gesundheit beschrieben. In der subjektiven Theorie, die aus der Aussage von Osterglocke sowie anderen Interviewausschnitten verdichtet wurde, ist die bewusste Abgrenzung von schulischen Themen eine gesundheitserhaltende Strategie, die dazu beiträgt, selbst in psychischem Gleichgewicht, im Einklang mit sich und der Umwelt zu bleiben.

Zusammenfassend lässt sich konstatieren, dass der Kerngedanke des Musters C „Im Einklang" ist, mit sich und anderen in einem harmonischen, ausgeglichenen Verhältnis zu stehen, um dauerhaft im Lehrerberuf gesund zu bleiben. Dieser Kerngedanke wird in der Zusammenschau der fokussierten Strategien deutlich. In der subjektiven Theorie des Musters C wird es als relevant gesehen, beruflich professionell zu handeln und dabei einerseits kompetent im Umgang mit Schülerinnen, Schülern und deren Eltern zu agieren als auch das eigene Verhalten sowie das Verhalten anderer und den Einfluss äußerer Umstände zu reflektieren. Zudem wird es als wichtig dargestellt, Tätigkeiten auszuüben, die sich von der schulischen Arbeit unterscheiden, um die innere Balance zu erhalten bzw. wieder zu erlangen. Weitere Strategien sind die Inanspruchnahme von Hilfsangeboten als präventive und reaktive Strategie sowie das Finden einer inneren Distanz. In all diesen Strategien liegt der Fokus darauf, durch diese Handlungen mit sich in Einklang zu sein, um dauerhaft im Lehrerberuf gesund zu bleiben.

4.2.2 Typ II: die additiven Muster

Wie bereits beschrieben, wurde im Rahmen der typologischen Analyse zunächst eine Musterbildung bezüglich inhaltlicher Gemeinsamkeiten zwischen den subjektiven Theorien vorgenommen, bevor im Anschluss daran die Muster weiter verdichtet wurden. Es konnte herausgearbeitet werden, dass innerhalb der additiven Muster subjektiver Gesundheitstheorien keine bestimmte Strategie zur Erhaltung von Lehrergesundheit fokussiert wird, sondern dass Strategien additiv aneinandergereiht werden. Im Gegensatz zu fokussierten Mustern steht bei den additiven Mustern folglich keine Facette der subjektiven Theorie in ihrer Gewichtung über den anderen. Stattdessen werden mehrere „Bausteine" bzw. Strategien zu einer subjektiven Theorie addiert. So werden beispielsweise im Theoriemuster A pädagogische Professionalität, das aktive Gestalten des Arbeitsumfeldes sowie Balancierungsaktivitäten als gesundheitsfördernde Strategien betont. Aus dieser Betonung ergibt sich der namensgebende Kerngedanke des Musters, der besagt, dass Gesundheit durch aktives Handeln im beruflichen Kontext aufrechterhalten werden kann. In jeder dieser Facetten des Merkmalsraums Kategoriensystem, anhand dessen die Muster aufgespannt werden können, zeigt sich dieser Kerngedanke des Aktivseins. Im Gegensatz dazu wird im additiven Muster nicht eine

Strategie herausgestellt und betont, die eine besondere Relevanz bei der Erhaltung von Gesundheit hat. Stattdessen werden mehrere gleichberechtigte gesundheitsfördernde Strategien zu einer subjektiven Theorie aneinandergereiht. Das additive Muster zeigt sich im Material bei Flieder, Kaktus, Krokus, Lavendel, Mohn, Sonnenblume und Tulpe und wird im Folgenden genauer beschrieben.

Im Rahmen der typologischen Analyse wurde – wie oben bereits dargestellt – mithilfe einer Kreuz-Tabelle sichtbar gemacht, welche potenziellen und empirischen Kombinationen im Merkmalsraum Kategoriensystem auftreten konnten bzw. auftraten. Dabei zeigte sich auf inhaltlicher Ebene, dass alle subjektiven Theorien, die später zum additiven Muster verdichtet werden konnten, Strategien professionellen Lehrerhandelns als gesundheitserhaltende Strategien beinhalten. Außer dieser Gemeinsamkeit konnte keine weitere inhaltliche Gemeinsamkeit gefunden werden, die alle subjektiven Theorien betrifft. Somit ergab die Suche nach empirisch nachweisbaren inhaltlichen Gemeinsamkeiten die drei beschriebenen subjektiven Theoriemuster „Aktive Gestalter", „Gemeinsam erfolgreich" und „Im Einklang", die später im abduktiven Prozess alle zu fokussierten Mustern verdichtet werden konnten. Für alle übrigen Fälle, die später zum additiven Muster verdichtet wurden, ergab diese Analyse keine Ergebnisse, welche die Gruppierung zu inhaltlichen Mustern möglich gemacht hätte. In der Gruppe der additiven subjektiven Theorien konnten also bei der Suche nach inhaltlichen Gemeinsamkeiten keine inhaltlich homogenen Untergruppen gefunden werde. Als weiteres Ergebnis konnten jedoch Gemeinsamkeiten innerhalb aller Fälle gefunden werden, die später zum additiven Muster verdichtet werden konnten. Auf diese Gemeinsamkeiten wird im Folgenden eingegangen.

4.2.2.1 Inhaltliche Gemeinsamkeiten innerhalb der subjektiven Theorien des Typs II

Bei der Verdichtung der Ergebnisse konnten, wie oben beschrieben, keine inhaltlich homogenen Untergruppen innerhalb des Typs 2 identifiziert werden. Es wurde aber sichtbar, dass alle Fälle inhaltliche Gemeinsamkeiten aufwiesen, die sich in der gemeinsamen Nennung zweier Strategien zur Erhaltung von Gesundheit und in zwei gemeinsamen Leerstellen äußerten.

Konkret ließ sich zeigen, dass alle subjektiven Theorien zwei Strategien professionellen Lehrerhandelns als relevant für die Erhaltung von Gesundheit erachten. Darunter fallen erstens „Pädagogische Professionalität im Umgang mit Schülerinnen und Schülern sowie Eltern" und zweitens „(Selbst)Reflexion". Alle Fälle, bei denen das additive Muster identifiziert werden konnte, sehen das professionelle Handeln in ihrem beruflichen Umfeld als essentiell für die Erhaltung von Gesundheit. Zu professionellem Handeln zählen Beziehungskompetenz wie der authentische Umgang mit Schülerinnen und Schülern, Unterrichtskompetenz, Konfliktfähigkeit und Selbstregulation in pädagogisch relevanten Situationen. So konnte beispielsweise im Interpretationsprozess aus folgendem Interviewausschnitt herausgearbeitet werden, dass der erfolgreiche Umgang mit Problemsituationen im Unterricht durch Selbstregulation als gesundheitsförderlich verstanden wird:

Mohn Z. 83-90: „Meine persönliche Strategie ist auch vor der Klasse, wenn man merkt, man ist jetzt so fast selber am Explodieren, und dann nochmal...ne, ne, nein. Also nein. Das mache ich jetzt nicht. Also kurz tief durchatmen, die Tafel angucken, den Gesichtsausdruck nicht den Schülern zeigen, kurz in mich kehren und das hilft mir dann auch schon ungemein in einer Situation klarzukommen, ohne dass ich mein Gesicht verliere. Und es ist bisher auch immer so, ja also es hat immer geklappt."

Mohn stellt dar, wie er in einer Konfliktsituation im Unterricht, die ihn emotional stark fordert, durch diszipliniertes Verhalten und bestimmte Techniken wie Durchatmen trotz großer Anspannung professionell bleibt und nicht „explodiert". Die Kontrolle über seine Emotionen zu behalten beschreibt Mohn als Strategie, um „in einer Situation klarzukommen". Zudem bewertet er sein Verhalten als erfolgreich, was durch die Formulierung „ja also es hat immer geklappt" deutlich wird. In dieser Textstelle wird sichtbar, dass Mohn professionelles Verhalten im Sinne von Anwenden hilfreicher Atemtechniken und Körperhaltungen als förderlich für das Erhalten von Gesundheit sieht.

Ein weiterer Baustein, der in allen subjektiven Theorien zu finden ist, die zum additiven Muster gehören, ist (Selbst)Reflexion als Teilbereich professionellen Lehrerhandelns. Diese Strategie spielt auch in den subjektiven Theorien der fokussierten Muster B und C eine wichtige Rolle. Während bei Muster B jedoch herausgearbeitet werden konnte, dass (Selbst)Reflexion in engem Zusammenhang mit dem Kerngedanken des Musters, „Gesundheitserhaltung durch Zusammenarbeit", steht, und bei Muster C sichtbar wurde, dass (Selbst)Reflexion im Zusammenhang mit dem Kerngedanken des sich im-Einklang-Befindens steht, ist dies für die Fälle, aus denen das additive Muster verdichtet wurde, nicht der Fall. Es konnten bei der Verdichtung des Materials keine fallübergreifenden Zusammenhänge zwischen den Aussagen bezüglich der (Selbst)Reflexion als gesundheitserhaltende Strategie gefunden werden. (Selbst)Reflexion wird also als wichtige Strategie dargestellt, um als Lehrkraft gesund zu bleiben ohne dass dieser Gedanke auch bei weiteren Bausteinen der subjektiven Theorie eine Rolle spielt. Dies wird beispielsweise in folgendem Interviewausschnitt deutlich:

Krokus Z. 75–86: „Was würd ich noch machen? Mich vielleicht nicht ganz so ernst nehmen. Nicht meinen, ohne mich geht's nicht, sondern. Jetzt grad mit meinem Fach. Also das, was ich an Inhalten vermittle, ist ja eigentlich bei den Schülern schon anwesend. Klingt jetzt vielleicht ein bisschen komisch, aber ich denke die Insider wissen, was es bedeutet. Das ist eine gewisse Entstressung, eine Entspannung, weil ich kann meinen Teil leisten, aber das Entscheidende liegt nicht in meiner Hand. Also somit sehe ich meine Arbeit ein bisschen. Da relativiert sich das alles ein bisschen. Also ich denke nicht, dass ich unersetzbar bin oder dass es ohne mich nicht geht. Ja. Ich denke, wenn man sich das vor Augen führt, das schenkt dann eine gewisse Gelassenheit. Ja."

Krokus beschreibt, welche Position er sich als Lehrkraft für katholische Religion im Hinblick auf die Vermittlung von religiösen Inhalten zuschreibt und betont dabei, dass er sich nicht für unabkömmlich hält, da Spiritualität in den Schülerinnen und Schülern bereits angelegt ist und er lediglich „[s]einen Teil leisten [kann]". Dieses Nachdenken über die Tragweite seines Arbeitens und seines Einflusses im Hinblick auf die religiöse Bildung seiner Schülerinnen und Schüler schafft „eine gewisse Gelassenheit" und „Entstressung" und wird deshalb als gesundheitsfördernde Strategie bewertet. Reflexion des eigenen Handelns und Reflexion über das schulische Umfeld sowie gegenseitige Beeinflussungen konnte auch aus allen anderen Fällen, die später zum additiven Muster verdichtet wurden, als gesundheitserhaltende Strategie herausgearbeitet werden.

Des Weiteren wurde während der Verdichtung der Ergebnisse deutlich, dass alle subjektiven Theorien des additiven Musters zwei gemeinsame Leerstellen im Merkmalsraum haben. In keiner subjektiven Theorie zeigt sich, dass Inanspruchnahme von institutioneller Gesundheitsförderung oder soziale Unterstützung im Privaten als präventive Strategien für wichtig erachtet werden. Daraus lässt sich interpretieren, dass wenig Bewusstsein für diese Formen der Prävention besteht. Im Gegensatz zum fokussierten Muster A, bei dem die Leerstellen „Emotionale Distanzierung", „Inanspruchnahme von institutioneller Gesundheitsförderung", „Emotionale Distanz" und „Bemühung um positive Sichtweise" wie oben beschrieben zum Kerngedanken der subjektiven Theorie passten, lassen sich die Leerstellen in den subjektiven Theorien des additiven Musters nicht in einen übergeordneten Kerngedanken einpassen, da ein solcher nicht verdichtet werden konnte.

Zusammenfassend lässt sich also festhalten, dass innerhalb des additiven Musters keine inhaltlich homogenen Muster verdichtet und zu Untergruppen zusammengefasst werden konnten, wie dies bei den subjektiven Theorien des Typs 1 möglich war. Inhaltliche Homogenität lässt sich jedoch innerhalb der gesamten Gruppe der zum additiven Muster verdichteten subjektiven Theorien finden. Diese beziehen sich auf zwei Strategien professionellen Lehrerhandelns und zwei Leerstellen im Bereich präventiver Strategien.

4.2.2.2 Exemplarische Darstellung des additiven Musters an den Fällen Tulpe und Krokus

Um zu verdeutlichen, dass und inwiefern es sich bei subjektiven Theorien des additiven Musters um kognitive Gebilde handelt, bei denen mehrere Glieder hierarchisch gleichwertig zu einer subjektiven Theorie zur Erhaltung von Gesundheit im Lehrerberuf addiert werden, wird dies im Folgenden beispielhaft an den subjektiven Theorien von Tulpe und Kaktus dargestellt.

Die subjektive Theorie des Falles Tulpe

Die subjektive Theorie setzt sich zusammen aus mehreren Strategien, von denen „Pädagogische Professionalität“ und „(Selbst)Reflexion“ in der Hauptkategorie „Strategien professionellen Lehrerhandelns“ verortet sind. Wie bereits beschrieben, sind diese beiden Strategien allen subjektiven Theorien des Typ II immanent. In der subjektiven Theorie von Tulpe reihen sich, wie bei allen Fällen, die zu Typ II verdichtet werden konnten, Strategien zur Erhaltung von Gesundheit im Lehrerberuf additiv, also auf gleicher hierarchischer Ebene und ohne zu einem Kerngedanken verdichtet werden zu können, aneinander. Für die Strategie „Pädagogische Professionalität“ wird dies am folgenden Textbeispiel deutlich:

Tulpe: Z. 121-129: „Bin jetzt viel lockerer geworden und das macht mir das Leben auch viel leichter, weil dann die Kinder auch ein bisschen locker werden, aber trotzdem habe ich sie wieder im Griff. Und als ich angefangen habe, da hatte ich halt Angst, wenn ich zu locker bin, dass die Kinder dann zu undiszipliniert werden. Und da habe ich jetzt keine Angst mehr, weil ich weiß, wenn ich mal locker bin, dann sind die Kinder locker, aber ich kann sie jeder Zeit `wiederkriegen, wenn ich möchte. Und das finde ich dann entspannend eigentlich."`

Tulpe beschreibt, dass sie es als „entspannend" empfindet, im Umgang mit den Jugendlichen im Unterricht die Balance zwischen bzw. einen gezielten Wechsel von Lockerheit und Disziplin mühelos herstellen zu können. Diese Fähigkeit wurde als Teilaspekt pädagogischer Professionalität interpretiert, der für Tulpe eine gesundheitserhaltende, da entspannende Wirkung hat.

Zudem ist „(Selbst)Reflexion" der subjektiven Theorie von Tulpe sowie allen anderen subjektiven Theorien des Typs II immanent. Während in den subjektiven Theorien von Margerite, Osterglocke und Primel, die zu Typ I Muster C „Im Einklang" verdichtet werden konnten, Reflexion geschieht, um mit sich und der schulischen Umwelt zu einem harmonischen Verhältnis zu gelangen, liegt in der subjektiven Theorie von Tulpe kein Kerngedanke vor, der sich aus der Nennung von „(Selbst)Reflexion" sowie anderen Facetten verdichten lassen konnte. Sich auf einer Metaebene mit dem eigenen Handeln in Wechselwirkung mit äußeren Umständen und dem Handeln anderer Menschen zu befassen, ist eine von mehreren Strategien in Tulpes subjektiver Theorie, die sich ohne fokussierten Schwerpunkt zu einer additiven Theorie zusammensetzen. Dies zeigt das folgende Textbeispiel:

`Tulpe Z. 171-181: „Vielleicht nicht alles so persönlich nehmen von Kindern. Ich glaube, eher so das Psychische. Wenn Kinder mal vielleicht laut sind oder dass man nicht alles auf sich bezieht. Sondern auch manchmal sich überlegt, es kann, vielleicht liegt es doch nicht an mir, vielleicht liegt es an der Situation […]."`

Tulpe erteilt im Interview auf Impuls der Interviewführerin anderen Lehrkräften den Ratschlag, nicht sofort jedes negative Verhalten wie beispielsweise laut Sein der Schülerinnen und Schüler persönlich zu nehmen. Stattdessen sollten Lehrkräfte auch darüber nachdenken, ob das Verhalten möglicherweise durch äußere Umstände evoziert wurde. Tulpe sieht es also als gesundheitsförderliche Strategie, über die Zusammenhänge des eigenen Verhaltens sowie äußerer Umstände und negativ assoziiertem Schülerverhalten nachzudenken, statt dies ausschließlich auf die eigene Person und das eigene Handeln zurückzuführen. Es lässt sich also aus dieser Textstelle interpretieren, dass die Fähigkeit der Reflexion des eigenen Verhaltens sowie der äußeren Umstände von Tulpe als gesundheitsfördernder Faktor verstanden wird.

Eine weitere Strategie in der subjektiven Theorie von Tulpe findet sich in der Hauptkategorie „Zuschreibung auf nicht beeinflussbare Umstände“. Gesundheitsfördernder Charakter wird dabei Faktoren zugeschrieben, die als nicht beeinflussbar dargestellt werden. Eigene Handlungsmöglichkeiten werden also an diesem Punkt nicht wahrgenommen. Tulpe sieht die Rahmenbedingungen in der „Institution Schule“ als Faktor, der ihre Gesundheit erhält. Das konnte aus dem folgenden Materialausschnitt interpretiert werden:

Tulpe Z. 67-73: „Also in dem Gebäude hier fühle ich mich total wohl. Da finde ich gar nichts belastend, weil ich die Möglichkeiten hier sind toll. (unverständlich) Man kann aus dem Klassenzimmer rausgehen, ins Grüne gehen, wir haben unseren Schulgarten, die Aula ist groß, wir haben einen schönen, großen Pausenhof, da ist eigentlich überhaupt keine räumliche Enge da. Und da fühl ich mich dann schon vom Gebäude her wohl."

Tulpe beschreibt, dass sie die räumliche Gestaltung der Schule als angenehm wahrnimmt, da sie sich nicht beengt fühlt und die Möglichkeit hat, auch mit ihren Schülerinnen und Schülern im Rahmen des Unterrichts die räumlichen Möglichkeiten nutzen kann. Auch Rose betont, wie oben explizit dargestellt wurde, die räumliche Gestaltung ihres Arbeitsplatzes als positiv, stellt dabei aber ganz deutlich in den Vordergrund, dass sie selbst den Arbeitsplatz so gestaltet hat. Im Gegensatz dazu sieht Rose den schulischen Arbeitsplatz im Hinblick auf die räumliche Gestaltung als von außen gegebene und von ihr nicht beeinflussbare Größe an und äußert nicht die Idee, dass dieser Arbeitsplatz durch ihr Handeln positiv gestaltet werden kann. Hier zeigt sich, dass die einzelnen Facetten von Tulpes subjektiver Theorie gleichwertig verstanden werden und keine Facette fokussiert wird und in die anderen Bereiche übergreift.

Interessant bei der Beschreibung von Tulpes subjektiver Theorie über die Erhaltung von Gesundheit im Lehrerberuf sind außerdem die auffällig vielen Leerstellen. In der Hauptkategorie „Strategien professionellen Lehrerhandelns“ findet sich eine Leerstelle bei der Unterkategorie „Aktive Gestaltung des Arbeitsumfeldes“. Tulpe äußert nicht, dass ihr aktives Handeln bei der Gestaltung ihres Arbeitsplatzes eine für sie relevante gesundheitsfördernde Strategie ist. Analog dazu ist jedoch Teil ihrer subjektiven Theorie, dass das Arbeitsumfeld, welches als nicht-beeinflussbar beschrieben wird, ein gesundheitsförderlicher Faktor ist. Das Aktivsein spielt also in ihrer subjektiven Theorie keine Rolle. Interessanterweise wird jedoch nicht die Lehrerpersönlichkeit im Sinne einer unveränderbaren Größe und – sofern im positiven Sinne vorhanden – als gesundheitsfördernder Faktor gesehen. Hier wird somit deutlich, dass die Abwesenheit des Gedankens des Aktivseins kein fokussiertes Merkmal der subjektiven Theorie Tulpes ist. Weitere Leerstellen im Merkmalsraum Kategoriensystem, anhand dessen die subjektiven Theorien der einzelnen Fälle aufgezogen wurden, sind sämtliche Balancierungsstrategien. Tulpes subjektive Theorie ist die einzige, innerhalb derer keine Form von Balancierung zur beruflichen Tätigkeit Relevanz zugesprochen wird. Des Weiteren konnten aus dem Material keine reaktiven Bewältigungsstrategien interpretiert werden und mit Ausnahme der „Bemühung um eine positive Sichtweise" auch keine präventiven Strategien.

Zusammenfassend lässt sich festhalten, dass die subjektive Theorie von Tulpe bezüglich der Erhaltung von Gesundheit im Lehrerberuf aus vergleichsweise wenig Strategien und relativ vielen Leerstellen besteht. Die genannten Strategien sind, wie eingehend beschrieben wurde, additiv aneinandergereiht, ohne dass dabei eine Strategie fokussiert wird und bei der Nennung anderer Strategien mitschwingt. Deshalb konnte an Tulpes subjektiver Theorie exemplarisch das Charakteristikum des additiven Musters beschrieben werden.

Die subjektive Theorie des Falles Krokus

Wie bei allen subjektiven Theorien, die dem Typ II zugeordnet werden, sind auch in der subjektiven Theorie des Falles Krokus verschiedene Strategien zur Erhaltung von Gesundheit im Lehrerberuf additiv aneinandergereiht. Die Strategien stehen also hierarchisch auf derselben Ebene, weshalb im Hinblick auf die Theoriekonstruktion und deren Differenz zu Typ I, bei dem bestimmte Strategien fokussiert werden, von einem Typ gesprochen werden kann. Es konnte auch bei der Verdichtung der subjektiven Theorie des Falles Kaktus kein Kerngedanke aus fokussierten Strategien interpretiert werden. Stattdessen zeigt sich bei Kaktus, dass seine subjektive Theorie sich aus unterschiedlichen, jedoch in Krokus' Bewertung gleichberechtigten Faktoren additiv zusammensetzt.

Wie in allen anderen Fällen des Typ II sind auch bei Krokus „Pädagogische Professionalität" und „Selbstreflexionsfähigkeit" relevante Glieder seiner subjektiven Theorie. Beide Glieder gehören zur Hauptkategorie „Strategien professionellen Lehrerhandelns". Es wird deutlich, dass professionelles Handeln im Sinne eines kompetenten Umgangs mit Schülerinnen und Schülern sowie Eltern und im Sinne der Fähigkeit, das eigene Handeln und das Handeln anderer schulischer Akteure sowie deren Zusammenwirken auf einer Metaebene zu hinterfragen, als relevante Faktoren für den dauerhaften Erhalt von Gesundheit im Lehrerberuf verstanden werden. Der folgende Textausschnitt aus dem Interview mit Krokus zeigt den Stellenwert pädagogischer Professionalität für Lehrergesundheit in der subjektiven Theorie des Befragten:

Krokus Z. 35-41: „Meine Strategie ist, dass ich versuche, ganz normal mit meinen Schülern umzugehen. Also nicht irgendein Spiel abzuziehen, sondern ich möchte authentisch sein und wenn ich das bin, dann merke ich, dass die Schüler das akzeptieren und dann geht es eigentlich gut. Es geht mir als Lehrer gut, es geht den Schülern gut. Also wenn ich irgendwas spiele, dann haut's nicht hin. Also ich versuche, authentisch zu sein."

Krokus beschreibt, dass er sich im Schulalltag darum bemüht, authentisch mit seinen Schülerinnen und Schülern umzugehen und sich nicht zu verstellen. Seinem Empfinden nach erreicht er durch dieses Verhalten die Akzeptanz seiner Schülerinnen und Schüler, was zu einer gelungenen Beziehung führt. Krokus versteht Beziehungskompetenz mit Schülerinnen und Schülern, welche im Interpretationsprozess der Kategorie „Pädagogischer Professionalität" zugeordnet wurde, also als gesundheitsfördernden Faktor.

Eine weitere Strategie, die allen subjektiven Theorien des Typs II immanent ist, ist „(Selbst)Reflexion". Dies konnte aus dem folgenden Textausschnitt interpretiert werden:

Krokus Z. 75-86: „Was würd ich noch machen? Mich vielleicht nicht ganz so ernst nehmen. Nicht meinen, ohne mich geht's nicht, sondern. Jetzt grad mit meinem Fach. Also das, was ich an Inhalten vermittle, ist ja eigentlich bei den Schülern schon anwesend. Klingt jetzt vielleicht ein bisschen komisch, aber ich denke die Insider wissen, was es bedeutet. Das ist eine gewisse Entstressung, eine Entspannung, weil ich kann meinen Teil leisten, aber das Entscheidende liegt nicht in meiner Hand. Also somit sehe ich meine Arbeit ein bisschen. Da relativiert sich das alles ein bisschen. Also ich denke nicht, dass ich unersetzbar bin oder dass es ohne mich nicht geht. Ja. Ich denke, wenn man sich das vor Augen führt, das schenkt dann eine gewisse Gelassenheit. Ja."

Krokus beschreibt, dass er sich der begrenzten Wirkung seines Handelns als Religionslehrer bewusst ist. Dass Spiritualität bei seinen Schülerinnen und Schülern bereits „anwesend" ist und somit das, was er durchs seinen Religionsunterricht zu erreichen wollen scheint nicht ausschließlich in seiner Macht steht, beschreibt er als „Entstressung" und „Entspannung". Über Grenzen des eigenen

Handelns als Lehrer nachzudenken, kann als Selbstreflexion beschrieben werden und wurde im Interpretationsprozess zu Strategien professionellen Lehrerhandelns verdichtet. Im Gegensatz zu Tulpe, die wie oben beschrieben ihr Handeln im Hinblick auf Wirkung und Wechselwirkung mit den Schülerinnen und Schülern reflektiert, geschieht die Reflexion bei Krokus auf einer anderen Ebene, nämlich auf der Ebene der Lerninhalte. Beide Formen der Reflexion des eigenen Handelns werden in den subjektiven Theorien der Befragten als relevante Faktoren zur Erhaltung von Gesundheit gesehen, jedoch ohne über einen Kerngedanken mit den anderen genannten Strategien verwoben zu sein.

Zwei weitere Glieder in der subjektiven Theorie von Krokus lassen sich der Hauptkategorie „Balancierungsstrategien" zuordnen. Zum einen ist „Kontrastprogramm" eine gesundheitserhaltende Strategie von Krokus, die zur Hauptkategorie der Balancierungsstrategien gehört. Aktivitäten, welche sich von den Tätigkeiten im Schulalltag unterscheiden, werden als gesundheitsförderlich bewertet und die Beschäftigung mit Kontrastprogramm wird somit als Strategie zur Erhaltung von Gesundheit verstanden. Die wurde aus folgendem Interviewausschnitt herausgearbeitet:

Krokus Z. 60-63: „[...] so eine Art Katharsisfunktion, die ich hab, wenn ich meinen Sport treibe, dass ich da einfach ja abschalten kann und ja wieder Kraft schöpfe, ja."

Krokus bezeichnet sportliche Aktivität als gesundheitsfördernde Maßnahme, die ihm dabei hilft, trotz der Anstrengungen im Schulalltag gesund zu bleiben. Zum einen hilft ihm Sport dabei, innere Distanz zu erzeugen, zum anderen regeneriert er sich beim Sport und schöpft Kraft. Im Gegensatz zur subjektiven Theorie des Musters A wird hier jedoch nicht die eigene Aktivität bei der Beschäftigung mit selbstgewählten Hobbies betont, sondern die Wirkung der Tätigkeit. Zudem lässt sich auch kein anderer Kerngedanke aus dem Interviewmaterial herauslesen, der in allen Materialstellen wiederzufinden ist.

Eine weitere „Balancierungsstrategie", die aus dem Interviewmaterial herausgearbeitet werden konnte, ist das Einhalten von „Ruhepausen". Auf die Frage hin, welche Strategien Krokus zur Erhaltung seiner Gesundheit nennen kann, sagt er:

Krokus Z. 14: „Und ab und zu mal Siesta halten."

Krokus beschreibt das Einhalten einer Mittagsruhe als gesundheitserhaltende Strategie, welche im Verdichtungsprozess der Kategorie „Balancierungsaktivitäten" zugeordnet wurde.

Interessant ist bei der Analyse von Krokus' subjektiver Theorie, dass er im Bereich der reaktiven und präventiven Strategien nur eine Maßnahme als gesundheitsförderlich nennt. Diese ist „Austausch im privaten Umfeld" im Rahmen „Reaktiver Bewältigungsstrategien". Dies konnte aus folgendem Interviewausschnitt interpretiert werden:

Krokus Z. 23-27: „Also wenn mich was belastet, dann ist es für mich immer wichtig, dass ich das mit der XXX (Name der Partnerin) besprechen kann. Wenn ich dann, was weiß ich, spazieren gehe mit ihr und über das einfach rede und mich mit ihr halt austausche. Wichtig, dass man einen hat, mit dem man drüber reden kann."

Krokus beschreibt, dass er bei auftretenden Problemen im Schulalltag diese mit seiner Partnerin bespricht. Anschließend verallgemeinert er seine Aussage und sagt, dass es wichtig sei, mit „eine[m]" über Belastungen zu sprechen, ohne dabei darauf einzugehen, ob man mit dieser Person ein eher privates oder berufliches Verhältnis pflegt. In seinem individuellen Fall jedoch wirkt der Austausch mit seiner Partnerin als entlastend und gesundheitsfördernd.

Wie bereits erwähnt, zeigen sich in der subjektiven Theorie von Krokus auch diverse Leerstellen. Diese sind vor allem in den Bereichen der reaktiven und präventiven Strategien zu finden. Zudem findet in Krokus' subjektiver Theorie keine Zuschreibung auf nicht beeinflussbare Umstände statt. In der subjektiven Theorie von Krokus werden folglich verschiedene Facetten sichtbar, denen er gesundheitserhaltende Wirkung zuschreibt, von denen jedoch keine in Zusammenarbeit oder der Schaffung von emotionaler Distanz einhergeht. Krokus scheint Beanspruchungen in der Schule durch professionelles Handeln, dem Austausch mit seiner Partnerin sowie den Balancierungsmaßnahmen Sport und Ruhepausen zu begegnen. Weitere Strategien, insbesondere Strategien der Zusammenarbeit mit unterschiedlichen Kooperationspartnern, scheinen in seiner subjektiven Theorie nicht relevant.

Zusammenfassung der subjektiven Theorie von Krokus

Die subjektive Theorie von Krokus setzt sich aus mehreren Strategien zusammen, die inhaltlich nicht miteinander verwoben sind: Wie alle subjektiven Theorien des Typ II sind „Pädagogische Professionalität mit Schülerinnen und Schülern" sowie „(Selbst)Reflexion" relevante Glieder. Des Weiteren sind, wie oben genauer beschrieben, zwei Balancierungsstrategien sowie der Austausch im privaten Umfeld im Rahmen von „reaktiven Bewältigungsstrategien" Teil der Theorie. Wie auch bei Tulpe sind die genannten Strategien additiv aneinandergereiht und es konnte kein Kerngedanke herausgearbeitet werden, der als verbindendes Glied über die Strategien fungiert. Inhaltlich zeigen sich also die subjektiven Theorien von Tulpe und Krokus größtenteils different, da in Tulpes subjektiver Theorie weder Balancierungsstrategien noch der Austausch im privaten Umfeld beachtet werden. Strukturell werden jedoch Parallelen deutlich: Beide subjektiven Theorien setzen sich aus mehreren Strategien zusammen, die ohne inhaltlich durchgängigen Kerngedanken aneinandergereiht werden. Zudem sind die subjektiven Theorien von Tulpe und Krokus inhaltlich einzigartig, da sie mit keinen anderen subjektiven Theorien des Typs II übereinstimmen, weshalb sich innerhalb des Typs II auch keine inhaltlichen Muster bilden ließen, wie dies bei Typ I möglich war. Somit konnte am Beispiel der subjektiven Theorie von Krokus exemplarisch die subjektive Theorie des Typs II dargestellt werden.

5 Diskussion der Ergebnisse

Die vorliegende Studie beschäftigt sich mit subjektiven Gesundheitstheorien von Lehrkräften und liefert damit einen Beitrag zu einer Theorie von Lehrergesundheit. Konkret wurde der Frage nachgegangen, welche subjektiven Theorien Lehrkräfte bezüglich des Erhalts ihrer Gesundheit im Lehrerberuf explizieren. Bei der Sichtung des Forschungsstandes wurde deutlich, dass empirisch mehrfach bestätigt wurde, dass Lehrkräfte, verglichen mit anderen Berufsgruppen, ein hohes Risiko tragen, psychisch zu erkranken (vgl. Schaarschmidt 2005; Döring-Seipel & Dauber 2013; Weber, Weltke & Lederer 2004). Zudem zeigte Schaarschmidt (2005b), dass die Mehrheit der Lehrkräfte gesundheitlich ungünstige Verhaltensmuster aufzeigt, wenngleich diese (noch) nicht alle zu Gesundheitsschädigung führen. Dies wird mit einem Mangel an internen und externen Ressourcen beziehungsweise mit einem Übermaß an internen und externen Anforderungen erklärt. Zwar wurde die gesundheitsfördernde Wirksamkeit verschiedener Ressourcen empirisch nachgewiesen (vgl. Döring-Seipel & Dauber 2013), jedoch liegt der Fokus der Forschung zum Thema Lehrergesundheit bislang vorwiegend auf der Analyse von Belastungen, die für Stresserleben bis hin zu psychischen Erkrankungen verantwortlich gemacht werden. Es wurde also überwiegend eine pathogenetische Sicht von Lehrergesundheit fokussiert, die das Entstehen von Krankheiten durch Belastungsfaktoren in den Blick nimmt. In der bisherigen Forschung wurden auch Faktoren untersucht, die aus der subjektiven Sichtweise verschiedener Bevölkerungs- und Berufsgruppen als gesundheitsfördernd gesehen werden (vgl. zum Beispiel Kuhlmann & Kolip 1998; Strittmatter 1995).

Keine empirischen Ergebnisse liegen zu komplexen subjektiven Theorien von Lehrkräften zum Erhalt von Gesundheit vor, die die einzelnen als gesundheitsförderlich betrachteten Faktoren miteinander in Beziehung setzen. Erkenntnisse über

J. Mach-Würth, *Gesund bleiben im Lehrerberuf*,
https://doi.org/10.1007/978-3-658-32928-0_5

subjektive Gesundheitstheorien von Lehrkräften sind jedoch von großem Interesse, da subjektiven Theorien eine gewisse Handlungsleitung zugesprochen wird (vgl. Dann 1994, S. 173). Welche Vorstellungen Lehrkräfte also über den Erhalt ihrer Gesundheit im beruflichen Kontext haben, beeinflusst ihr Gesundheitshandeln. Schaarschmidt (2005a) konnte den Zusammenhang zwischen psychischer Gesundheit und subjektiv empfundener beruflicher Kompetenz zeigen. Außerdem wies auch Klusmann (2011) einen Zusammenhang zwischen Gesundheitskompetenz – genauer: Selbstregulationskompetenz – und beruflichem Erfolg von Lehrkräften nach. Es wurde also in der bisherigen Forschung zum einen deutlich, dass subjektive Theorien von Lehrkräften eine hohe Relevanz für deren berufliches Handeln haben und zum anderen, dass die psychische Gesundheit von Lehrkräften Auswirkungen auf ihre beruflichen Erfolge hat. Ludwig (2009) zeigte, dass Lehrkräfte ähnliche Gesundheitstheorien explizieren wie andere Berufsgruppen, deren Gesundheitstheorien von Faltermaier, Kühnlein und Burda-Viering (1998) erforscht wurden, nämlich Vorstellungen von Gesundheitsrisiken, die es zu meiden gilt, von Einflüssen des Schicksals, von Ausgleichs- und Balancefaktoren sowie von Ressourcen, die Belastungen gegenüberstehen. Diese Gesundheitstheorien geben zwar einen ersten Überblick, jedoch wird nicht deutlich, inwiefern Lehrkräfte eigene berufsbezogene Handlungsmöglichkeiten für den Erhalt ihrer Gesundheit als Lehrkraft sehen.

Auf diese Forschungslücke wurde mit der hier vorliegenden qualitativen Studie reagiert, indem die subjektiven Theorien von Lehrkräften über den Erhalt ihrer Gesundheit im Lehrerberuf sichtbar gemacht wurden. Dabei wurde der Fokus insbesondere auf die eigenen Handlungsmöglichkeiten gesetzt und Bezug genommen auf ein soziologisches Gesundheitsverständnis, welches Gesundheit als Leistungsfähigkeit und Rollenerfüllung definiert (vgl. Parsons 1967, S. 71). Dadurch wird ein Beitrag zu einer Theorie von Lehrergesundheit geleistet.

Auf Grundlage von 16 problemzentrierten Interviews nach Witzel (1982) mit Lehrerinnen und Lehrern wurden subjektive Gesundheitstheorien sichtbar gemacht. Dabei wurden die Lehrkräfte für die Interviews nach Gesichtspunkten des theoretical samplings (vgl. Glaser & Strauss 1976) ausgewählt. Die Durchführung der Interviews erfolgte mithilfe eines Leitfadens, um die Ausführungen der Lehrkräfte möglichst auf das Thema Lehrergesundheit einzugrenzen. Jedoch wurden die Fragen flexibel gehandhabt, also teilweise durch spontane Nachfragen und Impulse ergänzt oder es wurden Fragen weggelassen, wenn die Lehrkraft sich bereits vorher zu der entsprechenden Thematik geäußert hatte. Durch diese qualitative Form der Datenerhebung konnte sichergestellt werden, dass die Befragten selbst zu Wort kommen und die Thematik aus ihrer subjektiven Sichtweise beschreiben können, ohne auf vorgegebene Antwortmöglichkeiten beschränkt zu sein. Die Interviews wurden anschließend mithilfe der qualitativen Inhaltsanalyse nach Mayring (2010) ausgewertet.

In mehreren Überarbeitungsschleifen wurde in einem induktiv-deduktiven Verfahren durch mehrere Abstraktionsprozesse aus dem empirischen Material ein Kategoriensystem gebildet. Darauf aufbauend wurden durch Fallvergleiche zwei Typen und mehrere Muster subjektiver Gesundheitstheorien verdichtet, wobei sich hier an der Typenbildung nach Kelle und Kluge (2010) orientiert wurde. Für eine detaillierte Beschreibung des methodischen Vorgehens sei auf das Kapitel 3 „Methodologische und methodische Überlegungen“ verwiesen.

Durch dieses methodische Vorgehen konnten folgende Ergebnisse erarbeitet werden: Im Rahmen der fallübergreifenden Analyse konnten fünf Strategien zur Erhaltung von Gesundheit im Lehrerberuf sichtbar gemacht werden, die sprachlich wie folgt gefasst sind: Strategien professionellen Lehrerhandelns, Strategie der Zuschreibung auf nicht beeinflussbare Umstände, Balancierungsstrategien, reaktive Bewältigungsstrategien und präventive Strategien. Mithilfe dieser Kategorien konnten zwei Typen subjektiver Gesundheitstheorien verdichtet werden: der fokussierte und der additive Typ.

Subjektive Theorien des ersten Typs fokussieren einen bestimmten Kerngedanken für den Erhalt von Gesundheit. Subjektive Theorien des additiven Typs hingegen sehen mehrere Strategien zum Erhalt von Gesundheit als gleichwertig und gleichwichtig an. Für eine ausführliche Darstellung der Kategorien, Typen und Muster, die sichtbar gemacht werden konnten, sei auf das vorangehende Kapitel 4 „Ergebnisse“ verwiesen.

Im vorliegenden Kapitel sollen nun die empirischen Ergebnisse der Arbeit im Kontext angrenzender wissenschaftlicher Diskurse diskutiert werden. Ziel ist es, einen Beitrag zu einer Theorie von Lehrergesundheit zu leisten und zudem angrenzende Diskurse zu bereichern. Hierbei wird an das in der Einleitung dargestellte Verständnis von Gesundheit und Gesundheitsentstehung angeknüpft. Unter 5.1 „Zusammenfassung der Ergebnisse“ werden die Ergebnisse der Arbeit zunächst pointiert dargestellt und an die in Abschnitt 2.4 präzisierten Forschungsfragen rückgebunden, bevor sie anschließend in drei verschiedene wissenschaftliche Diskurse angebunden werden. In Abschnitt 5.2 wird der Mehrwert der vorliegenden Arbeit in Hinblick auf eine Komplexitätssteigerung des Diskurses um subjektive Gesundheitstheorien dargestellt. In Abschnitt 5.3 wird schulische Kooperation als Beitrag zur Personalentwicklung im Rahmen einer Schultheorie diskutiert. Anknüpfend an die Agency-Theorie wird unter 5.4 die Bedeutung von aktivem Handeln für eine Professionalitätstheorie erläutert.

5.1 Zusammenfassung der Ergebnisse

Die vorliegende Arbeit befasst sich mit der Frage, welche subjektiven Theorien Lehrkräfte bezüglich des Erhalts ihrer Gesundheit im Lehrerberuf explizieren. Auf diese Frage geben die folgenden Ergebnisse Antwort.

Strukturelle und inhaltliche Unterschiede subjektiver Gesundheitstheorien
Als erstes Ergebnis kann konstatiert werden, dass alle im Sample inkludierten Fälle subjektive Theorien im Hinblick auf den Erhalt ihrer Gesundheit explizierten. Diese variieren hinsichtlich ihres Inhalts und ihrer Struktur. Somit lassen sich die subjektiven Theorien von Lehrkräften über den Erhalt ihrer Gesundheit im Hinblick auf ihre inhaltliche und strukturelle Zusammensetzung differenzieren. Die Struktur betreffend ließ sich zeigen, dass es zum einen subjektive Theorien gibt, innerhalb derer ein Kerngedanke bezüglich Gesunderhaltung fokussiert wird, welcher sich in mehreren Strategien widerspiegelt (fokussierte Gesundheitstheorien).

Zum anderen konnten subjektive Theorien über den Erhalt von Gesundheit im Lehrerberuf sichtbar gemacht werden, innerhalb derer mehrere Strategien ohne inhaltliche Verbindung nebeneinander existieren (additive Gesundheitstheorien). Sowohl die fokussierten subjektiven Theorien als auch die additiven subjektiven Theorien von Lehrkräften zeigen unterschiedliche Inhalte auf. Die sichtbar gemachten Gesundheitstheorien differieren demnach sowohl im Hinblick auf die Beziehung dieser Strategien untereinander – also hinsichtlich der Theorie*struktur* – als auch im Hinblick auf die als relevant für den Erhalt der Gesundheit erachteten Strategien – also hinsichtlich des *Inhalts* der subjektiven Theorie.

Hinsichtlich der handlungsleitenden Funktion subjektiver Theorien folgt daraus zweierlei: Erstens, dass alle im Sample inkludierten Lehrerinnen und Lehrer über subjektive Gesundheitstheorien verfügen. Zweitens, dass ein Teil der Lehrkräfte überwiegend auf *eine* Strategie zur Erhaltung von Gesundheit zurückgreift, ein anderer Teil ein deutlich weiter gefächertes Repertoire an gesundheitserhaltenden Strategien anwendet.

Kooperation als Element der Gesundheitsförderung
Ein zweites Ergebnis besagt, dass Lehrkräfte Kooperation mit unterschiedlichen Akteuren im schulischen Setting positiv für den Erhalt ihrer Gesundheit bewerten. Durch das Sichtbarmachen der subjektiven Theorien von Lehrkräften über den Erhalt von Gesundheit im Lehrerberuf wurde deutlich, dass die Lehrerinnen und Lehrer Kooperation mit Akteuren, die ihre berufliche Tätigkeit beeinflussen,

als gesundheitsfördernd bewerten. Es ließen sich dabei in den subjektiven Theorien mehrere Ebenen der als gesundheitsförderlich empfundenen Kooperation identifizieren, die sich hinsichtlich hierarchischer und funktioneller Strukturen unterschieden.

Eine Ebene der Kooperation mit hierarchischem Gefälle stellt die Kooperation auf Unterrichtsebene mit den Schülerinnen und Schülern dar. Auf dieser Ebene könne Gesundheit durch pädagogische Professionalität in einer schwierigen, da von institutionellen Strukturen und Machtgefälle geprägten kommunikativen Situation, erhalten werden. Professionelles Lehrerverhalten führe – so die subjektiven Theorien der Lehrkräfte – zu gelungener Kooperation zwischen Lehrkraft und Schülerinnen und Schülern im Unterricht und somit zur Verringerung verschiedener Belastungen.

Eine weitere durch hierarchisches Gefälle geprägte Form der Kooperation, die laut der untersuchten subjektiven Theorien zur Erhaltung von Gesundheit führt, ist die Kooperation der Lehrkräfte mit der Schulleitung. Funktion dieser Art der Kooperation seien Entlastung in Problemsituationen und die Weiterentwicklung der Lehrkräfte als Individuen. Hierarchisch ebenbürtige Kooperation, die von Lehrkräften als gesundheitsfördernd empfunden wird, ist die Zusammenarbeit zwischen Kolleginnen und Kollegen. Funktionen dieser Art der Kooperation seien Entlastung durch Psychohygiene, Qualitätsverbesserung der pädagogischen Arbeit durch Reflexion der Ziele und Methoden, mit der ebenfalls Entlastung der einzelnen Lehrkräfte einhergehe. Zudem wird aus den subjektiven Theorien deutlich, dass Lehrkräfte auch Kooperation mit professionellen Akteuren aus der Schnittstelle von Bildungs- und Gesundheitswesen als positiv wahrnehmen. Die Kooperation mit diesen Akteuren habe die Erweiterung der eigenen Professionalität sowohl hinsichtlich der pädagogischen Kompetenzen als auch der Selbstkompetenz im Hinblick auf den Umgang mit den eigenen Ressourcen zum Ziel.

Positive Bewertung von beruflicher Selbstbestimmung

Als drittes Ergebnis kann festgehalten werden, dass Lehrkräfte Selbstbestimmung in mehreren Dimensionen ihrer beruflichen Tätigkeit positiv für den Erhalt ihrer Gesundheit empfinden. Ausgehend von den sichtbar gemachten subjektiven Theorien der Lehrkräfte sehen diese eine gesundheitsfördernde Wirkung, wenn sie selbstbestimmte Eigenaktivität in ihrer beruflichen Tätigkeit wahrnehmen. Diese positiv gewertete Selbstbestimmung zeigt sich in mehreren Dimensionen: Erstens beziehen sich die Lehrkräfte auf die Dimension des Unterrichtens und deren inhaltlichen, methodischen und räumlichen Facetten. Zweitens beziehen sie sich auf die außerunterrichtliche pädagogische Dimension des Lehreralltags und die damit einhergehenden sozialen, inhaltlichen und organisatorischen Merkmale. Drittens beziehen sie sich auf die Dimension der Schulentwicklung in Zusammenarbeit mit anderen Akteuren des Bildungswesens innerhalb der eigenen Dienststelle und darüber hinaus. Auf allen Ebenen bewerten die Lehrkräfte ihre beruflichen Tätigkeiten als positiv und somit gesundheitsfördernd, wenn sie sich dabei in der Rolle des Agens sehen, der aktive Einflussnahme betreibt, statt nur passiv in vorgegebenen Strukturen reagieren zu können.

Gesundheit als ganzheitlicher Balanceakt
Als viertes zentrales Ergebnis der Studie konnte gezeigt werden, dass Lehrkräfte das Erhalten ihrer Gesundheit als ganzheitlichen Balanceakt sehen. Bezugnehmend auf die subjektiven Theorien der befragten Lehrkräfte wird deutlich, dass Lehrkräfte das Aufrechterhalten ihrer Gesundheit als fortwährenden Prozess sehen, der verschiedene Faktoren berücksichtigt, die individuell ausbalanciert werden müssen. Um gesund zu bleiben, werden von den Lehrkräften Faktoren in Rahmen der schulischen Tätigkeiten, ihres Privatlebens und ihrer Persönlichkeit sowie deren Beziehungen zueinander als Wirkungsgrößen gesehen. Gesundheit werde dann erhalten, wenn es gelänge, die Einflussgrößen im individuellen Bezugssystem in einer harmonischen Beziehung zueinander zu halten.

Dabei – so die subjektive Theorie – spiele Reflexion der Einflussgrößen und deren gegenseitigen Wirken auf einer Metaebene eine bedeutende Rolle. Diese Sichtweise fordert eine Betrachtung der Lehrkraft als Individuum und die Berücksichtigung von auf die Gesundheit wirkenden Faktoren im Kontext Schule sowie im Privatleben und in der Persönlichkeit der Lehrkraft. Besonders relevant hierbei ist der Gedanke, dass Lehrergesundheit nicht nur von Faktoren in und um die Institution Schule beeinflusst wird, sondern auch und vor allem in Wechselwirkung mit Faktoren im Privateben und von der Persönlichkeit der Lehrerinnen und Lehrer. Das Ausbalancieren aller an der Gesundheit beteiligten Faktoren mit dem Ziel des Erreichens einer harmonischen Gleichgewichtssituation und mithilfe von Reflexion lässt sich auch als Selbstregulation beschreiben.

In den nachfolgenden Kapiteln werden diese pointierten Ergebnisse im Kontext unterschiedlicher Theorieangebote diskutiert. Dazu werden die empirischen Ergebnisse zunächst erneut dargestellt, um sie dann theoretisch zu kontextualisieren und dadurch ihr Potenzial für eine theoretische Weiterentwicklung zu beschreiben. Im Rahmen dieser Kontextualisierung werden die Befunde an bestehende Überlegungen im Bereich der Lehrergesundheitsforschung angebunden.

5.2 Inhaltliche und strukturelle Varianz subjektiver Gesundheitstheorien und ihr Beitrag zur Komplexitätssteigerung des Diskurses um Theoriestruktur und Gesundheitsverhalten

Durch das Ergebnis der vorliegenden Arbeit, welches die Varianz subjektiver Gesundheitstheorien im Hinblick auf Inhalt und Struktur beschreibt, wird in zweifacher Weise ein Beitrag zur Komplexitätssteigerung des Diskurses um Lehrergesundheit geleistet. Erstens wird die Diskussion um die Struktur subjektiver Gesundheitstheorien bereichert, indem Beiträge zur strukturellen Beschaffenheit der subjektiven Gesundheitstheorien von Lehrerinnen und Lehrern aufgezeigt werden. Zweitens wird durch das vorliegende Ergebnis der Gesundheitsdiskurs dahingehend komplexer, als dass die moderierende Funktion subjektiver Theorien im Hinblick auf das Gesundheitsverhalten in den Diskurs eingebunden wird. Dieser zweifache Mehrgewinn der empirischen Ergebnisse für eine Theorie von Lehrergesundheit wird im Folgenden dargestellt.

Alle im Sample inkludierten Lehrkräfte explizieren subjektive Theorien zum Erhalt ihrer Gesundheit im Lehrerberuf. Dabei lassen sich im Hinblick auf den Inhalt und auf die Struktur der subjektiven Theorien jedoch Differenzen ausmachen. Der Unterschied bezüglich der Struktur zeigt sich darin, dass in einem Teil der sichtbar gemachten subjektiven Theorien ein Kerngedanke bezüglich des Erhalts von Lehrergesundheit fokussiert wird. Diese subjektiven Theorien werden als Typ I bezeichnet. Innerhalb dieses Typs konnten drei Muster subjektiver Theorien mit unterschiedlichen Inhaltsschwerpunkten identifiziert werden: Die subjektive Theorie des Musters A „Aktive Gestalter“ zeigt sich bei Anemone, Lilie und Rose. Kerngedanke bzw. Charakteristikum dieses Musters ist, dass Gesundheit durch aktive Einflussnahme der Lehrkraft erhalten werden kann. Das fokussierte Muster B trägt die Bezeichnung „Gemeinsam erfolgreich“ und zeigt sich im Material bei Dahlie, Kamille und Winterling. Kerngedanke dieses Theoriemusters ist, dass Gesundheit durch Zusammenarbeit mit Partnern im beruflichen Kontext erhalten werden kann. Das fokussierte Muster C trägt die Bezeichnung „Im Einklang“ und zeigt sich im Material bei Margerite, Primel und Osterglocke. Im Fokus steht bei dieser subjektiven Theorie der Kerngedanke, dass Gesundheit positiv beeinflusst wird, indem man mit sich selbst und seiner schulischen Umwelt in einer harmonischen Beziehung steht, wobei Anforderungen und Ressourcen in einem ausgeglichenen Verhältnis sind. Diese fokussierten Gedanken spiegeln sich in den Strategien wider, die Teil der subjektiven Theorie sind. Im Gegensatz dazu werden bei subjektiven Theorien des Typs II mehrere Strategien zu einer subjektiven Theorie addiert, wobei keine Strategie fokussiert wird und kein übergreifender Kerngedanke, der über mehreren Strategien steht, identifiziert werden kann. Subjektive Strategien des Typs II sind also Theorien, die sich aus der Summe mehrerer voneinander unabhängiger Strategien ohne explizite Betonung eines Kerngedankens bilden.

Die unter Typ II summierten subjektiven Theorien zeigen sich im Material bei Flieder, Kaktus, Krokus, Lavendel, Mohn, Sonnenblume und Tulpe. Ihnen ist gemeinsam, dass verschiedene Strategien ohne übergreifenden Kerngedanken zu subjektiven Theorien aufgespannt werden, weshalb die subjektiven Theorien dieses Typs als strukturell gleich bezeichnet werden können. Inhaltlich zeigen sich Differenzen hinsichtlich der in den Theorien enthaltenen Strategien. Das bedeutet, dass alle subjektiven Theorien, die bei Typ II sichtbar gemacht wurden, andere Strategien beinhalten und keine der subjektiven Theorien des Typs II inhaltlich identisch mit einer anderen ist. Somit kann durch die vorliegende Studie gezeigt werden, dass als gesundheitswirksam eingeschätzte Faktoren innerhalb der subjektiven Theorien in ihrem Verhältnis zueinander unterschiedlich sind.

Dieses Ergebnis bereichert den Diskurs um Gesundheitstheorien im Allgemeinen und im Spezifischen um Gesundheitstheorien von Lehrkräften, indem er um Erkenntnisse über die strukturelle Beschaffenheit von Gesundheitstheorien erweitert wird. Als subjektive Gesundheitstheorien werden Überlegungen bezeichnet, die Laien auf Grundlage ihres Gesundheitskonzepts als ihre Gesundheit beeinflussend sehen. Diese sind komplexe gedankliche Konstruktionen, innerhalb derer Faktoren miteinander verknüpft und dynamische Prozesse beschrieben werden (vgl. Faltermaier 2005, S. 195).

Erforscht wurden bisher jedoch hauptsächlich Einzelfaktoren, die unterschiedliche Personengruppen als im positiven und negativen Sinn einflussnehmend auf ihre Gesundheit wahrnehmen. Im engeren Sinne handelt es sich hierbei aufgrund der fehlenden Verknüpfung untereinander jedoch nicht um subjektive Theorien. Nach Pill und Stott (1986) konnten die Faktoren, die die Befragten – Frauen aus der Arbeiterschicht in Großbritannien – als Einflussfaktoren auf ihre Gesundheit sahen, in die drei Bereiche Ernährung, Bewegung und Erholung differenziert werden. Auch in der Erhebung von Schulze und Welters (1991) im deutschsprachigen Raum wurden einzelne Faktoren sichtbar gemacht, die die Befragten – Männer und Frauen von 20 bis 69 Jahren – als gesundheitsförderlich beschrieben, nämlich Ernährung, Sport, Schlaf, positives Denken, Bewusstsein, Ruhe, Vermeidung von Alkohol, Arztbesuche und sonstige. Auch die Studien von Mattes (1991), Dross (1998), Strittmatter (1995), Kuhlmann und Kolip (1998) sowie Belz-Merk (1995) untersuchten als gesundheitsförderlich eingeschätzte Einzelfaktoren von jeweils spezifischen Zielgruppen. Faltermaier, Kühnlein und Burda-Viering kritisierten bereits 1998, dass es sich hierbei lediglich um das Sichtbarmachen von einzelnen

Kognitionen handelt, subjektive Theorien über den Erhalt von Gesundheit jedoch wesentlich komplexer seien (vgl. ebd. S. 313).

Versteht man subjektive Theorien im Sinne von Dann (2000, S. 87) als „komplexe Formen der individuellen Wissensorganisation", wird deutlich, dass die Betrachtung einzelner als gesundheitsförderlich wahrgenommener Faktoren dieser Forderung nicht gerecht wird. Subjektive Theorien erfüllen für Individuen die orientierende Funktion von wissenschaftlichen Theorien (vgl. Dann 1994, S. 166). Kognitionen, die im Bereich der Psychologie für wenig tiefgreifende Phänomene wie mehr oder weniger abstrakte Konzepte stehen, weisen jedoch keine Verknüpfungen zwischen Teilen der Phänomene auf (vgl. Groeben 1988, S. 18). Besonders auch die Funktion der Handlungsleitung, die subjektiven Theorien mehrfach nachgewiesen wurde (vgl. Wahl u. a. 1983; Dann 1994; Staub & Stern 2002; Brown, Harris & Harnett 2012) ist im Diskurs um subjektive Gesundheitstheorien wichtig.[1]

Somit konnte ein Forschungsdesiderat bezüglich komplexer subjektiver Gesundheitstheorien festgestellt werden. Wie bereits in Abschnitt 2.3.2 gezeigt wurde, reagierten Faltermeier, Kühnlein und Burda-Viering (1998) sowie Ludwig (2009) auf dieses Desiderat und untersuchten komplexe Gesundheitstheorien von Büroangestellten und Handwerkern sowie Lehrkräften. Ergebnis der Studie von Faltermaier, Kühnlein und Burda-Viering ist eine Typologie von vier komplexen Gesundheitstheorien, deren Inhalt Ludwig (2009) auch für Lehrkräfte bestätigte: Risikotheorien, Ressourcentheorien, Ausgleichs- und Balancetheorien sowie Schicksalstheorien. Die Autoren zeigten zudem eine hohe Relevanz der sichtbar gemachten Gesundheitstheorien im Hinblick auf Gesundheitshandeln. Auch in der vorliegenden Studie wurden komplexe Theorien sichtbar gemacht, anstatt einzelne Faktoren offenzulegen und dabei deren Verbindungen und Zusammenhänge zu vernachlässigen. Einzelfaktoren, die Lehrkräfte in Form von Strategien als gesundheitserhaltend explizieren, wurden in ihrer Gesamtschau und ihrem Verhältnis zueinander betrachtet.

Dabei lässt sich folgender Mehrgewinn für den Diskurs um subjektive Gesundheitstheorien feststellen: Auf struktureller Ebene und unabhängig vom Inhalt kann festgehalten werden, dass bei der Verknüpfung von Kognitionen zu subjektiven Theorien einzelne Kognitionen einen höheren Stellenwert haben können als andere, was zu einer bestimmten Schwerpunktsetzung im Rahmen der subjektiven Theorie führt, wie dies in der vorliegenden Arbeit bei Typ I der subjektiven Theorien vorliegt. Ebenso ist es möglich, dass subjektive Gesundheitstheorien in

[1] An dieser Stelle sei auf Ausführungen über subjektive Theorien in Abschnitt 2.2.1 und 3.2 verwiesen.

ihrer Struktur so beschaffen sind, dass einzelne Gesundheitsstrategien zueinander addiert werden, ohne dabei eine bestimmte Strategie oder einen Kerngedanken zu fokussieren. Die wissenschaftlich nachgewiesenen Einzelfaktoren, die Personen als gesundheitsfördernd beschreiben, können als in ihrer Konstellation innerhalb der subjektiven Theorie unterschiedlich angeordnet und gewichtet sein. In der Diskussion von Gesundheitstheorien muss also berücksichtigt werden, dass subjektive Gesundheitstheorien sich in ihrer Struktur voneinander unterscheiden können.

Die Ergebnisse der Studie von Ludwig (2009) können dahingehend angereichert werden, als dass innerhalb der vier sichtbar gemachten Theorietypen strukturelle Unterschiede anzunehmen sind und es auch innerhalb der vier Theorietypen sowohl fokussierte als auch additive Muster geben könnte. Das bedeutet, dass es innerhalb der vier Gesundheitstheorien Theorien geben könnte, in denen sich Kerngedanken sichtbar machen lassen, die sich in allen Gesundheitsstrategien widerspiegeln. Ebenso ist anzunehmen, dass es subjektive Theorien des additiven Musters gibt, innerhalb derer alle Strategien zur Erhaltung von Gesundheit als gleichwertig bewertet werden. Zudem werden Ludwigs Ergebnisse ergänzt, indem die beiden salutogenetisch orientierten Theorietypen – Ressourcentheorien sowie Ausgleichs- und Balancetheorien – um inhaltliche Details erweitert wurden.

Das Ergebnis der vorliegenden Arbeit – strukturelle und inhaltliche Unterschiede im Rahmen subjektiver Gesundheitstheorien – zeigt sich für den Diskurs um Gesundheitstheorien von Lehrkräften auch dahingehend als bereichernd, als dass die moderierende Funktion subjektiver Theorien im Hinblick auf das Gesundheitshandeln in den Diskurs eingebunden wird. Ob eine subjektive Gesundheitstheorie handlungsleitend wird oder nicht, hängt von verschiedenen Einflussfaktoren ab und kann auch mit ihrer Struktur und ihrem Inhalt zusammenhängen. Dies wird im Folgenden diskutiert.

Subjektive Theorien sind die Überlegungen, die die Handlungen einer Person begleiten oder ihr vorausgehen und insofern für die ausführende Person handlungsleitend sind (vgl. Groeben et al. 1988). Auch wenn subjektiven Theorien Handlungsleitung zugeschrieben wird, wird das Handeln auch von eingeschliffenen Routinen und Emotionen ebenso beeinflusst, was die Handlungsleitung von subjektiven Theorien eingrenzt (vgl. Wahl et al. 1983; Dann 1994; Staub und Stern 2002; Brown, Harris & Harnett 2012; Hofer 1986; Leuchter et al. 2006).

Auf subjektive Gesundheitstheorien von Lehrkräften bezogen heißt das, dass Strategien zur Erhaltung von Lehrergesundheit im Alltag möglicherweise nicht ausgeführt werden, weil in bestimmten Situationen auftretende Emotionen entgegengesetzte Handlungen seitens der Lehrkraft evozieren. Dann und Humpert (1987), Dann und Krause (1988) und Schweer und Thies (2000) konnten nachweisen, dass besonders negativ behaftete Ärger-Emotionen im Unterrichtsgeschehen dazu führten, dass Lehrkräfte nicht entsprechend ihrer subjektiven Theorien im Hinblick auf Unterrichtsgestaltung handeln. Hier kann vermutet werden, dass dies auch für subjektive Theorien bezüglich des Erhalts ihrer Gesundheit zutrifft und Lehrkräfte sich beim Erleben von Ärger nicht entsprechend ihrer subjektiven Theorien verhalten, sondern Strategien anwenden, die sie eigentlich nicht als förderlich für ihre Gesundheit sehen.

Zudem ist es möglich, dass innerhalb subjektiver Theorien Widersprüche vorliegen (vgl. Groeben 1988a, S. 227). An dieser Stelle sei auf die Antinomien des Lehrerhandelns verwiesen (vgl. Helsper 2000). Antinomien des Lehrerhandelns beschreiben, dass Lehrkräfte in ihrer pädagogischen Arbeit Spannungsverhältnissen ausgesetzt sind, die aus der Unvereinbarkeit pädagogischer Ziele hervorgehen, wie beispielsweise den Zielen der Gleichbehandlung aller Schülerinnen und Schüler und der individuellen Förderung. Beide Ziele sind für sich erstrebenswert, können jedoch nicht gleichzeitig erreicht werden. Es kann vermutet werden, dass je nach zu verfolgendem Ziel unterschiedliche subjektive Theorien der Lehrerinnen und Lehrer handlungsleitend werden. Antinomien des Lehrerhandelns lassen sich über das pädagogische Handlungsfeld hinaus auf das Gesundheitshandeln ausweiten. Auch hier stehen sich wieder teils unvereinbare Ziele entgegen, wenn die Lehrkraft beispielsweise zwischen dem Ziel des Erhalts der eigenen Gesundheit und der damit einhergehenden subjektiven Theorie von Gesundheitserhaltung durch Entlastung und dem Ziel des Meisterns besonderer pädagogischer Herausforderungen und der damit einhergehenden subjektiven Theorie von überdurchschnittlichem Engagement abwägen muss. Subjektive Gesundheitstheorien können also im Gegensatz zu anderen subjektiven Theorien im Handlungsfeld der Lehrkräfte stehen und deshalb in manchen Situationen ihre Handlungsleitung nicht entfalten. Eine Theorie von Lehrergesundheit sollte also dafür sensibilisieren, dass aufgrund der Antinomien im Lehrerberuf subjektive Gesundheitstheorien möglicherweise nicht immer handlungsleitend sind, da sich verschiedene subjektive Theorien widersprechen können.

Neben den bereits diskutierten Faktoren, die die Handlungsleitung subjektiver Gesundheitstheorien im Lehrerberuf beeinflussen und begrenzen können, steht nun die Komplexität der subjektiven Gesundheitstheorien im Fokus der Diskussion. Dann et al. (1987) konstatieren, dass die Komplexität einer subjektiven Theorie in direktem Zusammenhang mit erfolgreichem Handeln steht. Je komplexer subjektive Theorien sind und je stärker wissenschaftliche Theorien in ihnen vorhanden sind, desto erfolgreicher sind Lehrkräfte in ihrem pädagogischen Handeln. Dies wurde mehrfach bereits empirisch untersucht: So konnten Dann et al. (1987) zeigen, dass Lehrkräfte mit komplexen subjektiven Theorien in Konfliktsituationen im Unterricht erfolgreicher handelten und Konflikte somit besser lösen konnten als Lehrkräfte mit weniger komplexen subjektiven Theorien. Auch im Hinblick auf zu vermittelnde Inhalte konnte ein Zusammenhang zwischen Komplexität der subjektiven Theorien und erfolgreichem Lehrerhandeln, das sich im Lernerfolg der Schülerinnen und Schüler zeigt, von Staub und Stern (2002) nachgewiesen werden. Sie zeigten, dass bei Lehrerinnen und Lehrern mit einer konstruktivistischen Sicht auf das Lernen von Mathematik die unterrichteten Kinder größeren Wissenszuwachs in Bezug auf das Lösen von Textaufgaben haben, als bei Lehrkräften, die Mathematikunterricht als Wissenstransfer verstehen (vgl. Fussangel 2008, S. 75).

Ein Zusammenhang zwischen der Beschaffenheit subjektiver Theorien im Hinblick auf Komplexität und möglichst großer Übereinstimmung mit wissenschaftlichen Theorien und erfolgreichem Lehrerhandeln konnte also für pädagogische Aufgabengebiete nachgewiesen werden. Erweitert man das Blickfeld im Bereich von professionellem Lehrerhandeln auf den Bereich Gesundheitshandeln – was durchaus sinnvoll erscheint, wenn man Selbstregulationskompetenz, also die Fähigkeit, Emotionen im Unterrichtsalltag selbstständig zu regulieren, als eine Kompetenz von Lehrkräften versteht (vgl. Baumert & Kunter 2011) – so kann auf Basis der Ergebnisse dieser Arbeit vermutet werden, dass die Komplexität der subjektiven Gesundheitstheorien den Ansprüchen an erfolgreiches Handeln nicht immer genügt und die objektiv „richtigen" Anteile nicht immer zur Genüge vorhanden sind. In anderen Worten: die subjektiven Theorien, die Lehrkräfte bezüglich des Erhalts von Gesundheit im Beruf haben, sind möglicherweise zum Teil inhaltlich zu wenig komplex und haben zu wenig wissenschaftliche Anteile, um zu erfolgreichem Gesundheitshandeln zu führen.

Die Ergebnisse der vorliegenden Studie können somit dazu beitragen, im Rahmen einer Theorie von Lehrergesundheit für die möglicherweise manchmal zu wenig komplexen Gesundheitstheorien der Lehrkräfte zu sensibilisieren. Dabei wäre für weitere Forschung interessant zu erarbeiten, ob die unterschiedlichen Strukturen der subjektiven Gesundheitstheorien im Zusammenhang mit deren inhaltlicher Komplexität und aus objektiver wissenschaftlicher Perspektive Richtigkeit stehen und ob additive Gesundheitstheorien der Komplexität des Lehreralltags eher entsprechen und dadurch zu erfolgreicherem Gesundheitshandeln führen. Die Ergebnisse dieser Arbeit lassen in diesem Kontext bereits vermuten, dass es hinsichtlich der inhaltlichen und strukturellen Qualität subjektiver Gesundheitstheorien Zusammenhänge mit deren Handlungseffekten geben könnte.

Eine weitere Vermutung auf Basis der Ergebnisse ist, dass äußere Umstände und Begebenheiten die Lehrkräfte in ihrem Gesundheitshandeln einschränken können. Das bedeutet, dass die subjektiven Theorien, die Lehrerinnen und Lehrer zum Erhalt ihrer Gesundheit haben, per se aufgrund von Komplexität handlungsleitend wären, jedoch durch Gegebenheiten in der Schule oder im Privaten nicht ausgeführt werden können. Diese Möglichkeit wird in den folgenden Unterkapiteln anhand der Ergebnisse zwei und drei diskutiert.

5.3 Kooperation im Kontext Schule als Beitrag zur Personalentwicklung

Das zweite Ergebnis der vorliegenden Studie, welches die Relevanz von Kooperation in der Schule als Beitrag zur Gesundheitsförderung aus subjektiver Sichtweise der Lehrkräfte zeigt, bereichert den Diskus um schulische Kooperation, indem der Stellenwert von Kooperation auf unterschiedlichen Ebenen als Beitrag zur Personalentwicklung von Lehrkräften aufgezeigt wird und durch die subjektive Sicht der Lehrkräfte ergänzt und begründet wird. Der aktuelle Diskurs um Kooperation an Schulen kann also durch die vorliegenden Ergebnisse dahingehend angereichert werden, als dass Kooperation nicht nur um der Schule willen in Hinblick auf Unterrichts- und Schulentwicklung, sondern auch um der Lehrerinnen und Lehrer willen in Hinblick auf persönliche Weiterentwicklung beruflicher Kompetenzen und deren Auswirkungen auf die individuelle Gesundheit gedacht werden muss und dass Lehrkräfte dies auch im Rahmen ihrer subjektiven Gesundheitstheorien explizieren. Auf Grundlage der sichtbar gemachten subjektiven Gesundheitstheorien wird die Bedeutung von Kooperation für die Entwicklung der Lehrkräfte in Bezug auf den Erhalt ihrer Gesundheit unterstrichen und der Diskurs um die Komponente der subjektiven Wahrnehmung ergänzt.

Als zweites pointiertes Ergebnis der vorliegenden Studie konnte festgehalten werden, dass ein Teil der im Sample inkludierten Lehrkräfte subjektive Theorien explizierte, in denen Kooperation als wichtiges Element zur Gesundheitsförderung dargestellt wird. Diese Kooperation kann sich auf unterschiedlichen Ebenen zeigen, welche sich im Hinblick auf die Ziele der Kooperation sowie auf die vorliegende Hierarchie zwischen den Kooperationspartnern unterscheiden. Diese von ungleichem Machtstatus geprägten Kooperationsmöglichkeiten sind Kooperation mit Schülerinnen und Schülern und Kooperation mit Mitgliedern der Schulleitung bzw. anderen Vorgesetzen.

Kooperation auf gleicher Hierarchieebene findet zwischen Kolleginnen und Kollegen untereinander statt. Auch Kooperation mit außerschulischen Partnern, die Akteure im Bildungs- und Gesundheitswesen sind, wird – ausgehend von den subjektiven Theorien – als positiver Wirkungsfaktor für die eigene Gesundheit wahrgenommen. Diese verschiedenen Formen von Kooperation wirkten gesundheitsfördernd, da sie einen Beitrag zur Psychohygiene leisteten, zeitliche Ressourcen schonten und das Gefühl von sozialer Unterstützung und Eingebundenheit förderten. Kooperation kann im Setting Schule sowohl als präventive Strategie zum Erhalt und zur Förderung von Gesundheit stattfinden als auch als reaktive Maßnahme. Als präventive Strategie suchen Lehrkräfte Kooperation, um durch ihr Handeln Belastungen und Problemen im Schulalltag zuvorzukommen. Als reaktive Maßnahme findet Kooperation dann statt, wenn Belastungen und Probleme bereits aufgetreten sind und durch die Zusammenarbeit mit den Kooperationspartnern bewältigt werden sollen. Kooperation kann zudem auch mit außerschulischen Partnern in Anspruch genommen werden, die beratende Funktion haben.

Schulische Kooperation im Diskurs um Schul- und Personalentwicklung
Kooperation wird von Halbheer und Kunz (2011) definiert als „zielgerichtetes Unterfangen altruismus- und empathiefähiger Individuen, welche willentlich, zielgerichtet und mit einem Vertrauensvorschuss zusammen aufgabenbezogen handeln" (ebd. S. 94). Im wissenschaftlichen Diskurs um Kooperation an Schulen wird dieselbe häufig im Kontext von Schulentwicklung und Effektivitätssteigerung der Schule als Institution sowie deren Rolle bei der Entlastung von Lehrkräften diskutiert. So nennt Fussangel (2008) als drei Bereiche des Nutzens von Kooperation deren Rolle bei der Verringerung von Belastungen und Burnout, deren Einfluss auf Schulentwicklungsprozesse und auf die Effektivität von Schulen (vgl. ebd. S. 28 ff.). Auch nach Huber und Ahlgrimm (2012) werden Wirkungszusammenhänge zwischen Kooperation und Schul- sowie Unterrichtsentwicklung und Personalentwicklung im Hinblick auf Kompetenzerweiterung und Gesundheitsförderung angenommen, wobei die Wirkungszusammenhänge stets als positiv eingeschätzt werden (vgl. ebd. S. 7).

Idel, Ullrich und Baum (2012) analysierten den schulpädagogischen Diskurs um Kooperation von Lehrkräften und bestätigten, dass Kooperation als Gelingfaktor für Schul- und Unterrichtsentwicklung, für pädagogische Professionalität und für Belastungsreduktion postuliert wird (vgl. ebd. S. 9). Auch Kullmann (2010) nennt nach Analyse der Forschung folgende Wirkbereiche von Kooperation: Unterricht der Lehrkräfte, emotionale Stabilität der Lehrkräfte, Unterrichtsqualität der Fachgruppe, Schuleffektivität und Schulqualität. Ziel von Lehrerkooperation sei stete Optimierung und Qualitätssicherung in den genannten Bereichen (vgl. ebd. S. 28 f.). Nach einer Analyse des Forschungsstands in der Belastungs- und Burnoutforschung fasst Fussangel (2008) zusammen „dass die Variable ‚Lehrerkooperation' zwar meist nicht im Fokus der Untersuchungen steht, aber Berücksichtigung gefunden hat, wenn es um die Beschreibung von belastungsmindernden Faktoren geht" (ebd. S. 29).

Kooperation wird also neben ihrem Beitrag zu Organisations- und Unterrichtsentwicklung durchaus im Bereich der Personalentwicklung diskutiert, und zwar zum einen in Hinblick auf die pädagogische Professionalität von Lehrkräften und zum anderen in Hinblick auf deren psycho-emotionale Gesundheit, auf die sich Kooperation durch Entlastung und emotionale Stabilisierung positiv auswirke (vgl. Kullmann 2010, S. 29 ff.). Es lässt sich festhalten, dass Kooperation im wissenschaftlichen Diskurs neben ihrem Einfluss auf Schulentwicklungsprozesse auch aufgrund ihrer Bedeutung für die psychische Gesundheit der Lehrkräfte thematisiert wird und dass auch in der Lehrergesundheitsforschung Kooperation als Einflussfaktor beschrieben wird. Die Bedeutung von Kooperation für die psychische Gesundheit von Lehrkräften wird im Folgenden näher beschrieben.

Die Bedeutung von schulischer Kooperation für die psychische Gesundheit von Lehrkräften

Fussangel (2008) konstatiert einen Zusammenhang zwischen Kooperation von Lehrkräften und dem Erleben sozialer Unterstützung, die sich u. a. in der Kommunikations- und Kooperationspraxis eines Lehrerkollegiums zeigen kann (vgl. ebd. S. 29). Die Bedeutung von sozialer Unterstützung, die durch Kooperation erfahren werden kann, konnte als gesundheitserhaltende Ressource vielfach empirisch nachgewiesen werden (vgl. Döring-Seipel & Dauber 2013, S. 28; Ksienzyk & Schaarschmidt 2005, S. 78). Auf Grundlage einer empirischen Untersuchung belegen Döring-Seipel und Dauber (2013), dass das Vertrauen in die Verfügbarkeit sozialer Ressourcen einhergeht mit dem psychischen Gesundheitszustand von Lehrkräften. Dabei konnte nachgewiesen werden, dass mit steigender sozialer Unterstützung die subjektiv empfundene berufliche Belastung sinkt. Ob berufliche Anforderungen als belastend wahrgenommen werden oder nicht, hängt also eng mit der Wahrnehmung sozialer Unterstützung zusammen (vgl. ebd. S. 193 ff.). Hierbei kann soziale Unterstützung sowohl im beruflichen Kontext mit Kolleginnen und Kollegen, von Rolff (1980) als horizontale Kooperation bezeichnet oder der Schulleitung, von Rolff (1980) als vertikale Kooperation bezeichnet, erlebt werden, als auch im privaten Umfeld durch die Interaktion mit als unterstützend und wohlwollend wahrgenommenen Menschen (vgl. ebd. S. 97 f.). Im Folgenden wird ein genauerer Blick auf berufliche Kooperation von Lehrkräften geworfen, um das Ergebnis der vorliegenden Studie daran anzubinden.

Konkret auf die Berufstätigkeit von Lehrerinnen und Lehrern bezogen nennen Gräsel, Fussangel und Pröbstel (2006) drei Formen von Kooperation, die überwiegend als horizontale Kooperation stattfinden. Erstens beschreiben sie den

„Austausch“ als niedrigschwellige Form der Kooperation. Hierbei geht es um das Austauschen von Informationen zum Abgleich pädagogischen Handelns. Die Kooperationsform des Austausches geht einher ohne konkrete Zielinterpendenz, mit geringem Autonomieverlust und wenig Notwendigkeit von gegenseitigem Vertrauen. Zweitens nennen die Autoren „arbeitsteilige Kooperation“, im Rahmen derer ein konkretes gemeinsames Ziel vorhanden ist und die Kooperation durch Arbeitsteilung vollzogen wird, um anschließend ein Gesamtziel zusammenzubauen und dabei effizient vorzugehen. Als dritte Form gilt die „Kokonstruktion“. Hierbei setzen die Kooperationspartner ihre Fähigkeiten gemeinsam zum Erreichen eines Ziels ein, stehen dabei stets in Austausch miteinander und sind aufgrund der notwendigen Abstimmungsarbeit wenig autonom bei gleichzeitig hohem Konfliktrisiko (vgl. ebd. S. 209 f.). Für das Erleben sozialer Unterstützung sind per se alle drei genannten Formen der Kooperation möglich. Gräsel, Fussangel und Pröbstel (2006) zeigten in einer empirischen Studie mit Chemielehrkräften, dass in Kollegien, in denen die Lehrkräfte miteinander kooperierten, sowohl das Klima im Kollegium und der Austausch als auch die Zusammenarbeit, die sich auf den Unterricht bezieht, höher sind. Vertikale Kooperation, also Kooperation mit hierarchischem Gefälle, betrifft zum Beispiel die Zusammenarbeit von Lehrerinnen und Lehrern mit der Schulleitung.

Auch diese Form der Zusammenarbeit zeigte sich aus salutogenetischer Perspektive relevant. So konnten Ksienzyk und Schaarschmidt (2005) Unterstützung durch die Schulleitung als Teilbereich sozialer Unterstützung im schulischen Alltag als wichtigsten entlastenden Faktor analysieren (vgl. ebd. S. 78). Zudem lässt sich festhalten, dass neben der Funktion des Erlebens sozialer Unterstützung noch weitere gesundheitsfördernde Faktoren durch Kooperation Wirkung entfalten. So nennt Kelchtermans (2006) Kollaboration und Kollegialität als positive Einflussfaktoren für den Kompetenzaufbau von Lehrerinnen und Lehrern. Dieser Kompetenzaufbau findet besonders durch Kokonstruktion statt, im Rahmen derer Lehrkräfte nicht nur individuell und autonom Teile für ein großes Ganzes generieren, sondern durch engen fachlichen Austausch gemeinsam ein Ziel erreichen und dabei von den Kompetenzen des Kooperationspartners profitieren und sich diese zum Teil auch aneignen können. Baumert und Kunter (2011) wiederum konnten im Rahmen der COAKTIV-Studie zeigen, dass Lehrkräfte mit einer hohen Selbstregulationskompetenz ihre Schülerinnen und Schüler im Fach Mathematik besser kognitiv aktivieren konnten als Lehrpersonen mit geringer Selbstregulationskompetenz.

Sieht man diese Selbstregulationskompetenz, die Fähigkeit die eigenen Emotionen auch bei Misserfolgen und Schwierigkeiten regulieren zu können, als

Indiz für psychische Stabilität, so zeigt sich ein deutlicher Zusammenhang zwischen psychischer Gesundheit und professionellen Fähigkeiten der Lehrkräfte und folglich ein Zusammenhang zwischen Kompetenz von Lehrkräften und ihrer Gesundheit. Auch Schaarschmidt (2005a) zeigte einen Zusammenhang zwischen der subjektiven Einschätzung von Lehrkräften ihrer sozial-kommunikativen Kompetenzen und ihres Gesundheitszustands: gesunde Lehrkräfte schätzen sich als kompetenter ein als Lehrkräfte anderer Muster. Es lässt sich also festhalten, dass Kooperation die Kompetenzen von Lehrkräften steigert und dadurch schlussendlich auch deren Gesundheit fördert (vgl. ebd. S. 34).

Die Wirkung von Zusammenarbeit auf das Selbstbild der Lehrkräfte wurde in einer qualitativen Studie von Ahlgrimm (2012) untersucht. Es wurde gezeigt, dass die beruflichen Beziehungen zwischen Lehrkräften häufig von Unsicherheit, Angst und Konkurrenz gezeichnet sind, wodurch sich das Selbstbild der Lehrkräfte negativ entwickelt, was wiederum zu psychischer Instabilität führen kann. Intensivieren sich die beruflichen Beziehungen jedoch durch Kooperation zwischen den Lehrkräften, so entstehen Gefühle der Sicherheit, Akzeptanz und Kollegialität. Ahlgrimm konstatiert also Zusammenhänge zwischen fehlender Kooperation und Unsicherheit im Beruf, die sich negativ auf das Selbstbild von Lehrkräften auswirkt. Der Autor beschreibt diese Zusammenhänge als Abwärtsspirale: Isoliertes Handeln führt demnach zu fehlender Rückmeldung, welche wiederum zu Unsicherheit führt. Diese Unsicherheit führt zur Ablehnung von Kooperation und dadurch erneut zu isoliertem Handeln, fehlender Rückmeldung und Unsicherheit.

An dieser Stelle sieht Ahlgrimm eine Erklärung für die hohe Belastung und gesundheitliche Gefährdung im Lehrerberuf (vgl. ebd. S. 179). Unsicherheit und fehlende soziale Anbindung generieren Stress und Belastungserleben. Findet jedoch Zusammenarbeit zwischen den Lehrkräften statt, so lassen sich Wirkungszusammenhänge in die Gegenrichtung beobachten: Zusammenarbeit führt zu Orientierung an Kolleginnen und Kollegen. Dadurch entsteht eine größere Sicherheit, die wiederum zu einer Bereitschaft zur Öffnung führt. Durch diese Bereitschaft zur Öffnung wird noch mehr Zusammenarbeit ermöglicht, was die Orientierung an Kolleginnen und Kollegen verstärkt und größere Sicherheit mit sich bringt. Durch Kooperation können also stressverursachende Ängste, Unsicherheiten und Belastungen reduziert sowie Ressourcen maximiert werden.

Bei der Analyse des Forschungsstandes um Kooperation lässt sich also zusammenfassend festhalten, dass berufliche Kooperation auf unterschiedliche Art und Weise förderlich für die Gesundheit von Lehrerinnen und Lehrern ist. Erstens ermöglicht Kooperation selbst in der wenig intensiven Form des Austausches die

Möglichkeit, soziale Unterstützung zu erleben. Zweitens werden durch Kooperation die Kompetenzen von Lehrkräften erweitert, was sich wiederum positiv auf deren psychische Stabilität auswirkt. Drittens wirkt sich Kooperation positiv auf das Selbstbild der Lehrerinnen und Lehrer aus und stabilisiert dadurch auch die psychische Gesundheit.

Betrachtet man das Ergebnis der vorliegenden Studie, das dem Gedanken von Kooperation als gesundheitsfördernde Strategie große Relevanz innerhalb subjektiver Gesundheitstheorien bestätigt, vor diesen Forschungsergebnissen, so wird deutlich, dass diese Gesundheitstheorien den wissenschaftlichen Theorien entsprechen: Kooperation im Lehrerberuf ist förderlich für den Erhalt der Gesundheit. Ein Teil der Lehrkräfte des Samples – diejenigen, deren subjektive Theorien zum Muster B „Gemeinsam erfolgreich" gehören – weist also im Hinblick auf handlungsleitende Theorien zum Erhalt der eigenen Gesundheit im Lehrerberuf eine hohe Kompetenz auf. Die subjektiven Gesundheitstheorien entsprechen objektiv richtigen wissenschaftlichen Theorien, wenn Kooperation als gesundheitsförderndes Element im Lehrerberuf verstanden wird. Der Diskurs um Lehrergesundheit und speziell die Diskussion um Kooperation als Element der Gesundheitsförderung wird also durch die Ergebnisse der vorliegenden Studie um die subjektive Sichtweise der Lehrkräfte erweitert: Kooperation ist förderlich für die Gesundheit der Lehrkräfte und dies wird auch in den subjektiven Theorien eines Teils der Lehrkräfte des Samplings sichtbar.

Vorkommen und Ausprägung von Kooperation an Schulen

Forschungsergebnisse zu Kooperation an Schulen zeigen jedoch, dass Zusammenarbeit wenig praktiziert wird, was im Folgenden näher beleuchtet wird. In der Studie von Gräsel, Fussangel und Pröbstel (2006) wurde sichtbar, dass Lehrkräfte unter Kooperation in erster Linie „Austausch" verstehen und dass dieser Austausch ohne vereinbarte Aufgaben und Ziele stattfindet. Auch Keller-Schneider und Albisser (2013) konstatieren, dass wenig Kooperation an Schulen zwischen Lehrkräften praktiziert wird, die über Informations- und Materialaustausch hinausgeht (vgl. ebd. S. 34). Steinert et al. (2006) untersuchten das Kooperationsverhalten von Lehrkräften in Hessen und im Schweizer Kanton Zürich. Die Art der Kooperation wurde nach fünf Niveaustufen differenziert und dabei der Fokus auf die Bedeutung von Kooperation für Schulentwicklung und Schuleffektivität gelegt. Die Niveaustufen reichen von Niveaustufe 0, dem Fehlen von Mindeststandards bei Information und Kommunikation, bis zu Niveaustufe 4, einer systematisch abgestimmten bereichsspezifischen und bereichsübergreifenden Kooperation. Es konnte gezeigt werden, dass an 16 bzw. 10 % der Schulen Kooperation als defizitär (Niveaustufe 0, Niveau der Fragmentierung) befunden wurde. Am häufigsten wird Kooperation im Sinne von Differenzierung (Niveaustufe 1) praktiziert. Diese Kooperationsform wurde an 84 bzw. 53 % der Schulen nachgewiesen. Die höchste Niveaustufe wurde nur an drei bzw. zwei Prozent der Schulen identifiziert.

Im Rahmen der DESI-Studie (Klieme et al. 2006) wurde unter anderem untersucht, wie Lehrkräfte der Fächer Englisch und Deutsch bei der Unterrichtsvorbereitung miteinander kooperieren. Dabei zeigte sich, dass 8 % der Deutschlehrkräfte und 2 % der Englischlehrkräfte mindestens einmal im Monat gemeinsame Unterrichtsvorbereitung durchführen. Hier wurden auch Unterschiede zwischen den Schularten sichtbar: Am häufigsten kooperieren Lehrkräfte an integrierten Gesamtschulen bei der Unterrichtsvorbereitung (21 %), am seltensten Gymnasiallehrkräfte (1 %). Kooperation an halb und voll gebundenen Ganztagesschulen untersuchten Fussangel et al. (2010) und bauten auf den drei Formen der Kooperation nach Gräsel (2006) auf. Es konnte nachgewiesen werden, dass die befragten Lehrkräfte Kooperation am häufigsten in Form von Austausch praktizieren. Kokonstruktion, die Kooperationsform mit der intensivsten Zusammenarbeit und der geringsten Autonomie, wird am seltensten durchgeführt. Dabei gab es keine signifikanten Unterschiede im Kooperationsverhalten zwischen halb und voll gebundenen Ganztagesschulen (vgl. ebd. S. 35).

Besonders interessant ist, dass Zusammenarbeit im Unterrichtsgeschehen selten praktiziert wird, obwohl gerade hier Lehrkräfte besonders viele Belastungsfaktoren wie beispielsweise das Verhalten schwieriger Schülerinnen und Schüler (vgl. Ksienzyk & Schaarschmidt 2005, S. 81; Wesselborg 2014, S. 51) wahrnehmen. Kooperation im Sinne einer aktiven Zusammenarbeit zur Erreichung eines Ziels im Kerngeschäft der Lehrkräfte, dem Unterrichten, findet wenig statt: „Lehrerinnen und Lehrer üben ihre Haupttätigkeit – das Unterrichten – überwiegend alleine und von den Kolleginnen und Kollegen isoliert aus" (Fussangel 2008, S. 9).

Zusammenfassend lässt sich festhalten, dass Kooperation an Schulen überwiegend als Austausch praktiziert wird und somit wenig intensiv ist. Im Rahmen von kooperativem Austausch findet durchaus soziale Einbindung statt, was als ein wichtiger gesundheitsfördernder Aspekt von Kooperation zu verstehen ist. Auch ein positiver Einfluss auf das Selbstbild der Lehrkräfte und eine damit verbundene Steigerung der psychischen Stabilität lässt sich durch Kooperation in Form von Austausch zeigen. Kompetenzerweiterung, die ebenfalls Auswirkung auf die psychische Gesundheit der Lehrkräfte hat, wäre aber durch intensivere Kooperationsformen zu ermöglichen. Diese werden jedoch selten ausgeführt. Diese Diskrepanz zwischen den subjektiven Theorien der Lehrkräfte, innerhalb derer Kooperation als förderlich für den Erhalt von Lehrergesundheit gesehen wird, und den Ergebnissen zum Vorkommen von Kooperation in der Schulpraxis überrascht und wirft folgende Frage auf: Wenn sowohl die in dieser Arbeit sichtbar gemachten Gesundheitstheorien von Lehrkräften als auch wissenschaftliche Theorien Kooperation als relevantes Element von Gesundheitsförderung im Berufsalltag von Lehrkräften nennen, warum findet Kooperation dann so wenig statt? Für die Diskrepanz zwischen wissenschaftlichen und subjektiven Theorien einerseits und der empirisch nachgewiesenen Situation in der Schulpraxis andererseits werden im Folgenden Erklärungsmöglichkeiten diskutiert.

Gründe für die mangelhafte Kooperation in Schulen – Faktoren seitens der Lehrkräfte sowie der Organisation Schule

Rothland (2012) bezeichnet die Kooperation von Lehrerinnen und Lehrern in der Schul- und Unterrichtspraxis angesichts der empirisch belegten Vorzüge und positiven Wirkungsweisen als „vielfach defizitär" (ebd. S. 191) und führt dies zurück auf die Einstellungen der Lehrkräfte einerseits und die Bedingungen der Berufstätigkeit andererseits. Im Folgenden werden zunächst personale und motivationale Faktoren seitens der Lehrkräfte und ihrem Einfluss auf Kooperation und anschließend der Einfluss der schulischen Rahmenbedingungen auf Kooperation dargestellt.

Köker (2013) konstatiert, dass im Diskurs um Lehrerkooperation vor allem personale Faktoren der Lehrkräfte für gelingende und nicht gelingende Kooperation als bedeutsam beschrieben werden. So müssten Lehrkräfte ihr Autonomiebedürfnis überwinden und trotz schulischer Strukturen, die das Kooperieren erschwerten, die Zusammenarbeit suchen (vgl. ebd. S. 152). In einer empirischen Untersuchung zeigte Rothland (2012), dass Lehramtsstudierende und Lehrkräfte zu einer individualistischen Berufsauffassung tendieren. Dabei schätzen die Befragten Kooperation mit Kolleginnen und Kollegen durchaus positiv ein, wenngleich die Bedeutung von Kooperation für die eigene berufliche Praxis deutlich geringer ausfällt. Besonders zu intensiven Formen der Kooperation, die mit dem Verlust von Autonomie auf Unterrichtsebene einhergehen, äußern die befragten Lehramtsstudierenden wenig Bereitschaft (vgl. ebd. S. 201 f.).

Es zeigt sich also, dass die Einstellung von Lehrkräften bereits im Studium der zukünftigen Kooperation in intensiver Form eher abgeneigt ist. Zur Erklärung dieser Einstellung von Lehrerinnen und Lehrern wird häufig das Autonomie-Paritäts-Muster herangezogen. Das Autonomie-Paritäts-Muster (vgl. Lortie 1972) beschreibt die Vorstellung, dass Unterricht ausschließlich in die Verantwortung der Lehrkraft fällt und keine andere Person Einfluss nehmen darf sowie dass alle Lehrkräfte in ihrer Arbeitsqualität gleich zu behandeln sind. Nach Lortie (1972) ist das Autonomie-Paritäts-Muster ein berufsstrukturelles Merkmal, welches sich

Lehrkräfte im Lauf der beruflichen Sozialisation, vor allem in der Berufseinführungsphase, aneignen. Altrichter (2010) sieht das Autonomie-Paritäts-Muster als mögliche Form zur Bewältigung von im Lehrerberuf bestehenden Unsicherheiten – beispielsweise bezüglich Ziel und Erfolg schulischen Arbeitens – durch das kollektive Einhalten berufsspezifischer Normen, also des Autonomie-Paritäts-Musters.

Soltau, Berthe und Mienert (2012) bezeichnen das Autonomie-Paritäts-Muster als informelles Muster sozialer Normen (vgl. ebd. S. 100). Bei einer Untersuchung von Hamburger Lehrkräften zur Verbreitung des Autonomie-Paritäts-Musters konnten die Autoren aber zeigen, dass die Mehrheit der Befragten dem Autonomie-Paritäts-Muster nicht zustimmt und zwei Drittel der Befragten sich als kooperationsbereit einschätzten. Das Ergebnis der Studie ist ein Indiz dafür, dass die Verbreitung des Autonomie-Paritäts-Musters weniger stark verbreitet sein könnte als angenommen, auch wenn von der Selbsteinschätzung der Beteiligten nicht ohne weiteres auf deren tatsächliches Kooperationshandeln geschlossen werden kann (vgl. ebd. S. 100 f.).

Pröbstel und Soltau (2012) bestätigten diese Ergebnisse (vgl. ebd. S. 71). Weder berufsendogene Unsicherheit noch Autonomiestreben konnten durch ihre Studie als Kooperation hemmende personale Faktoren bestätigt werden. Stattdessen konnte gezeigt werden, dass weniger sozial orientierte Lehrkräfte weniger kooperieren als Kolleginnen und Kollegen mit dem Bedürfnis nach persönlicher Nähe (vgl. ebd. S. 71 f.). Fussangel (2008) konnte zeigen, dass motivationale Gründe entscheidend für gelungene Kooperation sind. So seien gemeinsame Ziele und das Wissen, wie diese Ziele gemeinsam erreicht werden können, motivationsförderlich (vgl. ebd. S. 269).

Keller-Schneider und Albisser (2013) konstatieren darüber hinaus einen Zusammenhang zwischen personalen Faktoren wie Berufsmotiven, Einschätzungen bezüglich der Wichtigkeit von Zusammenarbeit und kollektiven Ressourcen des ganzen Lehrerkollegiums wie beispielsweise das Vorhandensein und Verfolgen gemeinsamer Ziele im Hinblick auf das Stattfinden von Kooperation (vgl. ebd. S. 35). Auch Kullmann (2010) sieht motivationale Gründe ausschlaggebend für Kooperation. Unter Bezug auf die Selbstbestimmungstheorie nach Deci und Ryan (2000) geht er davon aus, dass bei Lehrkräften für gelingendes (Kooperations)Handeln Autonomie, Kompetenz und soziale Eingebundenheit notwendig sind. Nach Kullmann (2010) kann zu einer Steigerung der Kooperation die freie Wahl des Kooperationspartners beitragen, wodurch Lehrkräfte im Rahmen von Kooperation Autonomieerfahrungen machen (vgl. ebd. S. 78). Zusammenfassend lässt sich festhalten, dass personale Faktoren der Lehrkräfte Einfluss auf das

Praktizieren von Kooperation haben, auch wenn die Ausprägung des Autonomie-Paritäts-Musters kontrovers diskutiert wird und den aktuellen Befunden nach weniger häufig von Lehrkräften übernommen wurde als vermutet.

An dieser Stelle bietet die vorliegende Arbeit einen Mehrgewinn für den Diskurs um Kooperation: aus den subjektiven Gesundheitstheorien, die im Rahmen dieser Studie sichtbar gemacht wurden, wird deutlich, dass ein Teil der befragten Lehrkräfte durchaus Wert auf Kooperation in der Schule legt. Dadurch wird die Tendenz in der oben dargestellten jüngeren Forschung zum Zusammenhang zwischen personalen Eigenschaften der Lehrkräfte und dem Vorkommen von Kooperation, die ein differenziertes Bild von der Kooperationswilligkeit der Lehrkräfte zeichnet und die These vom kooperationshemmenden Autonomiestreben der Lehrerinnen und Lehrer relativiert, bestätigt.

Forschungsergebnisse von Köker (2013) deuten an, dass mangelnde Kooperation eher an den Rahmenbedingungen der meisten Schulen liegt als an kooperationsunfreundlichen Lehrkräften (vgl. ebd. S. 164). In ihrer Studie konnte sie zeigen, dass die untersuchten Lehrkräfte in obligatorisch-kooperativen Settings die erzwungene Zusammenarbeit nicht negativ beurteilen. Als Grund dafür nennt Köker, dass erstens der Handlungsspielraum der Untersuchten noch groß genug gewesen sei, um sich ausreichend autonom zu fühlen und zweitens durch die enge Zusammenarbeit Feedback geübt würde, welches die endemische Berufsunsicherheit vermindert. Dieses Ergebnis lässt vermuten, dass die mangelnde Kooperation weniger mit der Sorge um Aufgabe der völligen Autonomie im Handeln als mit Sorge vor den Einblicken anderer in das Handeln begründet werden kann. In der Schule, in der Köker die Lehrkräfte untersuchte, wurde die Isolierung im Beruf durch vorgegebene Kooperationsstrukturen verhindert. Hier wird also ein Zusammenhang zwischen der Struktur von Schule und praktizierter Kooperation deutlich. Auch Fussangel (2008) konstatiert einen Zusammenhang zwischen der Struktur von Schule und der praktizierten Kooperation. Schule wird als ein lose gekoppeltes System bezeichnet, was bedeutet, dass Handeln in verschiedenen Bereichen relativ unabhängig voneinander funktioniert (vgl. ebd. S. 54). Als Konsequenz der Unabhängigkeit üben Lehrkräfte ihre Haupttätigkeit, das Unterrichten, überwiegend isoliert aus, was sich beispielsweise am System der Klassenzimmer zeigt, in denen ein Großteil der pädagogischen Arbeit zwischen Lehrkraft und Klasse isoliert von anderen Akteuren unter alleiniger Verantwortung der Lehrkraft stattfindet. Nach Lortie (1972) stellt ein klassisches Klassenzimmer von daher mehr als nur eine räumliche Begebenheit dar, nämlich ein soziales Muster (vgl. ebd. S. 42). Aus dieser zellulären Struktur von Schulen entsteht das Autonomie-Paritäts-Muster und verstärkt es zudem (vgl. Fussangel 2008, S. 58).

Zusätzlich, so Altrichter (1996), sei unter anderem die Tatsache, dass Lehrkräfte in der Regel verbeamtet werden und dadurch ihre Karriere und ihre Besoldung unabhängig von ihrer Leistung sei, ungünstig für die Weiterentwicklung von Schulen im Hinblick auf mehr Kooperation (vgl. ebd. S. 115). Dies wird damit begründet, dass Innovationen wenig gefördert werden, wenn Besoldung und Karriereaufstieg von Leistung unabhängig sein. Zudem sei die Sozialisierung im Beruf ein Faktor, der Kooperation erschwert. So wird in Lehrerkollegien hinsichtlich der verteilten Aufgaben kein Unterschied zwischen Neulingen und erfahrenen Lehrkräften gemacht und junge Lehrkräfte lernen von Beginn ihrer Tätigkeit, dass sie Probleme alleine lösen müssen. Eine Veränderung der Problemlösekultur in Richtung Kooperation wird dadurch erschwert (vgl. ebd.).

Es wird also deutlich, dass die klassische organisatorische und räumliche Struktur von Schule Konsequenzen für die direkten Kooperationsmöglichkeiten von Lehrkräften und auf die Einstellungen der Lehrkräfte zu Kooperation hat. Einstellungen von Lehrkräften zu Kooperation – wenngleich sie mit Blick auf die oben dargestellte aktuelle Forschung kooperationsbereiter sind als erwartet – hängen somit eng zusammen mit den räumlichen, organisatorischen und strukturellen Bedingungen an Schulen. Eine Theorie von Lehrergesundheit muss dahingehend sensibilisieren, dass klassische schulische Rahmenbedingungen für entlastende Kooperation ungünstig sind, da sie einerseits eine Kooperation organisatorisch erschweren und andererseits die Einstellungen von Lehrkräften zu Kooperation negativ beeinflussen. Dies kann erklären, warum schulische Kooperation selten stattfindet, obwohl Lehrkräfte Kooperation durchaus als wichtig für den Erhalt ihrer Gesundheit sehen, wie bei Sichtbarmachung der subjektiven Theorien deutlich wurde.

Kooperation zwischen Lehrkräften und Schülerinnen und Schülern als Sonderform schulischer Kooperation

Die subjektiven Theorien des Musters A zeigten, dass Lehrkräfte Kooperation mit Kolleginnen und Kollegen sowie mit der Schulleitung und mit außerschulischen Partnern als hilfreich für den Erhalt von Gesundheit sehen. Eine weitere Form der als wichtig erachteten Kooperation ist die zwischen Lehrkräften und Schülerinnen und Schülern. In den subjektiven Theorien des Musters A zeigt sich, dass Lehrkräfte die Zusammenarbeit und das gemeinsame Erreichen von Zielen mit den Kindern und Jugendlichen im Rahmen eines kooperativen, partnerschaftlichen Umgangs als gesundheitsförderlich betrachten. Ksienzyk und Schaarschmidt (2005) nennen den Umgang mit schwierigen Schülerinnen und Schülern als einen der am meisten belastend wahrgenommenen Faktoren im Unterricht (vgl. ebd. S. 81). In den subjektiven Theorien des Musters A wird deutlich, dass Lehrkräfte, die diese subjektive Gesundheitstheorie explizierten, diese Belastung scheinbar durch Kooperation mit Schülerinnen und Schülern und weniger mit Macht und Gewalt zu lösen scheinen. Lehrkräfte sehen sich im Klassenzimmer mit einer komplexen Situation konfrontiert, die großes Konfliktpotenzial birgt. Besonders die Multidimensionalität, das Zusammentreffen von verschiedenen Personen und Persönlichkeiten, unterschiedlichen Voraussetzungen, Fähigkeiten und Interessen, zeigt die Schwierigkeit des pädagogischen Handelns in der Unterrichtssituation im Klassenzimmer (vgl. Syring 2017, S. 12 f.).

Für diese Form der Kooperation mit Schülerinnen und Schülern bedarf es besonderer Kompetenzen seitens der Lehrkraft. So findet sich Classroom Management – nach Syring (2017) die Motivierung im Unterricht durch die Lehrkraft, die Anpassung des Lernstoffs, der Unterrichtsgeschwindigkeit und der Sozialformen an die Bedürfnisse der Schülerinnen und Schüler, eindeutige Zielvorgaben sowie adäquater Umgang mit Störungen (vgl. ebd. S. 20) – als bedeutsame Kompetenz des Lehrerhandelns in verschiedenen Kompetenzmodellen (vgl. Baumert & Kunter 2011; Oser & Oelkers 2001; Terhart 2000). Als Teilbereiche der Kompetenz werden dabei einerseits das Wissen um Strategien des Classroom Managements und andererseits die Fähigkeit der Umsetzung verstanden (vgl. Syring 2017. S. 19).

Nachgewiesen wurde der Zusammenhang von gutem Classroom Management und Schülerleistungen (vgl. Weinert & Helmke 1997). Auch hier wird sichtbar, dass die Erweiterung der Kompetenzen der Lehrkraft vor allem in Bezug zur Steigerung der Unterrichtseffektivität gesehen werden. Die Betrachtung der subjektiven Theorien zum Thema Kooperation mit Schülerinnen und Schülern als Beitrag zur Lehrergesundheit zeigt aber, dass eine Steigerung von Lehrerkompetenzen im Bereich Classroom Management sowie ganz allgemeinen Sozialkompetenzen wie Einfühlungsvermögen und Gesprächsführung auch aus Gründen der Personalentwicklung erstrebenswert ist. Gelingendes Classroom Management ist somit nicht nur für den Unterrichtserfolg wichtig, sondern auch im Blick auf die Gesundheit der Lehrkräfte. Zudem wird durch die sichtbar gemachten subjektiven Theorien gezeigt, dass kommunikative und soziale Kompetenzen von Lehrkräften nicht nur, wie oben beschrieben, bedeutsam für gelingende Kooperation mit Kolleginnen und Kollegen sind, sondern auch – oder besonders – für einen kooperativen Umgang mit Schülerinnen und Schülern. Hier findet sich also ein weiteres Argument dafür, dass Personalentwicklung – in diesem Fall der Ausbau der sozial-kommunikativen Kompetenz – nicht nur wichtig für die Effizienzsteigerung der Schule und des Unterrichts ist, sondern auch für die emotionale Stabilität der Lehrerinnen und Lehrer.

Zusammenfassung
Abschließend lässt sich Folgendes festhalten: Im Diskurs um schulische Kooperation zwischen Lehrkräften wird selbiger für die Unterrichts- und Schulentwicklung sowie für die Erhaltung der psychischen Gesundheit von Lehrkräften große Relevanz zugesprochen. Dieser Befund zeigt sich hinsichtlich der gesundheitserhaltenden Funktion von Kooperation auch in einem Teil der sichtbar gemachten subjektiven Gesundheitstheorien von Lehrkräften: Die subjektiven Theorien des Musters B „Gemeinsam erfolgreich" zeigen, dass Lehrkräfte Kooperation in der Schule als förderlich für ihre Gesundheit ansehen. Somit wird der Diskurs um schulische Kooperation durch die subjektive Sicht der Lehrkräfte ergänzt. Nicht nur aus Sicht der Beobachter, sondern auch aus subjektiver Sicht der Beteiligten stellt sich Kooperation als gesundheitsförderlich dar. Eine Theorie von Lehrergesundheit sollte dafür sensibilisiert sein, dass aus subjektiver Sicht der Lehrkräfte Kooperation für den Erhalt ihrer Gesundheit relevant ist, auch wenn die Einstellungen von Lehrkräften hinsichtlich Kooperation uneinheitlich sind und Schule als Institution in ihrer Struktur intensive Kooperation erschwert, wodurch diese meist nur in wenig intensiver Form praktiziert wird.

Die subjektiven Theorien von Lehrkräften bezüglich des Erhalts ihrer Gesundheit im Lehrerberuf weisen also darauf hin, dass Kooperation sowohl mit anderen Lehrkräften als auch mit Schülerinnen und Schülern nicht nur um der Schule und der Effizienzsteigerung von Lern- und Bildungsprozessen willen relevant ist, sondern auch um der Gesunderhaltung der Lehrkräfte und daher auch um der Personalentwicklung willen.

5.4 Agency als Beitrag zur Lehrerprofessionalität

Im vorliegenden Kapitel werden Selbstbestimmung als Voraussetzung für das Erleben von Bedeutsamkeit und Ausbalancieren von Ressourcen und Anforderungen als Aspekte von Lehrerprofessionalität diskutiert. Die Ergebnisse der vorliegenden Arbeit werden dafür in die Agency-Theorie eingeordnet, um den Diskurs um Lehrerprofessionalität darin zu erweitern. Dadurch kann gezeigt werden, dass Akteurhaftigkeit sowohl in Hinblick auf das Gestalten des Arbeitsumfeldes durch das Fokussieren auf als bedeutsam empfundene Tätigkeiten als auch in Hinblick auf das aktive Ausbalancieren von Ressourcen und Anforderungen Relevanz für die Professionalität von Lehrkräften hat. Zudem wird eine Theorie von Lehrergesundheit durch die Facette der Akteurhaftigkeit ergänzt. Raithelhuber (2011) versteht Agency als „*das* zentrale Moment [...], mit dem erklärt werden soll, dass Menschen in ihrem Handeln und in der Ausgestaltung ihres Lebens nicht gänzlich durch Sozialstrukturen oder gesellschaftliche Institutionen festgelegt sind“ (ebd. S. 9). In der vorliegenden Arbeit wird Agency – im Deutschen auch mit den Begriffen Handlungsfähigkeit, Handlungsvermögen, Handlungsträgerschaft, Handlungsmächtigkeit oder Handeln beschrieben (vgl. ebd.) – von Lehrkräften im schulischen Kontext betrachtet. Der Blick richtet sich also auf Lehrkräfte und ihre Handlungsfähigkeit im Rahmen von schulischen Strukturen.

Für die Diskussion des Stellenwerts von Agency für Lehrergesundheit und Lehrerprofessionalität werden in der vorliegenden Arbeit zwei Facetten von Agency als relevant gesehen: Der erste Teilaspekt von Handlungsfähigkeit wird im Hinblick darauf gesehen, der eigenen Arbeit Sinn zu verleihen, indem Tätigkeiten und Inhalte in einem beruflichen Setting, das von strukturellen und inhaltlichen Vorgaben geprägt ist, selbstbestimmt gewählt oder fokussiert werden. Diese Selbstbestimmung mit dem Ziel des Erlebens von Bedeutsamkeit im Lehrerberuf trägt zur psychischen Gesundheit bei, die erhalten zu können Teil von Lehrerprofessionalität ist. Zweitens wird Agency in Hinblick darauf betrachtet, Ressourcen und Anforderungen, die jeweils Teil der eigenen Persönlichkeit sowie des schulischen Umfeldes sind, auszubalancieren, um die eigene Gesundheit zu erhalten. Auch im zweiten Teilaspekt geht es folglich um die Fähigkeit, berufliches Handeln innerhalb relativ starrer Strukturen selbst aktiv zu gestalten. In die Diskussion von Handlungsfähigkeit als Teilaspekt von Lehrerprofessionalität fließen zwei der oben dargestellten pointierten Ergebnisse der vorliegenden Studie ein. Diese werden im Folgenden zuerst einzeln dargestellt und in den wissenschaftlichen Diskurs eingebunden und anschließend in Hinblick auf professionelle Kompetenzen von Lehrkräften wieder zusammengeführt.

5.4.1 Das Schaffen von Bedeutsamkeit als Facette von Agency

Als Ergebnis der empirischen Untersuchung ließ sich – wie in Abschnitt 5.1 bereits dargestellt – festhalten, dass eine der sichtbar gemachten subjektiven Theorien Selbstbestimmung in verschiedenen Bereichen im beruflichen Kontext als gesundheitsförderlich beschreibt. Der Diskurs um Lehrerprofessionalität wird durch dieses Ergebnis dahingehend ergänzt, als dass er um die Facette der Akteurhaftigkeit in Hinblick auf das Forcieren von Bedeutsamkeit erweitert wird. Die subjektive Theorie, die Selbstbestimmung als für Lehrergesundheit relevanten Faktor beschreibt, entspricht dem Muster A „Aktive Gestalter“ und konnte im Interviewmaterial von Anemone, Lilie und Rose sichtbar gemacht werden. Kerngedanke dieser subjektiven Theorie ist, dass Gesundheit durch das aktive

Gestalten des Arbeitsumfeldes und auch des Privatlebens erhalten werden kann. Diese Selbstbestimmung ist ausgehend von den sichtbar gemachten subjektiven Theorien auf mehreren Ebenen im Berufsalltag der Lehrkräfte zu finden: auf der Unterrichtsebene in Hinblick auf inhaltliche, methodische und räumliche Dimensionen, auf der Ebene außerunterrichtlicher pädagogischer Aktivitäten mit den damit einhergehenden sozialen, inhaltlichen und organisatorischen Merkmalen sowie auf der Ebene der Schulentwicklung mit weiteren erwachsenen Akteuren in der Schule und darüber hinaus. Darüber hinaus sehen die Lehrkräfte laut ihrer subjektiven Theorie auch die Wahl der Schule in Hinblick auf Standort und Infrastruktur oder pädagogisches Profil als Möglichkeit zur Selbstbestimmung. Aktiv gestaltet wird die berufliche Tätigkeit entsprechend der subjektiven Theorie nicht nur durch aktives Schaffen von Inhalten und Strukturen, sondern auch durch aktives Vermeiden von unerwünschten Inhalten und Tätigkeiten.

Selbstbestimmung, Bedeutsamkeit und Motivation

Selbstbestimmung wird im Rahmen der sichtbar gemachten subjektiven Theorien als förderlich für die Gesundheit dargestellt. Die Relevanz von Selbstbestimmung für den Erhalt psychischer Gesundheit wird auch im wissenschaftlichen Diskurs dargestellt. Maslach und Leiter benennen im Kontext der Burnoutforschung die Möglichkeit zur Selbstbestimmung, die sich durch das Erleben von Kontrolle der beruflichen Tätigkeiten zeigt, als Faktor am Arbeitsplatz, der präventiv gegen Burnout von Arbeitnehmern und Arbeitnehmerinnen in sozialen Berufen wirkt (vgl. Maslach & Leiter 2001, S. 12 f.; S. 128 f.).

Diese Ergebnisse zum Zusammenhang von psychischer Gesundheit und Selbstbestimmung spiegeln sich in der oben dargestellten subjektiven Theorie wider, in der ebenfalls Selbstbestimmung im beruflichen Kontext auch als gesundheitserhaltende Strategie verstanden wird. Dadurch wird deutlich, dass der Inhalt der subjektiven Theorie objektiven Kriterien von Richtigkeit und Komplexität entspricht. Zudem wird der Diskurs um die subjektive Sichtweise der betroffenen Lehrkräfte erweitert: Den Lehrkräften des Samples, die diese subjektive Theorie explizierten, ist die Relevanz von Selbstbestimmung in Hinblick auf den Erhalt psychischer Gesundheit bewusst. Im Folgenden wird die Bedeutung von Selbstbestimmung im beruflichen Kontext für das Erleben von Sinnhaftigkeit, Motivation und den Erhalt psychischer Gesundheit aufgezeigt.

Selbstbestimmung im beruflichen Kontext ist eine essenzielle Voraussetzung für das Erleben von Bedeutsamkeit der Arbeit. Um Bedeutsamkeit zu erleben, bedarf es für Lehrkräfte die Möglichkeit, im Rahmen ihrer Tätigkeiten selbstbestimmt Schwerpunkte zu setzen und sich dadurch auf diejenigen Tätigkeiten zu fokussieren, deren Bewältigung ihnen bedeutsam erscheint. Willis (2000) beschreibt den Zusammenhang zwischen Bedeutsamkeit und Agency folgendermaßen: "Human beings are driven not only to struggle to survive by making and remaking their material conditions of existence, but also to survive by making sense of the world and their place in it. This is a cultural production, as making sense of themselves as actors in their own cultural worlds" (Willis 2000, S. xiv, zitiert nach Scherr 2013, S. 229). Demnach bestehe Agency nicht nur aus dem aktiven Bearbeiten und Modifizieren der materiellen Umwelt, sondern auch darin, sich als Akteur in dieser Umwelt als bedeutsam zu erleben und dieses Bedeutsamkeitserleben aktiv zu forcieren. Schneider (2014) verwendet die Begriffe Sinnhaftigkeit und Bedeutsamkeit synonym und beschreibt sie als das Gefühl das eigene Leben sinnvoll zu empfinden. Herausforderungen, deren Bewältigung Menschen als sinnhaft oder bedeutsam bewerten, „[…] erscheinen es wert, Energie zu investieren und sich ihnen verpflichtet zu fühlen" (ebd. S. 130).

Dem eigenen Dasein im Rahmen beruflicher Tätigkeiten Sinn zu geben, dient zur Befriedigung psychologischer Bedürfnisse (vgl. Felfe 2012, S. 15). Sinnhaftigkeit oder Bedeutsamkeit beschreiben die motivationale Komponente von Antonovskys Konzept des Kohärenzgefühls neben dem Gefühl der Verstehbarkeit und dem Gefühl der Machbarkeit (vgl. Antonovsky 1987). Das Kohärenzgefühl wird dabei grundsätzlich als gesundheitserhaltende Ressource verstanden (vgl. ebd.). Es existieren also verschiedene Zusammenhänge zwischen Selbstbestimmung, dem Erleben von Sinnhaftigkeit, Motivation und psychischer Gesundheit: Selbstbestimmung kann als eine Voraussetzung für das Erleben von Bedeutsamkeit verstanden werden. Das Erleben von Bedeutsamkeit ist wiederum eng verbunden mit Motivation: Die Motivation, Herausforderungen zu meistern, deren Bewältigung als sinnhaft bewertet wird, ist Teilaspekt des Kohärenzgefühls, einer personalen gesundheitserhaltenden Ressource.

Auch Schaarschmidt konstatiert einen Zusammenhang zwischen Motivation und psychischer Gesundheit und sieht dabei Motivation sowohl als Folge als auch als Voraussetzung psychischer Gesundheit (vgl. Schaarschmidt 2000, S. 196). Zur Steigerung intrinsischer Motivation ist nach Deci und Ryan (1985) Selbstbestimmung unabdingbar: "[S]elf-determination or freedom from control is necessary for intrinsic motivation to be operative […]" (ebd. S. 30). Um die Motivation einer Lehrkraft dauerhaft zu erhalten, ist also Selbstbestimmung in Hinblick auf die Tätigkeiten im Kontext Schule sehr relevant. Selbstbestimmung, Motivation und Sinnhaftigkeit in der Schule aufrechtzuerhalten, gestaltet sich für Lehrkräfte aus verschiedenen Gründen als schwierig, was im Folgenden dargestellt wird.

Grenzen von Selbstbestimmung im Kontext Schule

Der Selbstbestimmung von Lehrkräften im beruflichen Setting und den damit verbundenen Konsequenzen in Hinblick auf das Erleben von Sinnhaftigkeit sind in zweierlei Hinsicht enge Grenzen gesteckt. Zum einen betrifft dies die Bandbreite der Aufgaben einer Lehrkraft. Neben dem Kerngeschäft der Lehrkräfte, dem Unterrichten, sind weitere verpflichtende Aufgaben zum Beispiel das Vor- und Nachbereiten von Unterricht, Dokumentation von Lernprozessen, Teilnahme an Arbeitskreisen, Fortbildung, Elterngespräche oder die Teilnahme an Konferenzen. Nach Schneider (2014) empfinden Lehrkräfte Aufgaben im Rahmen des Erziehungs- und Bildungsauftrags als bedeutsamer als Aufgaben im Zusammenhang mit Schulinspektion, Evaluationen oder Konferenzen ohne verbindliche Beschlüsse (vgl. ebd. S. 130 f.). Unabhängig davon, ob bestimmte Tätigkeiten von einer Lehrkraft als sinnvoll empfunden werden, müssen diese von ihr durchgeführt werden. Die in der vorliegenden Studie sichtbar gemachte subjektive Theorie weist an dieser Stelle auf die Fähigkeit hin, trotz dieser von außen gegebenen Strukturen selbstbestimmt zu handeln: Gesund blieben – so die subjektive Theorie – demnach die Lehrkräfte, denen es gelänge, ihre eigenen Interessen in die von außen an sie herangetragenen Anforderungen und Aufgaben zu integrieren und sie an diese anzupassen. Dies gelänge, indem sich die Lehrkräfte auf die Aufgaben spezialisierten, die ihnen sinnhaft erschienen und andere Aufgaben nur in so weit ausführten, als dass sie den externen Anforderungen genügen.

Zum anderen ist gerade auch im Kerngeschäft, dem Unterrichten, die Selbstbestimmung und dadurch auch das Sinnempfinden von Lehrkräften stark begrenzt. Zwar sind Lehrkräfte – sofern sie bei ihren Unterrichtsplanungen geltende Lehrpläne beachten – bei der Methoden- und Themenwahl in ihrer Unterrichtsgestaltung weitgehend autonom und können in Abwägung mit den Interessen der Schülerinnen und Schüler sowie aufgrund eigener Vorlieben und Interessen Schwerpunkte setzen. Allerdings ist diese Form der Selbstbestimmung und somit auch das Empfinden von Sinnhaftigkeit im Unterrichtsgeschehen permanent durch das Verhalten der Schülerinnen und Schüler gefährdet. Darauf weisen auch die Ergebnisse von Ksienzyk und Schaarschmidt (2005) hin: Lehrkräfte nennen als stärkste Belastungsfaktoren im Schulalltag das Verhalten schwieriger Schüler (vgl. ebd. S. 72). Die Selbstbestimmung der Lehrkraft und das damit verbundene Empfinden von Sinnhaftigkeit im Rahmen des individuell geplanten Unterrichts kann von Schülerinnen und Schülern und deren Vorstellung von Sinnhaftigkeit untergraben werden. Hier zeigt sich die Problematik der mangelnden Erfolgssicherheit von Lehrkräften in Unterrichtssituationen, denn „[g]rundsätzlich ist der Lernende frei zu lernen oder nicht zu lernen, und dieser Prozess ist von außen nicht determinierbar. Lehrkräfte haben keinen direkten Zugriff auf das Bewusstsein ihrer

Schülerinnen und Schüler“ (Scheunpflug 2001, S. 9 f.). Verweigern sich Schülerinnen und Schüler dem Lernen, so steht die Selbstbestimmung der Lehrkraft in Zweifel, da das Lernen der Schülerinnen und Schüler als Ziel des Unterrichts nicht erreicht ist. Baumert und Kunter (2006) beschreiben unter Bezugnahme auf Daniels (2005) und Baumert et al. (2006), „dass Lehrkräfte mit zunehmendem Alter ihrer Schülerinnen und Schüler immer weniger von gleichmäßiger Motivation und epistemischer Neugier ausgehen können, denn mit zunehmender Interessendifferenzierung sinkt notwendigerweise das mittlere Niveau des domänenspezifischen Interesses innerhalb einer Lerngruppe bei gleichzeitig wachsender Heterogenität der Motivlagen“ (ebd. S. 476). Wenn die Interessen der Schülerinnen und Schüler nicht den Vorstellungen der Lehrkraft in Hinblick auf den Ablauf der Unterrichtsstunde und die übergeordneten Bildungs- und Erziehungsziele entsprechen, äußert sich dieser Interessenkonflikt häufig in Unterrichtsstörungen, die wiederum ebenfalls von Lehrkräften als Belastungsfaktor genannt werden (vgl. Böhm-Kasper et al. 2001, S. 48).

Scheunpflug (2001) nennt in diesem Kontext den sozialen Wandel als eine Ursache für die Komplexitätssteigerung von Lehr-Lernprozessen. So seien Heterogenität hinsichtlich der Lern- und Lebensbedingungen von Schülerinnen und Schülern und gesellschaftliche Anforderungen an Bildung eine Ursache dafür, dass Lehrprozesse und Lernprozesse nicht mehr eine automatische Einheit bilden. Gelänge es Lehrkräften nicht, durch Lehrerhandeln eine Einheit von Lehren und Lernen zu generieren, würden die Erwartungen der Lehrkräfte an Schülerreaktionen nicht erfüllt und es entstünde ein Gefühl von Überforderung (vgl. ebd. S. 10 f.). Dabei sind Unterrichtssituationen gekennzeichnet durch Interaktion und Kommunikation zwischen Lehrkraft und Schülerinnen und Schülern. Um die Selbstbestimmung im Unterrichtsgeschehen und damit verbunden die Sinnhaftigkeit aus Sicht der Lehrkraft aufrecht zu erhalten, sind neben der bewussten Konstruktion von Lehr- Lernprozessen als Einheit im Sinne von Unterrichtsplanung zudem Lehrerkompetenzen in Hinblick auf die Beeinflussung eben dieser Interaktions- und Kommunikationsstrukturen relevant (vgl. Syring 2017, S. 11 f.). Gleichzeitig zeigt sich auch hier die Relevanz der Anpassungsfähigkeit: Konfliktsituationen im Unterricht, die als belastend erlebt werden, entgehen diejenigen Lehrkräfte, die ihre eigenen Interessen und Vorstellungen von Sinnhaftigkeit besonders gut an die der Schülerinnen und Schüler anpassen können und dadurch Konflikte vermeiden. Die Ergebnisse der vorliegenden Arbeit zeigen, dass dies besonders durch Tätigkeiten im Schulleben geschieht, in denen der Zwangscharakter von Unterricht umgangen wird wie beispielsweise beim Engagement für Wahlfächer, an denen die Schülerinnen und Schüler freiwillig teilnehmen, wodurch eine möglichst große Überschneidung von Interessen seitens der Lehrkraft und der Teilnehmenden und daraus resultierend geringes Konfliktpotenzial vermutet werden kann. Eine Professionstheorie kann folglich folgendermaßen bereichert werden: Die Selbstbestimmung von Lehrkräften in der Schule zu fördern und aufrecht zu erhalten wirkt sich positiv auf deren psychische Gesundheit aus.

Die Selbstständigkeit und die damit verbundene Sinnhaftigkeit kann einerseits durch Schulmanagement und andererseits durch die Lehrperson selbst gefördert werden. Schulmanagement kann dazu beitragen, den Lehrkräften möglichst viel Entscheidungsspielraum innerhalb der vorherrschenden Strukturen und innerhalb der zu erledigenden Aufgaben zu lassen (vgl. Bessoth 2000, S. 36 f.). Die Lehrkraft selbst kann Selbstbestimmung und Sinnhaftigkeitserleben aufrechterhalten und vergrößern, indem sie einerseits mögliche Freiheiten bei der Aufgabenwahl in Hinblick auf eigene Interessen nutzt und andererseits indem sie erstens ihre Kompetenzen hinsichtlich der Planung von Lehr- Lernprozessen und Classroom Management ausbaut und ihre persönlichen Interessen an die der Schülerinnen und Schüler anpasst. Sich innerhalb der beschriebenen engen Grenzen im Schulalltag Selbstbestimmung zu erhalten und dadurch einen möglichst großen Teil der beruflichen Tätigkeit als bedeutsam zu empfinden, wird, wie oben beschrieben, als Teilaspekt von Agency verstanden. Konkret ist damit die Fähigkeit von Lehrkräften gemeint, die Arbeit im schulischen Kontext aktiv so zu gestalten, dass Spannungsfelder wie die Spannung zwischen eigenen Zielen im Unterricht und den Interessen der Schülerinnen und Schüler so aufgelöst werden, dass die Lehrkraft das Gefühl behält, dass ihre Arbeit bedeutsam ist.

Allgemein formuliert gelingt es Lehrkräften mit einer ausgeprägten Handlungsfähigkeit also, trotz der kaum veränderbaren Bedingungen im schulischen Kontext möglichst viel Selbstbestimmung und Bedeutsamkeit zu erleben, indem sie ihr Handeln unter dieser Zielsetzung modifizieren. Diese Fähigkeit von Lehrkräften, die entsprechend der sichtbar gemachten subjektiven Theorien zum dauerhaften Erhalt von Gesundheit im Beruf beiträgt, sollte als Kompetenz von Lehrkräften in einer Professionstheorie berücksichtigt werden.

5.4.2 Balancierung von Anforderungen und Ressourcen als Facette von Agency

Als viertes Ergebnis der Studie konnte festgehalten werden, dass im Rahmen von subjektiven Theorien die Fähigkeit, die eigene Person in Einklang mit sich und der Umwelt zu halten und dafür Anforderungen und Ressourcen auszubalancieren, eine große Rolle für die Erhaltung von Lehrergesundheit spielt. Dieses Ergebnis bereichert den Diskurs um Lehrerprofessionalität dahingehend, dass er um die Relevanz dieser Balancierungsfähigkeit erweitert wird und dabei vor allem die subjektive Sichtweise der Lehrkräfte zur Sprache kommt. Die Fähigkeit, innere und äußere Anforderungen mit inneren und äußeren Ressourcen ausbalancieren zu können und dadurch Gesundheit im Sinne eines Kontinuums aufrechtzuerhalten, wird im Folgenden als ein Aspekt von Lehrerprofessionalität diskutiert.

Aus dem empirischen Material konnten subjektive Theorien sichtbar gemacht werden, innerhalb derer der Erhalt von Lehrergesundheit als ganzheitlicher Balanceakt verstanden wird. Dieses Theoriemuster wird als Muster C „Im Einklang" bezeichnet und konnte aus dem Interviewmaterial von Primel, Margerite und Osterglocke erarbeitet werden. Im Vordergrund steht bei dieser subjektiven Theorie der Kerngedanke, dass Gesundheit positiv beeinflusst wird, indem man mit sich selbst und seiner (schulischen) Umwelt im Einklang, also in einer harmonischen Beziehung ist, und dass diese harmonische Beziehung immer wieder durch Reflexion des Geschehens und darauf aufbauende Modifikation des Handelns und Verhaltens ausbalanciert werden muss.

Es geht also darum, Anforderungen und Ressourcen in Balance zu halten. Dabei wird entsprechend der subjektiven Theorie auch das private Umfeld miteinbezogen, sowohl in Hinblick auf erlebte Belastungen als auch in Hinblick auf die Möglichkeit sich im Rahmen von außerschulischen Aktivitäten oder Pausen zu regenerieren oder emotionale Distanz zu gewinnen. Die Fähigkeit des Ausbalancierens von Anforderungen und Ressourcen durch verschiedene Strategien und in Bezug auf verschiedene schulische und außerschulische Bereiche, die in der subjektiven Theorie als Weg zum Erhalt von Gesundheit verstanden wird, wird im Folgenden als eine Kompetenz von Lehrkräften thematisiert. Dadurch wird ein Beitrag zu einer Theorie von Lehrerprofessionalität geleistet. Konkret wird das aktive Ausbalancieren von Anforderungen und Ressourcen, um Gesundheit als einen Zustand von Balance zu generieren und aufrechtzuerhalten, als Aspekt von Agency diskutiert.

Gesundheit als Balance aus Anforderungen und Ressourcen

Becker beschreibt im Systemischen Anforderungs-Ressourcen-Modell den Zusammenhang von Anforderungen und Ressourcen in Hinblick auf den Erhalt von Gesundheit wie folgt: „Der Gesundheitszustand einer Person [hängt] davon [ab], wie gut es ihr gelingt, externe und interne Anforderungen mithilfe externer und interner Ressourcen zu bewältigen" (Becker 2006, S. 82). Gesundheit wird demnach erhalten, indem das Subjekt einen Ausgleich zwischen Anforderungen und Mitteln zur Bewältigung herstellt und diese Balance erhält. Dieses

Verständnis von Gesunderhaltung entspricht inhaltlich dem der in dieser Arbeit sichtbar gemachten subjektiven Theorien des Musters C „Im Einklang“. Hier wird also deutlich, dass die subjektiven Theorien inhaltlich wissenschaftlichen Theorien entsprechen. Gesundheit im Beruf steht, sofern das Systemische Anforderungs-Ressourcen-Modell als Grundlage genommen wird, in Zusammenhang mit gelingender bzw. nicht gelingender Bewältigung von Anforderungen des Lebens, im Kontext der Lehrergesundheit besonders von Anforderungen im beruflichen Kontext. Zudem ist Gesundheit nichts Statisches, sondern ein dynamischer Prozess, der aufgrund wechselnder Anforderungen und wechselnder zur Verfügung stehender Ressourcen stets neu ausbalanciert werden muss. Zudem sind für den Erhalt von Gesundheit nicht nur die Anforderungen und deren Intensität wichtig, sondern der Umgang mit diesen Anforderungen auf Grundlage von zur Verfügung stehenden Ressourcen, der von der betroffenen Person selbst als gelungen oder nicht gelungen beurteilt wird.

Dieses Konzept stellt eine Abkehr von physikalisch-mechanistischen Vorstellungen dar, nach denen ein äußerer Reiz auf ein relativ passives Objekt einwirkt und dort Beanspruchungen auslöst, die langfristig zu Stress und Krankheit führen (vgl. Döring-Seipel & Dauber 2013, S. 23). Interessant ist hierbei, dass in den oben beschriebenen subjektiven Theorien der Lehrkräfte deutlich wird, dass der Gesundheitszustand einer Lehrkraft nicht nur im Kontext Schule gesehen werden darf, sondern dass sowohl Anforderungen als auch Ressourcen sowohl im Privaten als auch im Beruf zu finden sind und in ihrer Gesamtschau den Gesundheitszustand beeinflussen. Nach Döring-Seipel und Dauber (2013) sind externe Anforderungen die, die von anderen Personen an das Subjekt gestellt werden (vgl. ebd. S. 23). Innere Anforderungen sind hingegen diejenigen, die die Person selbst an sich und ihre Arbeit stellt. Diese beruhen zum einen auf Bedürfnissen wie Anerkennung, Selbstverwirklichung, Kontrolle oder Sicherheit (vgl. ebd.) und zum anderen auf in der Sozialisation erworbene Sollwerte (vgl. Wesselborg 2015, S. 41). Als zentrale externe Anforderung nennt Wesselborg (2015) das Gestalten der Beziehung zwischen Lehrkraft und Schülerinnen und Schülern (vgl. ebd. S. 51). Weitere externe Anforderungen im Lehrerberuf sind nach Kyriacou (2011) der Umgang mit unmotivierten Schülerinnen und Schülern, das Aufrechterhalten von Disziplin, Zeitdruck und Arbeitsmenge, der Umgang mit Veränderungen, Evaluation durch andere, der Umgang mit Kolleginnen und Kollegen, Selbstwert und Status, Verwaltungsaufgaben, Rollenkonflikte und schlechte Arbeitsbedingungen (vgl. ebd. S. 29).

Nach Wesselborg (2015) kann aber die zentrale externe Anforderung, das Gestalten der Lehrer-Schüler-Beziehung, auch zu einer Ressource werden, wenn diese Gestaltung gelingt (vgl. ebd. S. 51). Dies kann auf die anderen Anforderungen übertragen werden: Wird die Bewältigung von Anforderungen als gelungen empfunden, können diese auch als Ressource wahrgenommen werden. Das bedeutet: Je mehr Ressourcen eine Person zu Verfügung hat, desto besser gelingt ihr der Umgang mit Anforderungen. Ob eine Situation als Stress interpretiert wird, hängt mit abrufbaren Ressourcen zusammen und ebenso die tatsächliche Bewältigung von als stressig bzw. beanspruchend empfundenen Situationen, was empirisch belegt werden konnte (vgl. Lantermann et al. 2009).

Auch die Untersuchung von Schaarschmidt zeigt Zusammenhänge zwischen Ressourcen, Anforderungen und psychischer Gesundheit bzw. Krankheit auf: So zeichnen sich Personen, die zum Verhaltens- und Erlebensmuster G gehören, durch ein ausgewogenes Verhältnis von Anforderungen und Ressourcen aus (vgl. Schaarschmidt 2005a, S. 24 f.; Döring-Seipel & Dauber 2013, S, 25). Ressourcen als Mittel zur Bewältigung von Anforderungen sind bereits Kerngedanke von Anonovskys Konzept der Salutogenese (vgl. Anonovsky 1979). Als Ressourcen werden dort „jedes Merkmal einer Person, Gruppe oder Umwelt, [das] eine wirksame Spannungsbewältigung erleichtern kann" beschrieben (ebd. S. 99). Nach Faltermaier (2005) kann unterschieden werden in allgemeine Widerstandsressourcen, als welche Merkmale verstanden werden, die in vielen verschiedenen Belastungssituationen wirksam werden können, und spezifische Ressourcen, die in bestimmten Stresssituationen Wirksamkeit zeigen können (vgl. ebd. S. 68). Döring-Seipel und Dauber (2013) differenzieren zwischen externen und internen Ressourcen. Externe Ressourcen liegen außerhalb der Person selbst und können weiter in materielle und soziale Ressourcen aufgeteilt werden. Materielle Ressourcen sind für Lehrkräfte die Ausstattung in der Schule, die bestimmte Unterrichtsformen möglich macht, Unterrichtsmaterialien oder Charakteristika des häuslichen Arbeitsplatzes. Als soziale Ressource von Lehrkräften wird vor allem soziale Unterstützung im Kollegium und durch die Schulleitung allgemein als günstiges soziales Klima bezeichnet diskutiert, deren gesundheitsfördernde Wirkung empirisch nachgewiesen werden konnte (vgl. Ksienzyk & Schaarschmidt 2005, S. 78; Döring-Seipel & Dauber 2013, S. 28). Doch auch im privaten Bereich spielen soziale und teilweise auch materielle Ressourcen für die Gesundheit von Lehrkräften eine wichtige Rolle. Im Rahmen der Potsdamer Lehrerstudie nannten Lehrkräfte Entspannung und Ausgleich im Privaten durch Zeit mit der Familie und mit Freunden sowie durch entspannende Tätigkeiten wie Gartenarbeit als gesundheitsförderliche Faktoren (vgl. Ksienzyk & Schaarschmidt 2005, S. 78). Aus den verschiedenen Möglichkeiten zur Generierung von Entspannung die individuell geeigneten Maßnahmen auszuwählen und durchzuführen, bezeichnet

Schneider (2014) als Entspannungskompetenz (vgl. ebd. S. 96). Interne Ressourcen sind Ressourcen in der Binnensphäre einer Person wie psychische Merkmale, Handlungs- und Selbstregulationskompetenzen, Überzeugungen und Selbstwirksamkeitserwartung. Letztere wurde in ihrer gesundheitsfördernden Wirkung bei Lehrerinnen und Lehrern empirisch nachgewiesen (vgl. Schmitz & Schwarzer 2002).

Döring-Seipel und Dauber (2013) belegten gesundheitsfördernde Wirkung personaler Ressourcen: „Personale Ressourcen wirken als gesundheitliche Schutzfaktoren und werden an unterschiedlichen Stellen wirksam. Sie nehmen direkten Einfluss auf die Entwicklung von Krankheiten und reduzieren so die Wahrscheinlichkeit für die Entstehung von psychischen und körperlichen Erkrankungen. Sie fördern die Neigung zu aktiven Bewältigungsformen und reduzieren die Neigung zu passiven Bewältigungsformen und wirken so auf alle wichtigen Faktoren der Krankheitsentstehung sowohl direkt als auch indirekt ein" (ebd. S. 106). Zusammenfassend lässt sich festhalten, dass bezugnehmend auf das SAR-Modell nach Becker (2006) der psychische Gesundheitszustand von Lehrkräften in enger Verbindung steht mit dem Vorhandensein verschiedener Ressourcen, die eine Bewältigung von Anforderungen möglich machen. Die vorliegende Arbeit erweitert den Diskurs nun um die subjektive Sichtweise der Lehrkräfte: Betrachtet man die in dieser Arbeit sichtbar gemachte subjektive Theorie des Musters C, die besagt, dass Gesundheit durch das Balancieren von unterschiedlichen Anforderungen durch Ressourcen in verschiedenen Bereichen erhalten werden kann, so wird deutlich, dass der wissenschaftliche Diskurs sich in der subjektiven Theorie widerspiegelt.

5.4.3 Agency als Kompetenz von Lehrkräften

Im obigen Abschnitt wurde dargestellt, dass in Anlehnung an das systemische Anforderungs-Ressourcen-Modell nach Becker (2006) psychische Gesundheit grundsätzlich und speziell im Lehrerberuf durch das Balancieren von Anforderungen und Ressourcen erfolgt. Dies zeigt sich sowohl im wissenschaftlichen Diskurs als auch in einem Teil der im Rahmen dieser Arbeit sichtbar gemachten subjektiven Theorien von Lehrkräften. Im Rahmen der subjektiven Theorien zeigt sich, dass die Lehrkräfte der Fähigkeit des Ausbalancierens eine große Bedeutung zuschreiben, für die sowohl Selbstreflexion als auch Reflexion des Umfelds und anschließend die Fähigkeit zur Modifikation des Systems hin zu neuer Balance wichtig sind. In dieser subjektiven Theorie wird also deutlich, dass neben dem

Vorhandensein von inneren und äußeren Ressourcen das Austarieren von Anforderungen und Ressourcen mit Blick auf das persönliche psychische Wohlergehen sowie auf die externen Anforderungen relevant ist. Die Fähigkeit des Balancierens oder Austarierens von Ressourcen und internen sowie externen Anforderungen stellt sich im Rahmen der subjektiven Theorie als wichtige Fähigkeit dar, um psychisch gesund zu bleiben. Diese Fähigkeit des Balancierens lässt sich als Teilaspekt von Agency beschreiben.

Im Rahmen der gegebenen und relativ starr und wenig veränderbaren Strukturen der Lehrertätigkeiten eigene Ressourcen aktiv so zu verwalten, dass die Anforderungen bewältigt werden können, ist als Facette von Handlungsfähigkeit in Hinblick auf Gesundheitshandeln und Lehrerprofessionalität zu sehen. Zudem wurde dargestellt, welche Bedeutung das Erleben von Bedeutsamkeit für die psychische Gesundheit im Lehrerberuf spielt und dass Voraussetzung für das Erleben von Bedeutsamkeit Selbstbestimmung ist. Auch dieser Befund zeigte sich sowohl im wissenschaftlichen Diskurs als auch in den subjektiven Theorien. Auch wurde gezeigt, dass Selbstbestimmung von Lehrkräften im Schulalltag auf verschiedenen Ebenen an Grenzen stößt, so zum einen durch vorgeschriebene Aufgaben außerhalb des Unterrichtsgeschehens. Zum anderen wird Selbstbestimmung von Lehrkräften im Unterrichtssetting durch die Interessen und die Selbstbestimmung der Schülerinnen und Schüler beschnitten, sofern diese widersprüchlich sind. Um Selbstbestimmung aufrecht zu erhalten, bedarf es seitens der Lehrkraft Kompetenzen im Classroom Management und zudem die Fähigkeit, eigene Interessen möglichst an die der Schülerinnen und Schüler anzupassen, was sowohl die Situation im regulären Unterricht mit seinem Zwangscharakter als auch in außerunterrichtlichen Aktivitäten betrifft.

Neben der Bedeutsamkeit psychischer Gesundheit auf der persönlichen Ebene spielt die Gesundheit der Lehrkräfte auch in Hinblick auf ihre berufliche Tätigkeit eine Rolle. Dabei geht es zum einen um krankheitsbedingte Unterrichtsausfälle und zum anderen um die Auswirkungen mangelnder psychischer Gesundheit auf die Arbeitsqualität der Lehrkräfte. Psychisch beeinträchtigte Lehrkräfte des Risikomusters B zeigen geringes Arbeitsengagement und wenig subjektive Bedeutsamkeit der Arbeit (vgl. Schaarschmidt 2005a, S. 27), wovon auf verringerte Qualität in der Arbeit geschlossen werden kann. Die Fähigkeit, die eigene psychische Gesundheit durch Anpassung von Anforderungen und Ressourcen sowie durch die Steuerung der beruflichen Tätigkeit zu möglichst viel erlebter Sinnhaftigkeit aufrechtzuerhalten, ist also für die Qualität der beruflichen Praxis relevant und von daher im Verständnis von Professionalisierung zu diskutieren. Agency als Gestaltung der beruflichen Tätigkeit in einem relativ statischen Setting in Hinblick auf persönliche Bedürfnisse und Ressourcen wurde bislang im Kontext von Professionalität von Lehrkräften nicht als eigene Kompetenz thematisiert, jedoch lassen sich Facetten dieser Fähigkeit in verschiedenen Beschreibungen und Modellierungen von Lehrerkompetenz wiederfinden. Dies wird im Folgenden beschrieben.

Kompetenzformulierung der KMK

Kompetenzen von angehenden Lehrkräften und ihre Konkretisierung in Standards während der Ausbildungsabschnitte wurden von der Kultusministerkonferenz mit dem Ziel „die Qualität schulischer Bildung zu sichern“ (KMK 2004, S. 3) normativ formuliert. Kompetenz wird verstanden als „das Verfügen über Wissensbestände, Handlungsroutinen und Reflexionsformen, die aus der Sicht einschlägiger Professionen und wissenschaftlicher Disziplinen zweck- und situationsangemessenes Handeln gestatten“ (Terhart 2000, S. 54). Verschiedenen Kompetenzen werden jeweils Standards für den universitären und den schulpraktischen Ausbildungsabschnitt zugeordnet, wobei die insgesamt elf Kompetenzen vier Kompetenzbereichen zugeordnet sind, welche wie folgt gefasst werden: Unterrichten, Erziehen, Beurteilen und Innovieren[2] (vgl. KMK 2004; Terhart 2000, S. 49 ff.). Die oben dargestellte Fähigkeit von Lehrkräften, Akteurhaftigkeit in einem relativ statischen beruflichen Umfeld durch das bestmögliche Einbringen persönlicher Ressourcen, Interessen und Bedürfnisse aufrechtzuerhalten, spiegelt sich zum Teil im Kompetenzbereich Innovieren wider. Dieser umfasst drei Kompetenzen, von denen zwei in Hinblick auf die oben dargestellte Anpassungsfähigkeit relevant sind.

Dies betrifft zum einen die Kompetenz 9, die wie folgt beschrieben wird: „Lehrerinnen und Lehrer sind sich der besonderen Anforderungen des Lehrerberufs bewusst. Sie verstehen ihren Beruf als ein öffentliches Amt mit besonderer Verantwortung und Verpflichtung“ (KMK 2004, S. 12). Als Standards für den theoretischen Ausbildungsabschnitt wird unter anderem formuliert, dass zukünftige Lehrkräfte „ihre persönlichen berufsbezogenen Wertvorstellungen und Einstellungen [reflektieren] [und] wesentliche Ergebnisse der Belastungs- und Stressforschung [kennen].“ Für den praktischen Ausbildungsabschnitt wird gefordert, dass „die Absolventinnen und Absolventen lernen, mit Belastungen umzugehen. [Sie] setzen Arbeitszeit und Arbeitsmittel zweckdienlich und ökonomisch ein

[2]Die Onlineveröffentlichung der Kultusministerkonferenz (KMK) formuliert Kompetenzen von Lehrkräften und leitet daraus Standards für die Lehrerbildung ab. Grundlage dieser Veröffentlichung ist der Abschlussbericht der von der Kultusministerkonferenz eingesetzten Kommission für die Weiterentwicklung der Lehrerbildung. Dieser deutlich ausführlichere Abschlussbericht, der von Terhart (2000) herausgegeben wurde, wurde für dieses Kapitel ebenfalls zitiert.

[und] praktizieren kollegiale Beratung als Hilfe zur Unterrichtsentwicklung und Arbeitsentlastung“ (ebd.).

In den genannten Standards wird die Relevanz von Reflexionsfähigkeit in Hinblick auf die Wertevorstellungen sichtbar. Dies betrifft zum einen die Vermittlung von Werten im Unterricht und zum anderen die Wertevorstellungen einer Lehrkraft und deren Einfluss für die Bedeutsamkeit der Arbeit. Als Kompetenz wird es demnach verstanden, Wertevorstellungen reflektieren zu können. Dies ist die Grundlage für die oben beschriebene Akteurhaftigkeit bezüglich des beruflichen Wertesystems und dessen Umsetzung und Erleben in der Realität: Eigene Wertevorstellungen – konkret besonders die Werte, die die eigene Arbeit bedeutsam machen – in Hinblick auf ihre Passung mit schulischen Anforderungen zu reflektieren, ist ein Kompetenzaspekt und somit auch ein Aspekt von Lehrerprofessionalität. In den sichtbar gemachten subjektiven Theorien des Musters A „Aktive Gestalter“ wird dieser Aspekt ebenfalls deutlich: Diese subjektiven Theorien zeigen die Relevanz von Selbstbestimmung im Schulalltag, die die Grundlage für das Erleben von Sinnhaftigkeit bei der Arbeit sind.

Die zweite Facette der Anpassungsfähigkeit – die Fähigkeit des Anpassens eigener Ressourcen und interner Anforderungen an die Ressourcen und externen Anforderungen im schulischen Kontext – spiegelt sich in den Standards zum zweiten Ausbildungsabschnitt wider: Der gelungene Umgang mit Belastungen, der als Standard gefordert wird, setzt das Ausbalancieren eigener Ressourcen gegenüber den Anforderungen oder Belastungen voraus. Arbeitszeit und Arbeitsmittel sowie kollegiale Beratung können dabei als Ressourcen verstanden werden, mit denen Beanspruchungen bewältigt werden können. Auch dieser Aspekt von Agency zeigt sich in den subjektiven Theorien, die in dieser Arbeit sichtbar gemacht wurden. In den subjektiven Theorien des Musters C „Im Einklang“ wird das aktive Ausbalancieren von Beanspruchungen und Ressourcen als gesundheitsfördernder Faktor verstanden.

Der Diskurs um Kompetenzen von Lehrkräften kann an dieser Stelle also dahingehend bereichert werden, als dass in dieser Studie das Bewusstsein für die dargestellten Standards im Rahmen von subjektiven Theorien gezeigt werden konnte. Zusammenfassend lässt sich festhalten, dass in den von der KMK formulierten Kompetenzen verschiedene Facetten sichtbar sind, die Teil der oben dargestellten Fähigkeit sind, in einem relativ statischen beruflichen Umfeld durch das bestmögliche Einbringen persönlicher Ressourcen, Interessen und Bedürfnisse Agency aufrechtzuerhalten. Gleichzeitig werden in den KMK Standards bestimmte Aspekte der Anpassungskompetenz nicht thematisiert, die jedoch Teil der erhobenen subjektiven Theorien der Muster A „Aktive Gestalter“ und C „Im Einklang“ sind. Diese betrifft zum einen die Fähigkeit des Ausbalancierens von

Anforderungen und Ressourcen im außerschulischen Bereich. Entsprechend der sichtbar gemachten subjektiven Theorie des Musters C spielt das Privatleben und die dort verorteten Ressourcen eine zentrale Rolle bei der Ausbalancierung von Beanspruchungen und Ressourcen, die als Teilaspekt der Anpassungskompetenz verstanden wird, jedoch in den Standards der KMK nicht thematisiert werden. Auch die Fähigkeit, sich im beruflichen Kontext vornehmlich auf die Tätigkeiten zu konzentrieren, die der Lehrkraft als sinnhaft oder bedeutsam erscheinen, findet keine Beachtung. Es bleibt im Text der KMK-Standards bei der Thematisierung der Reflexionsfähigkeit in Hinblick auf eigene Wertevorstellungen. Dass als Konsequenz aus der Reflexion jedoch ein aktiver Abgleich der Wertevorstellungen an die Anforderungen im beruflichen Handeln erfolgen muss, um als Lehrkraft professionell zu arbeiten, wird nicht thematisiert.

Zum anderen lassen sich Aspekte von Agency in Kompetenz 10 finden. Diese Kompetenz ist wie folgt gefasst: „Lehrerinnen und Lehrer verstehen ihren Beruf als ständige Lernaufgabe" (KMK 2004, S. 12). Als Standards, durch die die dargestellte Kompetenz umgesetzt wird, werden für den universitären Ausbildungsabschnitt keine Inhalte genannt, die Zusammenhänge mit der oben dargestellten Fähigkeit von Lehrkräften haben, Akteurhaftigkeit in einem relativ statischen beruflichen Umfeld durch das bestmögliche Einbringen persönlicher Ressourcen, Interessen und Bedürfnisse aufrechtzuerhalten. Für den schulpraktischen Ausbildungsabschnitt finden sich jedoch folgende diesbezüglich relevante Inhalte: „Die Absolventinnen und Absolventen [...] reflektieren die eigenen beruflichen Erfahrungen und Kompetenzen und deren Entwicklung. [Sie] geben Rückmeldungen und nutzen die Rückmeldungen anderer dazu, ihre pädagogische Arbeit zu optimieren. [...] [Sie] nehmen Mitwirkungsmöglichkeiten wahr [...] [und] kennen und nutzen Unterstützungsmöglichkeiten für Lehrkräfte" (ebd.). Die Reflexion eigener Erfahrungen und Kompetenzen ist die Voraussetzung für eine bewusste und aktive Modifikation dieser Kompetenzen als Ressourcen im schulischen Setting. Das Nutzen von Rückmeldung für die Optimierung pädagogischer Arbeit kann wiederum als Reflexionsfähigkeit verstanden werden, die für die Kompetenz der Anpassung ebenfalls relevant ist. Das Nutzen von Unterstützungsangeboten kann auch als Facette von Agency gesehen werden, da dabei eigene Bedürfnisse oder interne Anforderungen befriedigt werden durch Ressourcen, die im Kontext Schule zur Verfügung stehen. Diese Ressourcen zu nutzen wird von den Lehrkräften aktiv eingefordert wird. Der zweite Aspekt von Agency, die Fähigkeit, durch selbstbestimmtes Handeln den beruflichen Tätigkeiten Bedeutsamkeit zu geben bzw. diejenigen Tätigkeiten zu fokussieren, im Rahmen derer Bedeutsamkeit erlebt wird, wird thematisiert, wenn von der Wahrnehmung von Mitwirkungsmöglichkeiten gesprochen wird. Es lässt sich also festhalten, dass in den Standards zu Kompetenz 10 Facetten beide hier diskutierte Aspekte von Agency zu finden sind, welche sich in den sichtbar gemachten subjektiven Theorien der Muster A und C zeigten.

Zusammenfassend kann festgehalten werden, dass beide Teilaspekte von Agency, die als Bedingung für dauerhafte Gesundheit und Handlungsstärke aus den subjektiven Theorien der Muster A und C verdichtet werden konnten, in den von der KMK formulierten Kompetenzen und deren Konkretisierung in Standards zu finden sind. Der Kern des Gedankens, nämlich dass Lehrkräfte dann kompetent und in ihrem beruflichen Handeln professionell sind, wenn sie aktiv ihre berufliche Tätigkeit entsprechend ihrer persönlichen Ressourcen und Wertevorstellungen gestalten, ist in den Standards nicht präsent.

Kompetenzmodell nach Baumert und Kunter

Ein Modell über professionelle Kompetenzen von Lehrkräften liegt von Baumert und Kunter (2011) vor. Entsprechend dieses Kompetenzmodells sind die vier Aspekte professioneller Kompetenz erstens Überzeugungen und Wertehaltungen, zweitens motivationale Orientierungen, drittens Selbstregulation und viertens Professionswissen, welches weiterhin in vier Kompetenzbereiche und diese wiederum in insgesamt sieben Kompetenzfacetten ausdifferenziert werden (vgl. ebd. S. 32).

Für die Diskussion der oben dargestellten Fähigkeit von Lehrkräften, Akteurhaftigkeit in einem relativ statischen und wenig beeinflussbaren schulischen Setting aufrechtzuerhalten, erweisen sich die Bereiche Selbstregulation und motivationale Orientierung als anschlussfähig. Die Kompetenzbereiche Selbstregulation und motivationale Orientierung beeinflussen die psychische Funktionsfähigkeit von Lehrkräften, weil sie für „die Aufrechterhaltung der Intention und die Überwachung und Regulation des beruflichen Handelns über einen langen Zeitraum verantwortlich [sind]“ (ebd. S. 42). Selbstregulationsfähigkeit wird verstanden als relevanter Teilaspekt von professioneller Handlungskompetenz und setzt sich zusammen aus den Teilbereichen Engagement und Distanzierungsfähigkeit. Dabei beziehen sich Kunter und Baumert besonders auf die Fähigkeit, mit den vorhandenen Ressourcen verantwortungsvoll umgehen zu können. Bezugnehmend auf die Conservation-of-Ressources-Theorie (Hobfoll 1989) bedeutet dies, eigene Ressourcen effektiv einzusetzen – also sich zu engagieren – und eigene Ressourcen zu schonen, indem man sich von Anforderungen distanziert. Je ausgeprägter die Fähigkeit sei, eigene Ressourcen effektiv einzusetzen und zu schonen, desto gelungener sei die Balance aus Engagement und Distanzierung, welche wiederum zu geringem Belastungserleben führe (vgl. ebd. S. 44 f.). Eine Lehrkraft, deren selbstregulative Fähigkeiten stark ausgeprägt sind, haushaltet mit ihren Ressourcen im beruflichen Kontext so, dass sie genügend Ressourcen investiert, um den externen und internen Anforderungen gerecht zu werden, jedoch durch Distanzierung von beruflichen Problemen und von Überengagement ihre Ressourcen schonen kann, sodass die Anforderungen und die Ressourcen in einem ausgeglichenen Balancezustand stehen.

Motivationale Orientierung nimmt Kontroll- und Selbstwirksamkeitsüberzeugungen sowie intrinsische Motivation von Lehrkräften in den Blick. Selbstwirksamkeitserwartung nimmt Einfluss auf den Enthusiasmus, also auf die Motivation von Lehrkräften gegenüber Schülerinnen und Schülern, und zudem auf die Vorbereitung und Durchführung des Unterrichts. Die aktuelle Forschungslage zusammenfassend konstatieren Baumert und Kunter, dass Selbstwirksamkeitsüberzeugungen zudem relevant für die psychische Regulationsfähigkeit von Lehrerinnen und Lehrern seien, da ausgeprägte Selbstwirksamkeitsüberzeugung als Resilienzfaktor gegenüber Berufsstress gilt und den Umgang mit beruflichen Belastungen positiv beeinflusst (vgl. ebd. S. 43). Der Enthusiasmus von Lehrkräften wird als emotionaler Faktor von Motivation beschrieben und bezeichnet das Ausmaß von positivem Erleben im Rahmen von Lehrerhandeln (vgl. ebd. S. 44). In der COACTIV-Studie wurde empirisch untersucht, welchen Einfluss die Kompetenzen Selbstregulationsfähigkeit und motivationale Orientierung auf erfolgreiches Lehrerhandeln im Mathematikunterricht haben (vgl. Klusmann 2011, S. 278).

Als Ergebnis kann festgehalten werden, dass die befragten Schülerinnen und Schüler denjenigen Lehrkräften eine stärkere kognitive Aktivierung, ein angemesseneres Lerntempo und höhere konstruktive Unterstützung bescheinigten, die ein hohes Ausmaß an Engagement und Widerstandsfähigkeit zeigten (vgl. ebd. S. 284). Außerdem konnte gezeigt werden, dass das Ausmaß der Selbstregulationsfähigkeit zudem die durch die Lehrkraft geförderte Motivation der Schülerinnen und Schüler beeinflusst (vgl. ebd. S. 285). In Hinblick auf das berufliche Wohlbefinden konnte nachgewiesen werden, dass diejenigen Lehrkräfte, deren Zusammenspiel aus Engagement und Widerstandsfähigkeit als gut balanciert und somit gesund bewertet wurde, günstigere Entwicklungen zeigten als die Lehrkräfte, deren Zusammenspiel aus Engagement und Widerstandfähigkeit weniger gut balanciert war (vgl. ebd. S. 286). Indem ein Zusammenhang zwischen der Fähigkeit der Selbstregulation und erfolgreichem beruflichen Handeln gezeigt wurde, konnte eine Ergänzung des Diskurses um Lehrerkompetenzen um die Facette der Selbstregulationskompetenz gerechtfertigt werden.

Die Ergebnisse der vorliegenden Studie weisen ebenfalls darauf hin, dass Agency als Kompetenz von Lehrkräften verstanden werden sollte. Diese Forderung zeigt sich auch im Kompetenzmodell nach Baumert und Kunter (2011), für welches Klusmann (2011) ebenfalls postuliert, dass das Ausbalancieren von

Ressourcen und schulischen Anforderungen – bei Baumert und Kunter Selbstregulationskompetenz genannt – als Kompetenz von Lehrkräften gesehen werden sollte (vgl. ebd. S. 277 f.). Von daher bestätigen die Ergebnisse der vorliegenden Studie die Forderung von Klusmann (2011) und ergänzen sie in Hinblick auf die subjektive Sichtweise der betroffenen Lehrkräfte.

Nicht nur aufgrund des empirisch bestätigten Zusammenhangs eines objektiven von außen beobachteten Zusammenhangs von Selbstregulationskompetenz und professionellem Lehrerhandeln sollte eine Theorie von Lehrerprofessionalität den Aspekt der Agency berücksichtigen. Auch die subjektiven Theorien von den Lehrkräften, aus denen sich in der vorliegenden Studie das Muster C „Im Einklang“ verdichten ließ, weisen auf die Relevanz von Agency in Hinblick auf das Haushalten mit den eigenen Ressourcen hin. Eine Theorie von Lehrerprofessionalität sollte also dafür sensibilisiert sein, dass Lehrkräfte sich der Relevanz dieser Fähigkeit durchaus bewusst sein könnten. Die Diskussion um Selbstregulationsfähigkeit als Kompetenz von Lehrkräften kann durch die Ergebnisse der vorliegenden Studie zudem um die Facette des Privatlebens ergänzt werden, die in den sichtbar gemachten subjektiven Theorien deutlich wurde. Demnach wird Gesundheit durch das aktive Ausbalancieren von Ressourcen und Anforderungen erhalten, wobei in den subjektiven Theorien besonders die Relevanz von außerschulischen personalen und sozialen Ressourcen wie dem Nachgehen von Hobbies und dem Vorhandensein von Familie und Freundeskreis zu erkennen ist. Selbstregulationsfähigkeit sollte als die Fähigkeit verstanden werden, *alle* der Person zur Verfügung stehenden Ressourcen und *alle* Anforderungen auszubalancieren und dabei die Ressourcen außerhalb des beruflichen Kontexts nicht außer Acht lassen. Zugespitzt formuliert bedeutet das, dass auch das private Umfeld mit seinen Anforderungen und Ressourcen Einfluss auf die Professionalität einer Lehrkraft hat, wie in den subjektiven Theorien deutlich wurde. Dies sollte in einer Professionstheorie berücksichtigt werden.

In Hinblick auf das Modell professioneller Kompetenzen von Lehrkräften nach Baumert und Kunter (2011) und insbesondere in Hinblick auf die Selbstregulationskompetenz haben die Ergebnisse der vorliegenden Arbeit noch weiteres Potenzial, um den Diskurs zu erweitern. Als ein Ergebnis der vorliegenden Arbeit wurde oben dargestellt, dass die Fähigkeit von Lehrkräften, Agency in einem relativ statischen beruflichen Umfeld durch das bestmögliche Einbringen persönlicher Ressourcen, Interessen und Bedürfnisse aufrechtzuerhalten, als eine eine Kompetenz von Lehrkräften verstanden werden sollte. Diese Kompetenz beinhaltet zwei Aspekte: erstens die Fähigkeit der aktiven und selbstbestimmten positiven sowie negativen Investition von Ressourcen in einem relativ statischen und von der Lehrkraft wenig beeinflussbaren schulischen Setting und zweitens die Fähigkeit, diejenigen Tätigkeiten und Aufgaben im schulischen Setting zu fokussieren, die der Lehrkraft bedeutsam erscheinen, sodass die Lehrkraft aktiv eigene Interessen und Wertevorstellungen in die schulischen Tätigkeitsbereiche einbringt und dadurch der zu verrichtenden Arbeit Sinn abgewinnen kann bzw. bei der Arbeit Bedeutsamkeit hinsichtlich der Tätigkeiten empfindet. Dieses Auswählen oder Fokussieren auf Tätigkeiten, die der Lehrkraft bedeutsam erscheinen, kann als Kompetenzaspekt verstanden werden, weil es die Fähigkeit beinhaltet, aktiv eine Passung zwischen eigenen Interessen und Werten und den im beruflichen Kontext zu erledigenden Aufgaben zu finden und diese Passung auszubauen und zu gestalten. Für die Suche, das Ausbauen und Gestalten der Tätigkeiten wiederum ist Selbstbestimmung notwendig, wie aus den subjektiven Theorien des Musters B „Aktive Gestalter“ hervorging.

Diese Facette von Agency wird im Kompetenzmodell von Baumert und Kunter nicht als Kompetenz von Lehrkräften beschrieben. Es kann also festgehalten werden, dass nur ein Teilaspekt von Agency im Kontext dieser Arbeit, nämlich das Balancieren von Ressourcen und Anforderungen, von Baumert und Kunter (2011) als Aspekt professioneller Kompetenz gesehen wird. Wertevorstellungen, die in einem engen Zusammenhang mit dem Empfinden von Sinnhaftigkeit der eigenen Arbeit zusammenhängen, werden im Aspekt „Überzeugungen/Wertehaltungen/Ziele“ diskutiert, jedoch geht es hier um den Inhalt der Werte, nicht um die Fähigkeit, diese möglichst gut umzusetzen und der Arbeit möglichst viel Bedeutsamkeit abzugewinnen, indem selbstbestimmt diejenigen Tätigkeiten und Inhalte fokussiert werden, bei denen die meisten Übereinstimmungen mit den persönlichen Wertevorstellungen vorhanden sind. Genau diese Fähigkeit als Teil professioneller Kompetenzen von Lehrkräften sollte jedoch in einer Professionstheorie als Teilaspekt der Anpassungsfähigkeit Berücksichtigung finden, weil in den sichtbar gemachten subjektiven Theorien des Musters B die subjektiv empfundene Relevanz dieser Fähigkeit deutlich wird.

Abschließend lässt sich festhalten, dass Facetten beider im Kontext dieser Arbeit diskutierten Teilaspekte von Agency in Modellen von Lehrerkompetenz sichtbar sind. Gleichzeitig muss festgehalten werden, dass der Gedanke von Agency als Kompetenz von Lehrkräften im Sinne von Handlungsfähigkeit im Ressourcenmanagement und im Sinne von Fokussierung auf Bedeutsamkeit bislang nicht postuliert wurde. Trotzdem lässt sich sowohl eine Theorie von Agency um den Blickwinkel auf Gesundheitshandeln erweitern als auch eine Theorie von Lehrerprofessionalität um die Facette der Agency zur Erhaltung der eigenen Gesundheit.

5.5 Zusammenfassung

Die vorliegende Arbeit befasst sich mit der Frage, welche subjektiven Theorien Lehrkräfte hinsichtlich des Erhalts ihrer Gesundheit im Lehrerberuf explizieren.

Es lassen sich vier pointierte Ergebnisse festhalten: erstens unterscheiden sich die subjektiven Gesundheitstheorien von Lehrkräften in Hinblick auf Struktur und Inhalt. Demnach haben subjektive Gesundheitstheorien entweder auf einen Kerngedanken fokussierte Strukturen oder additive Strukturen, innerhalb derer mehrere Strategien ohne übergreifenden Kerngedanken aneinandergereiht werden. Die drei weiteren Ergebnisse zeigen sich bei drei verschiedenen Mustern subjektiver Theorien im Sample. Als zweites Ergebnis kann festgehalten werden, dass in subjektiven Theorien des Musters B Kooperation im schulischen Kontext als gesundheitsfördernder Faktor sichtbar wurde. Drittens zeigte sich im Rahmen der subjektiven Theorien des Musters A, dass das aktive Gestalten des Arbeitsumfeldes als gesundheitsförderlich wahrgenommen wird. Als viertes pointiertes Ergebnis wurde deutlich, dass in den subjektiven Theorien des Musters C das Erhalten von Gesundheit durch das Aufrechterhalten einer Balance mit sich und der Umwelt als möglich gezeichnet wurde. Diese vier pointierten Ergebnisse wurden an den Diskurs um Lehrergesundheit sowie an die angrenzenden und sich zum Teil überschneidenden Diskurse um subjektive Gesundheitstheorien, Schultheorie und Professionstheorie angebunden.

Durch das erste pointierte Ergebnis der vorliegenden Arbeit, welches die Varianz subjektiver Gesundheitstheorien im Hinblick auf Inhalt und Struktur beschreibt, wird in zweifacher Weise ein Beitrag zur Komplexitätssteigerung des Diskurses um Lehrergesundheit geleistet. Erstens wird die Diskussion um subjektive Gesundheitstheorien bereichert, indem Beiträge zur strukturellen Beschaffenheit der subjektiven Gesundheitstheorien von Lehrerinnen und Lehrern aufgezeigt werden. In der vorliegenden Arbeit wurde sichtbar, dass es subjektive Gesundheitstheorien gibt, innerhalb derer ein Kerngedanke fokussiert wird. Zudem existieren subjektive Gesundheitstheorien, innerhalb derer mehrere Kognitionen ohne Fokussierung eine subjektive Theorie bilden. Es kann angenommen werden, dass diese Varianz hinsichtlich der Theoriestruktur auch für subjektive Theorien über das Sample der vorliegenden Arbeit hinaus vorliegt. Zweitens wird durch das vorliegende Ergebnis der Gesundheitsdiskurs dahingehend komplexer, als dass die moderierende Funktion subjektiver Theorien in Hinblick auf das Gesundheitsverhalten in den Diskurs eingebunden wird. Durch die handlungsleitende Funktion subjektiver Theorien lässt sich Gesundheitshandeln im Lehrerberuf erklären. Dadurch wird der Diskurs um die subjektive Sichtweise der Betroffenen ergänzt und deren Handeln verständlich gemacht.

Das zweite pointierte Ergebnis der vorliegenden Arbeit, durch welches gezeigt wurde, dass Zusammenarbeit von einem Teil der Lehrkräfte des Samples als gesundheitsfördernder Faktor gesehen wird, leistet einen Beitrag zu einer Schultheorie. Die subjektive Sichtweise der Lehrkräfte zeigt Kooperation als Baustein für individuelle Gesundheit der Lehrerinnen und Lehrer, wohingegen im aktuellen Diskurs Kooperation überwiegend zum Zweck der Effizienzsteigerung der Bildungseinrichtungen diskutiert wird. Für eine Theorie von Schule bedeutet dies, dass Kooperation nicht nur um der Schulentwicklung und damit verbundenen Optimierung der Lern- und Bildungsprozesse willen forciert werden muss, sondern auch um der Personalentwicklung willen, weil durch Kooperation Fähigkeiten von Lehrkräften auf inhaltlicher sowie psychosozialer Ebene ausgebaut werden und dadurch die psychische Gesundheit gestärkt wird. Somit wird zugleich für eine Theorie von Lehrergesundheit aufgezeigt, dass die strukturelle Förderung von Kooperation einen wichtigen Stellenwert in der schulischen Gesundheitsförderung haben muss.

Ergebnis drei und vier wurden unter dem Gesichtspunkt von aktivem Handeln zusammengefasst und an eine Agency-Theorie angeschlossen. Sowohl die subjektive Theorie, innerhalb derer das aktive Gestalten des Arbeitsumfeldes als gesundheitsfördernd gesehen wird, als auch die subjektive Theorie, im Rahmen derer das aktive Ausbalancieren von Anforderungen und Ressourcen mit dem Ziel des Erhalts der eigenen Gesundheit dargestellt wird, zeigen die Relevanz von aktivem Handeln. Dabei ist das aktive Gestalten des relativ statischen und von der einzelnen Lehrkraft wenig veränderbaren schulischen Umfelds als Voraussetzung für das Erleben von Bedeutsamkeit der beruflichen Tätigkeiten.

Eine Theorie von Lehrerprofessionalität kann dahingehend bereichert werden, als dass die Fähigkeit in den engen schulischen Strukturen handlungsfähig zu bleiben, um dadurch das Bedeutsamkeitserleben bei den beruflichen Tätigkeiten aufrechtzuerhalten und um innere und äußere Anforderungen mit persönlichen Ressourcen auszubalancieren, als eine Kompetenz von Lehrkräften gesehen werden kann. Eine Theorie von Lehrergesundheit wird dahingehend ergänzt, als dass aktives Handeln von Lehrkräften gesundheitsfördernd ist, da dadurch Anforderungen und Ressourcen in einem ausgeglichenen Verhältnis gehalten werden können und zudem durch das Empfingen von Bedeutsamkeit der eigenen Arbeit ermöglicht wird.

6 Ausblick

Nachdem im vorangegangenen Kapitel Möglichkeiten zur Erhaltung von Lehrergesundheit vor dem Hintergrund der vorliegenden empirischen Ergebnisse in verschiedenen Dimensionen diskutiert wurden, werden in diesem abschließenden Kapitel Anregungen für weitere Forschung und Praxis gegeben. Dabei wird in Abschnitt 6.1 zuerst danach gefragt, welche weiteren Forschungsperspektiven sich für die wissenschaftliche Auseinandersetzung mit subjektiven Gesundheitstheorien von Lehrkräften zeigen. In Abschnitt 6.2 werden dann Anregungen für die Schulpraxis sowie für die Aus- und Weiterbildung von Lehrerinnen und Lehrern gegeben.

6.1 Anregungen für weitere Forschung

Die vorliegende Arbeit beschäftigte sich mit der Frage nach den subjektiven Gesundheitstheorien von Lehrerinnen und Lehrern. Die aus dem empirischen Material gewonnenen Daten wurden anhand eines Kategoriensystems und einer darauf aufbauenden Typen- und Musterbildung systematisiert und in pointierter Form an aktuelle wissenschaftliche Diskurse angebunden. Die Ergebnisse verweisen auf weiteren Forschungsbedarf, der in verschiedenen Bereichen zu finden ist. Dieser wird im Folgenden dargestellt.

Hypothesenüberprüfende Verfahren zur Überprüfung der sichtbar gemachten Theoriemuster

Die vorliegende Studie hat explorativen Charakter. Weiterer Forschungsbedarf besteht darin, die Ergebnisse in einer quantitativ angelegten Studie mit deutlich größerer Stichprobe zu prüfen. Dies betrifft vor allem die Tragfähigkeit

J. Mach-Würth, *Gesund bleiben im Lehrerberuf*,
https://doi.org/10.1007/978-3-658-32928-0_6

der zwei Typen subjektiver Theorien, die auf einen Unterschied zwischen additiven Gesundheitstheorien und fokussierten Gesundheitstheorien hinweisen und die Unterscheidung der fokussierten Gesundheitstheorien in die Muster „Aktive Gestalter", „Gemeinsam erfolgreich" und „Im Einklang". Dies könnte über eine Fragebogenstudie mit Lehrkräften in deutschsprachigen Ländern unter Berücksichtigung von Rahmenbedingungen wie beispielsweise Schulart, Arbeitszeitmodell, Schulstandort, Berufserfahrung oder Fächerkombination realisiert werden. Die Ausweitung des Samples auf deutschsprachige Länder könnte zu mehr Aussagekraft zu führen als ein auf ein Bundesland oder einen Staat begrenztes Sample, da dadurch im Sample eine möglichst große Vielfalt an Rahmenbedingungen am Arbeitsplatz Schule sowie in der Aus- und Weiterbildung von Lehrkräften vorhanden wäre und ein Fragebogen dennoch nicht übersetzt werden müsste. Die in der vorliegenden Studie durch das Kategoriensystem und die Typen- und Musterbildung erarbeiteten Vergleichsdimensionen könnten für die Erstellung eines Fragebogens genutzt werden, indem die Inhalte für die Items und Skalen des Fragebogens übernommen und modifiziert werden könnten.

Entwicklungsbedingungen subjektiver Gesundheitstheorien
Die vorliegende Studie konnte zeigen, dass Lehrkräfte über subjektive Theorien zum Erhalt von Gesundheit im Lehrerberuf verfügen. Es wurde zudem sichtbar, dass diese subjektiven Gesundheitstheorien inhaltlich und strukturell unterschiedlich sind. Für weitere Forschung im Bereich subjektiver Gesundheitstheorien von Lehrkräften wäre es interessant zu eruieren, wie Lehrkräfte diese subjektiven Gesundheitstheorien in Bezug auf ihren Beruf generiert und ob bzw. wie und wodurch sich diese subjektiven Theorien im Lauf der Berufstätigkeit verändert haben.

Subjektive Theorien als argumentative Verknüpfung von Kognitionen bilden sich im Laufe der individuellen Lerngeschichte heraus und verfestigen sich. Sie entstehen durch Erfahrungen aus eigenem Handeln oder dem Handeln anderer Personen oder aus der Beschaffenheit bestimmter Objekte und Situationen. Ihre Genese ist also in einen fortwährenden Sozialisationsprozess eingebunden. In diesem Sozialisationsprozess sind sowohl individuelle als auch kulturelle und gesellschaftliche Einflüsse relevant und tragen zur Konstruktion bestimmter subjektiver Theorieelemente bei (vgl. Fussangel 2008, S. 83 f.; Dann 1994; Müller 2003; Brunner et al. 2006).

Konkret sind Fortbildungen für Lehrerinnen und Lehrer Settings, im Rahmen derer subjektive Theorien verändert werden können. Rimm-Kaufman et al. (2006) zeigten in einer empirischen Studie, dass die Beliefs von erfahrenen Lehrkräften nach Besuch einer Fortbildungsveranstaltung, ohne Besuch einer Fortbildungsveranstaltung und von Referendaren und Referendarinnen in Hinblick auf Disziplin, Verhaltensmanagement und Unterrichtsmethoden unterschiedlich waren. Daraus lässt sich schließen, dass sowohl Berufserfahrung, die berufliche Sozialisation sowie die Teilnahme an spezifischen Fortbildungen subjektive Theorien verändern. Dies für subjektive Gesundheitstheorien der Berufsgruppe der Lehrkräfte zu konkretisieren, wäre für weitere Forschung von Interesse und böte eventuell Erklärungspotenzial für die Unterschiedlichkeit der in dieser Arbeit sichtbar gemachten subjektiven Gesundheitstheorien in Hinblick auf Struktur und Inhalt. Dazu könnten möglicherweise Lehrkräfte vor und nach dem Besuch von Fortbildungsveranstaltungen zum Thema Lehrergesundheit zu subjektiven Theorien zur Gesunderhaltung befragt werden.

Auch das Erforschen subjektiver Gesundheitstheorien durch Befragungen vor und nach dem Referendariat als wichtige Sozialisationsinstanz für angehende Lehrkräfte wäre für weitere Forschung hinsichtlich der Genese subjektiver Gesundheitstheorien interessant. Von Interesse könnte es zudem sein, ob und inwiefern sich subjektive Gesundheitstheorien ausbilden oder verändern, wenn Lehrkräfte an Fortbildungen teilnehmen, die nicht explizit auf das Thema Lehrergesundheit bezogen sind, jedoch Fähigkeiten von Lehrkräften wie Classroom Management oder Kooperationsstrategien ausbauen, die laut der Ergebnisse der vorliegenden Studie eng mit dem Erhalt von Gesundheit im Lehrerberuf verbunden sind. Zudem wäre eine Längsschnittstudie von Interesse, in deren Rahmen im Verlauf der Berufstätigkeit in regelmäßigen Abständen die subjektiven Gesundheitstheorien sichtbar gemacht werden und dabei auch die Lernsituationen, von denen die Befragten sprechen, berücksichtigt werden.

Subjektive Gesundheitstheorien und erfolgreiches Gesundheitshandeln

Als Ergebnis der vorliegenden Studie kann festgehalten werden, dass aus dem empirischen Material des Samples sowohl additive als auch fokussierte subjektive Gesundheitstheorien sichtbar gemacht werden konnten. Für weitere empirische Forschung wäre es interessant, einen Zusammenhang zwischen diesen unterschiedlichen Arten subjektiver Gesundheitstheorien und erfolgreichem Gesundheitshandeln herzustellen. Hierfür sind unterschiedliche Ansätze denkbar.

Zum einen könnte zunächst erforscht werden, inwiefern die verschiedenen subjektiven Gesundheitstheorien tatsächlich handlungsleitend sind. Zwar wird subjektiven Theorien eine gewisse Handlungsleitung zugesprochen (vgl. Dann 1994, S. 173), jedoch wurden auch Abweichungen von subjektiven Theorien und Handeln bzw. Verhalten nachgewiesen (eine Übersicht bietet Fussangel 2008, S. 74 ff.). Dass subjektive Gesundheitstheorien handlungsleitende Funktion haben, wäre die Voraussetzung für weitere Forschung hinsichtlich des Zusammenhangs von subjektiven Gesundheitstheorien und dauerhaft erfolgreichem Gesundheitshandeln.

Darauf aufbauend könnte zum anderen untersucht werden, welche subjektiven Gesundheitstheorien zu dauerhaft erfolgreichem Gesundheitshandeln führen. Dann et al. (1987) konstatieren, dass die Komplexität einer subjektiven Theorie in direktem Zusammenhang mit erfolgreichem Handeln steht. Konkret könnte erforscht werden, ob die auf einen Kerngedanken fokussierten Gesundheitstheorien oder die additiven Gesundheitstheorien, die mehrere gesundheitserhaltende Strategien als gleichwertig zu einer Gesundheitstheorie addieren, an die Komplexität des Lehrerhandelns und die damit verbundenen Herausforderungen für den Erhalt von Gesundheit anschlussfähiger sind. Es wäre also zu zeigen, welche subjektive Gesundheitstheorie zu dauerhafter beruflicher Gesundheit führt oder nicht führt und inwiefern dies mit der Komplexität und objektiven Richtigkeit der subjektiven Gesundheitstheorie zusammenhängt.

Eine Problematik ist dabei hinsichtlich der fokussierten Gesundheitstheorien des Musters B „Gemeinsam erfolgreich" zu erwarten. Im Rahmen dieser Gesundheitstheorie wird Kooperation mit Kolleginnen, Kollegen, Eltern, außerschulischen Partnern, Mitgliedern der Schulleitung sowie mit Schülerinnen und Schülern als gesundheitsfördernd bewertet. Gleichzeitig zeigen empirische Studien, dass Kooperation zwischen Lehrkräften – wenn überhaupt – hauptsächlich in wenig intensiver Form praktiziert wird. Prenzel et al. (2004) konstatieren, dass Zusammenarbeit zwischen Lehrkräften auf Unterrichtsebene – der Ebene, auf der sich der Hauptbelastungsfaktor, der Umgang mit uninteressierten, unmotivierten und undisziplinierten Schülerinnen und Schülern (vgl. Wesselborg 2014, S. 51) befindet – am wenigsten stattfindet und umso intensiver wird, je mehr die Zusammenarbeit außerunterrichtliche Facetten der Lehrertätigkeiten betreffe (vgl. Keller-Schneider & Albisser 2013, S. 34). Es lässt sich also vermuten, dass subjektive Theorien des Musters B für einen Großteil der Lehrerinnen und Lehrer aufgrund der schulischen Rahmenbedingungen nur eingeschränkt oder unter Schwierigkeiten zu Gesundheitshandeln führen kann. Um Erkenntnisse hinsichtlich subjektiver Gesundheitstheorien und Gesundheitshandeln und dessen Erfolg gewinnen zu können, müsste entweder das Gesundheitshandeln der Probanden beobachtet werden, was forschungspraktisch nur schwer umsetzbar ist, oder deren berichtetes Handeln als Datengrundlage verwendet werden, nachdem zuvor die subjektiven Gesundheitstheorien sichtbar gemacht wurden.

Ein anderer Ansatz, um einen Zusammenhang von subjektiven Gesundheitstheorien und dem Erfolg von Gesundheitshandeln herzustellen, wäre folgender: Es könnten subjektive Gesundheitstheorien von Lehrkräften und deren Muster des

Verhaltens und Erlebens[1] (vgl. Schaarschmidt 2005a) zueinander in Beziehung gesetzt werden. Dabei ließen sich möglicherweise Zusammenhänge zwischen der Gesundheitssituation von Lehrkräften und deren subjektiven Gesundheitstheorien herstellen. Geht man von der handlungsleitenden Funktion subjektiver Theorien aus, so gäbe eine derartige Untersuchung zugleich Hinweise auf das Gesundheitshandeln und dessen Erfolg.

6.2 Praxisanregungen für das schulische Arbeitsfeld und die Lehreraus- und Weiterbildung

Die Ergebnisse der vorliegenden Studie zeigen, dass Lehrkräfte unterschiedliche subjektive Theorien bezüglich des Erhalts von Gesundheit im Lehrerberuf in Hinblick auf Struktur und Inhalt haben. Daraus können verschiedene Konsequenzen für die Schulpraxis gezogen werden. Auch für die Aus- und Weiterbildung von Lehrkräften können anhand dieser Ergebnisse Anregungen gegeben werden. Durch die vorliegende Studie wurde deutlich gemacht, dass Lehrkräfte unterschiedliche subjektive Gesundheitstheorien haben, durch die sie den Erhalt von Gesundheit im Lehrerberuf erklären und die ihr Gesundheitshandeln wahrscheinlich zu einem Teil bestimmen. Für die Schulpraxis sollte dies mehrere Konsequenzen haben.

Grundsätzlich sollten Akteure in der schulischen Gesundheitsförderung dafür sensibilisiert sein, dass Lehrkräfte unterschiedliche Strategien verfolgen, um ihre Gesundheit aufrecht zu erhalten. Diese Unterschiedlichkeit der subjektiven Gesundheitstheorien führt zu einer Unterschiedlichkeit im Gesundheitshandeln. Das bedeutet konkret, dass Lehrkräfte die Möglichkeit haben müssen, ihre Strategien auszuführen und sich darin auch von Kolleginnen und Kollegen mit anderen subjektiven Gesundheitstheorien und anderem gesundheitsbezogenem Handeln zu unterscheiden. Daraus ergeben sich konkret folgende Anregungen, bei denen stets bedacht werden sollte, dass sie für einen Teil der Lehrkräfte, nicht jedoch für alle erfolgversprechend in Hinblick auf ihr Gesundheitshandeln sein können:

Ermöglichung von Kooperation in Schulen

Ein Teil der Lehrkräfte des Samples explizierte subjektive Theorien, innerhalb derer gelungene Zusammenarbeit mit unterschiedlichen Akteuren am Arbeitsplatz Schule als gesundheitsfördernd dargestellt wurde. Als Anregung für die Schulpraxis lässt sich daraus ableiten, dass diese Zusammenarbeit ermöglicht

[1] Für eine genaue Darstellung der Studie sei auf das Abschnitt 2.1.3 verwiesen.

und gefördert werden sollte. Dies betrifft sowohl Zusammenarbeit mit Kolleginnen und Kollegen, als auch Zusammenarbeit mit den Schülerinnen und Schülern, der Schulleitung, Eltern sowie weiterem pädagogischen Personal und außerschulischen Partnern.

Wie bereits oben dargestellt, zeigen sich Diskrepanzen hinsichtlich der subjektiven Theorie, die Kooperation als gesundheitsfördernde Strategie benennt, und der tatsächlichen Umsetzung von Kooperation mit Kolleginnen und Kollegen an Schulen. Um zumindest denjenigen Lehrerinnen und Lehrern, die Kooperation mit Kolleginnen und Kollegen vertiefend praktizieren möchten, Gesundheitshandeln in diesem Sinne zu ermöglichen, sollten Schulleitende sowohl zeitliche als auch räumliche Rahmenbedingungen für Lehrerkooperation schaffen. Das bedeutet, dass in Schulen Zeit für kooperatives Arbeiten eingeplant werden sollte und die Räumlichkeiten vorhanden sein müssen, um dieses Arbeiten organisatorisch zu ermöglichen. Zudem sollten im Rahmen von Fortbildungen sowohl das Bewusstsein für die gesundheitsfördernde Wirkung von Kooperation geschaffen, als auch die Fähigkeiten der Lehrkräfte geschult werden, die für gelungene Kooperation nötig sind, wie beispielsweise Gesprächsführung, Zeitmanagement oder Konfliktmanagement.

Um gelungene Kooperation mit Schülerinnen und Schülern im Rahmen des Unterrichts zu fördern, sollten Lehrkräfte sowohl hinsichtlich ihres Classroom Managements als auch hinsichtlich ihrer Selbstreflexionsfähigkeit in Hinblick auf die Gründe für Gelingen oder Nicht-Gelingen von Kooperation im Umgang mit Schülerinnen und Schülern fortgebildet werden. Auch für gelungene Kooperation mit Eltern, Schulleitung und weiterem pädagogischem Personal an Schulen wie beispielsweise Integrationshelferinnen und -helfern oder Jugendsozialarbeiterinnen und -arbeiter sind sowohl Gesprächsführung, Zeitmanagement oder Konfliktmanagement sowie Selbstreflexionsfähigkeit nötig. Diese Fähigkeiten durch Fortbildungen zu fördern sollte also nicht nur mit Blick auf die Schulentwicklung und die damit verbundene qualitative Steigerung der Lernprozesse stattfinden, sondern auch als Möglichkeit zur Förderung der Lehrergesundheit im Blick behalten werden. Nicht zuletzt sollte auf kognitiver Ebene das Bewusstsein der Lehrkräfte für die Relevanz von Kooperation geschaffen bzw. gefördert werden, indem auf die Existenz des Autonomie-Paritätsmusters als ein berufsstrukturelles Merkmal (vgl. Lortie 1972) hingewiesen wird und dieses Verhaltensmuster problematisiert wird.

Das Autonomie-Paritätsmuster als Verhaltensmuster wird durch berufliche Sozialisation vor allem in der Berufseinführungsphase erworben (vgl. Lortie 1972). Jedoch zeigte Rothland (2012) in einer empirischen Untersuchung, dass bereits Lehramtsstudierende zu einer individualistischen Berufsauffassung tendieren. In Hinblick auf das gesundheitsfördernde Potenzial von Kooperation sollten bereits Akteure in den universitären und schulpraktischen Abschnitten der Lehrerbildung für die Problematik mangelhafter Kooperationsbereitschaft sensibilisiert sein. Zudem sollten sich Lehramtsstudierende sowie Referendarinnen und Referendare im Studium und im Referendariat sowohl auf kognitiver Ebene mit der Bedeutung von Kooperation mit dem Ziel der Reflexionsfähigkeit des eigenen Kooperationsverhalten auseinandersetzen als auch im Studium durch kooperative Lernformen und im Referendariat durch Anleitung zu kooperativem Arbeiten zu Zusammenarbeit motiviert werden.

Förderung von Selbstbestimmung
Als Anregung für die Schulpraxis und die Fort- und Weiterbildung von Lehrkräften kann, die Ergebnisse der vorliegenden Studie aufgreifend, die Förderung von Selbstbestimmung gegeben werden. In den Ergebnissen der Studie wurde sichtbar, dass ein Theoriemuster Selbstbestimmung im schulischen Kontext als besonders förderlich für den Erhalt von Gesundheit beschreibt. Diese Selbstbestimmung bezieht sich auf mehrere Ebenen. Im Rahmen der Unterrichtsebene erleben Lehrkräfte Selbstbestimmung durch die aktive Auswahl von Inhalten und Methoden.

Gleichzeitig ist die Selbstbestimmung in dieser Hinsicht eine fragile Angelegenheit, da die Bedürfnisse und Ziele und deren aktive Gestaltung seitens der Lehrkräfte von Schülerinnen und Schülern konterkariert werden, deren Bedürfnisse und Interessen mit denen der Lehrkraft differieren. Um die Selbstbestimmung der Lehrkräfte aufrecht zu erhalten, sind Fähigkeiten im Bereich des Classroom Managements sowie die Fähigkeit zur Reflexion gelungener und misslungener Unterrichtssituationen unabdingbar. Um in der Unterrichtspraxis Selbstbestimmung erleben zu können, müssen diese Fähigkeiten im Lauf der Berufstätigkeit immer wieder erweitert werden. Als Anregung für die Fort- und Weiterbildung von Lehrerinnen und Lehrern wird an dieser Stelle deshalb die Förderung von Classroom Management Skills und Reflexionsfähigkeit im Bereich Unterrichtsgestaltung nicht nur um der Unterrichtsqualität, sondern auch um der Lehrergesundheit willen formuliert.

Im Rahmen von Fortbildungen für Lehrkräfte wäre ebenfalls zu empfehlen, den Teilnehmenden die Bedeutung von Selbstbestimmung im beruflichen Kontext auf einer Metaebene sichtbar zu machen. Dabei sollte die Reflexionsfähigkeit hinsichtlich des eigenen Handelns in der Schule mit dem Ziel, die Bedeutsamkeit der Arbeit durch Fokussierung auf als bedeutsam bewertete Tätigkeiten zu steigern, geschult werden. Zudem sollte bereits in der Ausbildung der zukünftigen Lehrkräfte an der Universität und im Referendariat auf die Möglichkeit zu Selbstbestimmung hinsichtlich der Studienschwerpunkte und des Einbringens persönlicher Interessen in Unterricht und Schulleben geachtet und diese verstärkt möglich gemacht werden.

Die befragten Lehrkräfte explizierten im Rahmen ihrer subjektiven Theorien Möglichkeiten zur Selbstbestimmung auf Ebenen über die Situation im Klassenzimmer hinaus. Als für den Erhalt der psychischen Gesundheit relevant wurde auch die Selbstbestimmung bei der pädagogischen Arbeit außerhalb des Unterrichts beschrieben. Im Rahmen dieser schulischen Tätigkeiten können Lehrkräfte Themenschwerpunkte auch außerhalb des Lehrplans auswählen und dabei besonders die Inhalte und Tätigkeiten fokussieren, die ihnen persönlich für die Erziehung und Bildung der Schülerinnen und Schüler als bedeutsam erscheinen. Zudem bergen derartige außerschulische Tätigkeiten weniger Konfliktpotenzial, da der Zwangscharakter von Unterricht mit der zwangsläufigen Konfrontation von unterschiedlichen Interessen und Bedürfnissen in einem von mehr beidseitiger Freiwilligkeit geprägten Setting weniger gegeben ist. Eine Gestaltung des Schullebens außerhalb des Unterrichts, beispielswiese realisiert im Rahmen von Wahlfächern oder der Organisation von Projekten oder Exkursionen, sollte durch Schulleitende also nicht nur um der Schulentwicklung willen, sondern auch der Gesundheit der Lehrkräfte zuliebe ermöglicht werden. Konkret sollten Lehrkräfte also die Möglichkeit erhalten, ihre eigenen Interessen und Fähigkeiten möglichst häufig und auf unterschiedlichen Ebenen in das Schulleben einbringen zu können.

Gesundheitsförderung durch Anleitung zu Verhaltensreflexion und -modifikation
In der vorliegenden Studie wurde deutlich, dass Lehrkräfte, die eine subjektive Theorie des Musters „Im Einklang" explizierten, den Erhalt von Gesundheit durch ein Ausbalancieren von internen und externen Anforderungen und Ressourcen verstehen, durch welche sie ihre Person in einem psychischen Gleichgewicht halten. Dieses Ausbalancieren setzt voraus, dass eine Lehrkraft ein Gespür für die eigenen Bedürfnisse entwickelt hat und Strategien kennt, mithilfe derer sie den Gleichgewichtszustand immer wieder herstellen kann. Diese Fähigkeit der Wahrnehmung eigener Bedürfnisse und die Fähigkeit, Einfluss auf ein durch berufliche Schwierigkeiten entstandenes Ungleichgewicht zu nehmen, sollte durch Fort- und Weiterbildungen gefördert werden.

Konkret geht es darum, Lehrkräften theoretisches Metawissen über den Erhalt von Lehrergesundheit zu vermitteln und dadurch die Fähigkeit zur Reflexion der eigenen gesundheitlichen Situation im beruflichen Kontext zu ermöglichen.

Dazu gehört das Analysieren eigener Bedürfnisse sowie der schulischen Anforderungen und deren Rolle beim Erhalt der eigenen Gesundheit. Durch die kognitive Auseinandersetzung mit Theorien zur Gesunderhaltung, Belastungen, Bewältigungsmöglichkeiten sowie Zusammenhängen zwischen Kompetenzen von Lehrkräften und Gesundheit soll die Reflexionsfähigkeit der Lehrerinnen und Lehrer erhöht werden und die Grundlage für die selbstständige Modifikation von nicht oder nur ungenügend gesundheitsförderndem Verhalten und Handeln gelegt werden.

Zudem sollten Fort- und Weiterbildungen durch theoretische Auseinandersetzung mit Lehrergesundheit zum Ziel haben, additive subjektive Gesundheitstheorien um weitere Strategien zu erweitern, um den Lehrkräften ein noch größeres Repertoire an Handlungsmöglichkeiten bewusst werden zu lassen, um die Chance zu erhöhen, die subjektiven Gesundheitstheorien an die Komplexität des Lehrerinnen- und Lehreralltags anschlussfähig zu machen und somit zu erfolgreichem Gesundheitshandeln zu führen. Auch fokussierte Gesundheitstheorien können durch eine theoretische Auseinandersetzung mit Lehrergesundheit auf Metaebene in Hinblick auf ihre gesundheitserhaltende Funktion reflektiert und gegebenenfalls modifiziert werden. Für die Professionalisierung von Lehrkräften ergibt sich die Notwendigkeit, diese oben dargestellten Fähigkeiten in der Ausbildung von zukünftigen Lehrkräften zu berücksichtigen, wie im folgenden Punkt ausführlich dargestellt wird.

Lehrergesundheit und Lehrerprofessionalisierung

In den oben genannten Anregungen für die Schulpraxis und Fortbildungen von Lehrkräften wurde die Relevanz von Kooperation und Selbstbestimmung im Schulalltag und der dazu benötigten Fähigkeiten sowie die Relevanz von Balancierungsfähigkeit für den Erhalt von Gesundheit konkretisiert. Um dauerhaft gesundheitsförderndes Handeln in der Schulpraxis zu ermöglichen, müssen die subjektiven Theorien von Lehrkräften im Laufe der Berufsbiografie immer wieder aktualisiert und erweitert werden. Dies sollte, wie oben beschrieben, im Rahmen von Fortbildungen ermöglicht werden.

Eine besondere Rolle für die Gesundheit der Lehrkräfte kommt den beiden Phasen der Lehrerprofessionalisierung zu. Schaarschmidt (2005, S. 57 f.) zeigte, dass bereits bei 46 % der Berufseinsteiger und -einsteigerinnen im ersten Berufsjahr die gesundheitlich ungünstigen Erlebens- und Verhaltensmuster A und B vorliegen. Das Schonungsmuster S liegt bei 25 % der Befragten vor und nur 29 % lassen sich dem gesundheitsförderlichem Muster G zuordnen. Zudem ist eine „progressive Verschlechterung des Bildes in den ersten fünf Berufsjahren" festzustellen (Schaarschmidt 2005b, S. 57).

Aus diesen Daten geht hervor, dass auch die Lehrkräfte, die die universitäre sowie schulpraktische Ausbildungsphase gerade erst durchlaufen haben, Defizite im Gesundheitshandeln aufweisen. Beide Ausbildungsphasen scheinen also die Kompetenz der Selbstregulation (vgl. Baumert & Kunter 2006) nicht ausreichend zu vermitteln. Lehrergesundheit allgemein und konkret das Erwerben der Selbstregulationskompetenz sollte also einen festen Ort in der Lehrerprofessionalisierung bekommen und bereits im Rahmen der universitären Lehrerbildung stattfinden. Dabei muss den Studierenden die Relevanz der Fähigkeiten, die zum Erhalt der Gesundheit in einem psychisch überdurchschnittlich belastenden Beruf unabdingbar sind, deutlich gemacht werden. Dazu sollten sowohl Reflexionsfähigkeit durch die Beschäftigung mit Theorien von Lehrergesundheit gefördert werden als auch gesundheitsfördernde Strategien wie Konfliktfähigkeit oder Stressmanagement bereits im Studium praktisch erlernt und eingeübt werden.

Für den praktischen Ausbildungsabschnitt im Referendariat lassen sich ähnliche Forderungen stellen. In dieser wichtigen Phase der beruflichen Sozialisation sollten Theoriefacetten der Lehrergesundheit stets in Verbindung mit praktischen Beanspruchungen und gesundheitserhaltenden Strategien thematisiert werden und somit Reflexion hinsichtlich Ressourcen und Anforderungen sowie gesundheitsfördernde Strategien auch eingeübt werden.

* * *

Die vorliegende Arbeit schließt mit einem Zitat von Schopenhauer, welches die Bedeutung von Gesundheit – nicht nur für Lehrerinnen und Lehrer – abschließend noch einmal pointiert darstellt:

„Neun Zehntel unseres Glückes beruhen allein auf der Gesundheit. Mit ihr wird alles eine Quelle des Genusses: Hingegen ist ohne sie kein äußeres Gut, welcher Art es auch sei, genießbar“ (Schopenhauer 1956, S. 18).

Literatur

Ahlgrimm, F. (2012). Wirkungen von Zusammenarbeit auf das Selbstbild und die professionelle Entwicklung von Lehrkräften. In S.G. Huber & F. Ahlgrimm (Hrsg.), *Kooperation: Aktuelle Forschung zur Kooperation in und zwischen Schulen sowie mit anderen Partnern* (S. 159–184). Münster: Waxmann.

Alabdulkareem, S. A. (2009). *Investigating science teachers' beliefs about science and teaching: struggles in implementing science education reform in Saudi Arabia.* Saarbrücken: Müller.

Al-Darmaki, F., Thomas, J. & Yaageib, S. (2016). Mental Health Beliefs Amongst Emirati Female College Students. *Community Mental Health Journal 52*, 233–238.

Altrichter, H. (1996). Der Lehrerberuf: Qualifikationen, strukturelle Bedingungen und Professionalität. In: W. Specht & J. Thonhauser (Hrsg.), *Schulqualität. Entwicklungen, Befunde, Perspektiven* (S. 96–172). Innsbruck: Studien Verlag.

Altrichter, H. (2000). Konfliktzonen beim Aufbau schulischer Qualitätssicherung und Qualitätsentwicklung. *41. Beiheft der Zeitschrift für Pädagogik. Qualität und Qualitätssicherung im Bildungsbereich: Schule, Sozialpädagogik, Hochschule,* 93–110.

Alznauer, B., Lang, G. & Flick, U. (2000). Das Bild der Pflege im Fernsehen – Ergebnisse einer qualitativen Filmanalyse der Krankenhausserie „Für alle Fälle Stefanie". *Psychomed, 10,* 184–189.

Antonovsky, A. (1979). *Health, Stress and Coping.* London: Jossey-Bass.

Antonovsky, A. (1987). *Unraveling the Mystery of Health: How People Manage Stress and Stay Well.* San Francisco, CA, US: Jossey-Bass.

Antonovsky, A. (1997). *Salutogenese. Zur Entmystifizierung der Gesundheit.* Tübingen: dgvt.

Baumert, J., Daniels, Z., Cortine, K. S., Köller, O., Lüdtke, O., Trautwein, U. & Watermann, R. (2006). *Interesse an der Sache eine Sache von Vergleichen?* Vortrag: Landau.

Baumert, J. & Kunter, M. (2006). Stichwort: Professionelle Kompetenz von Lehrkräften. *Zeitschrift für Erziehungswissenschaft, 9,* 469–520.

Baumert, J. & Kunter, M. (2011). Das Kompetenzmodell von COAKTIV. In: M. Kunter, J. Baumert, W. Blum, U. Klusmann, S. Krauss & M. Neubrand (Hrsg.), *Professionelle Kompetenz von Lehrkräften. Ergebnisse des Forschungsprogramms COACTIV* (S. 29–54). Münster: Waxmann.

J. Mach-Würth, *Gesund bleiben im Lehrerberuf,*
https://doi.org/10.1007/978-3-658-32928-0

Becker, P. (2003). Anforderungs-Ressourcen-Modell in der Gesundheitsförderung. In: Bundeszentrale für gesundheitliche Aufklärung (Hrsg.), *Leitbegriffe der Gesundheitsförderung. Glossar zu Konzepten, Strategien und Methoden in der Gesundheitsförderung* (S. 13–15). Schwabenheim: Peter Sabo.

Becker, P. (2006). Die Bedeutung von Persönlichkeitseigenschaften und chronischem Stress aufgrund eines Mangels an Bedürfnisbefriedigung für gesundheitliche Beeinträchtigungen für Lehrer. *Psychologie in Erziehung und Unterricht, 53*, 81–96.

Ben-Ari, R., Krole, K. & Har-Even, D. (2003). Differential effects of simple frontal versus complex teaching strategy on teachers' stress, burnout, and satisfaction. *International Journal of Stress Management, 10*, 173–195.

Berking, & Znoj, H.J. (2006). Achtsamkeit und Emotionsregulation – when East meets West. *Psychotherapie im Dialog, 3*, 307–312.

Bessoth, R. (2000). Motivation und Leistung von Lehrer/innen: Voraussetzungen schaffen. In D. Smolka (Hrsg.), *Motivation und Mitarbeiterführung in der Schule. Empfehlungen für die Schulpraxis* (S. 36–45). Neuwied: Luchterhand.

Bientzle, M., Cress, U. & Kimmerle, J. (2015). The role of tentative decisions and health concepts in assessing information about mammography screening. *Psychology, Health & Medicine, 6*, 670–679.

Bieri, T. (2006). *Lehrpersonen – hoch belastet und trotzdem zufrieden?* Bern: Haupt.

Blaxter, M. (1990). *Health and lifestyles*. London: Routledge.

Bödecs, T., Horvath, B., Szilagyi, E., Nemetzh, M. & Sandor, J. (2011). Association Between Health Beliefs and Health Behavior in Early Pregnancy. *Matern Child Health, 15*, 1316–1323.

Böhm-Kasper, O. (2004). *Schulische Belastung und Beanspruchung*. Münster: Waxmann.

Böhm-Kasper, O., Bos, W., Körner, S. & Weishaupt, H. (2001). *Sind 12 Schuljahre stressiger? Belastung und Beanspruchung von Lehrern und Schülern am Gymnasium*. Weinheim: Juventa.

Brouwer, A., Evers, W.J.G. & Tomic, W. (2001). Self-Efficacy in eliciting social support and burnout among secondary-school teachers. *Journal of Applied Social Psychology, 31*, 1474–1491.

Brown G.T.L., Harris, L.R. & Harnett J. (2012). Teacher beliefs about feedback within an assessment for learning environment: Endorsement of improved learning over student-wellbeing. *Teacher Education: An International Journal of Research and Studies, 28*, 968–978.

Brunner, M., Kunter, M., Krauss, S., Baumert, J., Blum, W., Dubberke, T., Jordan, A., Klusmann, U., Yi-Miaus, T. & Neubrand, M. (2006). Welche Zusammenhänge bestehen zwischen dem fachspezifischen Professionswissen von Mathematiklehrkräften und ihrer Ausbildung sowie beruflichen Fortbildung? *Zeitschrift für Erziehungswissenschaft, 9*, 521–544.

Burisch, M. (1994). *Das Burnout-Syndrom*. Berlin: Springer.

Buschmann, I. & Gamsjäger, E. (1999). Determinanten des Lehrer-Burnout. *Psychologie in Erziehung und Unterricht, 46*, 281–292.

Calnan, M. (1987). *Health and Illness. The lay perspective*. London: Travistock.

Clarke, R. & Lowe, F. (1989). Positive health – some lay perspectives. *Health Promotion 3*, 401–406.

Crawford, R. (1987). Cultural influences on prevention and the emergence of a new health consciousness. In: N.D. Weinstein (Hrsg.), *Taking care* (S. 95–113). Cambridge: University Press.

D'Houtaud; A. & Field, M. (1984). The image of health: variations in perception by social class in a French population. *Sociology of Health and Illness, 6*, 30–60.

Daniels, Z. (2005). *Differenzierung schulischer Interessen im Jugendalter*. Dissertation, Universität Potsdam.

Dann, H.-D. & Humpert, W. (1987). Eine empirische Analyse der Handlungswirksamkeit Subjektiver Theorien von Lehrern in aggressionshaltigen Unterrichtssituationen. *Zeitschrift für Sozialpsychologie, 18*, 40–49.

Dann, H.-D., Tennstädt, K.-C., Humpert, W. & Krause, F. (1987). Subjektive Theorien und erfolgreiches Handeln von Lehrern/-innen bei Unterrichtskonflikten. *Unterrichtswissenschaft, 15*, 306–320.

Dann, H.-D. & Krause, F. (1988). Subjektive Theorien: Begleitphänomen oder Wissensbasis des Lehrerhandelns bei Unterrichtsstörungen? *Psychologische Beiträge, 30*, 269–291.

Dann, H.-D. (1994). Pädagogisches Verstehen: Subjektive Theorien und erfolgreiches Handeln von Lehrkräften. In: K. Reusser & M. Reusser-Weyeneth, (Hrsg.), *Verstehen. psychologischer Prozess und didaktische Aufgabe* (S. 163–181). Bern: Huber.

Dann, H.-D. (2000). Lehrerkognitionen und Handlungsentscheidungen. In: M. Schweer (Hrsg.), *Lehrer-Schüler-Interaktion. Pädagogisch-psychologische Aspekte des Lehrens und Lernens in der Schule.* (S. 79–108). Opladen: Leske & Budrich.

Day, C. (2008). Commited for life? Variations in teachers' work, lives and effectiveness. *Journal of Educational Change, 9*, 243–260.

Deci, E.L. & Ryan, R. M. (1985). *Intrinsic Motivation and Self-Determination in Human Behaviour.* New York: Plenum Press.

De Florio-Hansen, I. (1998). *Themenschwerpunkt: Subjektive Theorien von Fremdsprachenlehrern.* Tübingen: Narr.

Döring-Seipel, E. & Dauber, H. (2013). *Was Lehrerinnen und Lehrer gesund hält: Empirische Ergebnisse zur Bedeutung von psychosozialen Ressourcen im Lehrerberuf*. Göttingen: Vandenhoeck & Ruprecht.

Dörner, K. (1975). Wie werde ich Patient oder die Sozialisation zum Patienten. In: K Dörner (Hrsg.), *Diagnosen der Psychiatrie* (S. 150–177). Frankfurt: Campus.

Dross, M. (1998). „Warum bin ich trotz allem gesund geblieben?" Subjektive Theorien von Gesundheit am Beispiel von psychisch gesunden Frauen. In: U. Flick (Hrsg.), *Wann fühlen wir uns gesund? Subjektive Vorstellungen von Gesundheit und Krankheit* (S. 119–128). Weinheim: Juventa.

Eckert, M., Ebert, D. & Sieland, B. (2013). Wie gehen Lehrkräfte mit Belastungen um? Belastungsregulation als Aufgabe und Ziel für Lehrkräfte und Schüler. In: M. Rothland. (Hrsg.), *Belastung und Beanspruchung im Lehrerberuf. Modelle, Befunde, Interventionen* (S. 193–214). Wiesbaden: Springer.

Epp, A. (2017). *Von der Schule in die Berufsausbildung. Soziale Konstruktionen durch Lehrkräfte über ungünstige Faktoren in der Bildungsbiographie von Schülerinnen und Schülern.* Opladen: Budrich.

Faltermaier, T. (1994). *Gesundheitbewußtsein und Gesundheitshandeln. Über den Umgang mit Gesundheit im Alltag.* Weinheim: Beltz.

Faltermaier, T. (1998): Subjektive Konzepte und Theorien von Gesundheit. Begründung, Stand und Praxisrelevanz eines gesundheitswissenschaftlichen Forschungsfeldes. In: U. Flick (Hrsg.), *Wann fühlen wir uns gesund? Subjektive Vorstellungen von Gesundheit und Krankheit* (S. 70–87). Weinheim: Juventa.

Faltermaier, T., Kühnlein, I. & Burda-Viering, M. (1998). *Gesundheit im Alltag. Laienkompetenz in Gesundheitshandeln und Gesundheitsförderung.* Weinheim: Juventa.

Faltermaier, T., Kühnlein, I. & Burda-Viering, M. (1998a). Subjektive Gesundheitstheorien: Inhalt, Dynamik und ihre Bedeutung für das Gesundheitshandeln im Alltag. *Zeitschrift für Gesundheitswissenschaften, 6,* 309–326.

Faltermaier, T. (2005). *Gesundheitspsychologie.* Stuttgart: Kohlhammer.

Faltermaier, T. (2008). Geschlechtsspezifische Dimensionen im Gesundheitsverständnis und Gesundheitsverhalten. In: B. Badura, H. Schröder & C. Vetter (Hrsg.), *Fehlzeiten-Report 2007: Arbeit, Geschlecht und Gesundheit: Zahlen, Daten, Analysen aus allen Branchen der Wirtschaft* (S. 35–45). Heidelberg: Springer.

Farber, B.A. (1991). *Crisis in education: Stress and burnout in the American teacher.* San Francisco, CA, US: Jossey-Bass.

Felfe. J. (2012). *Arbeits- und Organisationspsychologie 1. Arbeitsgestaltung, Motivation und Gesundheit.* Stuttgart: Kohlhammer.

Flick, U. (1991). Alltagswissen über Gesundheit und Krankheit. Überblick und Einleitung. In: U. Flick (Hrsg.), *Alltagswissen über Gesundheit und Krankheit. Subjektive Theorien und soziale Repräsentationen* (S. 9–27). Heidelberg: Roland Asanger.

Flick, U. (1998). Subjektive Vorstellungen von Gesundheit und Krankheit. Überblick und Einleitung. In: U. Flick (Hrsg.), *Wann fühlen wir uns gesund? Subjektive Vorstellungen von Gesundheit und Krankheit* (S. 7–32). Weinheim: Juventa.

Flick, U., Hoose, B. & Sitta, P. (1998): Gesundheit und Krankheit gleich Saude & Doenca? Gesundheitsvorstellungen bei Frauen in Deutschland und Portugal. In: U. Flick (Hrsg.), *Wann fühlen wir uns gesund? Subjektive Vorstellungen von Gesundheit und Krankheit* (S. 141–159). Weinheim: Juventa.

Flick, U. (2002): Wandel von Gesundheitsvorstellungen im Kontext von New Public Health. In: U. Flick (Hrsg.), *Innovation durch New Public Health* (S. 293–321). Göttingen: Hogrefe.

Flick U., Walter, U., Fischer, C., Neuber, A. & Schwartz, F. W. (2004). *Gesundheit als Leitidee? Subjektive Gesundheitsvorstellungen von Ärzten und Pflegekräften.* Hogrefe: Hans Huber.

Flick, U. (2006). *Qualitative Sozialforschung. Eine Einführung.* Reinbek bei Hamburg: Rowohlt.

Fussangel, K. (2008). *Subjektive Theorien von Lehrkräften zur Kooperation: eine Analyse der Zusammenarbeit von Lehrerinnen und Lehrern in Lerngemeinschaften.* Dissertation, Universität Wuppertal. https://nbnresolving.de/urn/resolver.pl?urn=urn%3Anbn%3Ade%3Ahbz%3A468-20080475 [20.07.2019].

Fussangel, K., Dizinger, V., Böhm-Kasper, O. & Gräsel, C. (2010). Kooperation, Belastung und Beanspruchung von Lehrkräften an Ganztagesschulen. *Unterrichtswissenschaft, 38,* 51–67.

Franke, A. (1989). Gesundheit ist Spaß am Leben. *Psychologie heute spezial (Thema Frauengesundheit), 1,* 28–33.

Franke, A. (2010). *Modelle von Gesundheit und Krankheit.* Bern: Huber.

Franzkowiak, P. (1986). *Risikoverhalten und Gesundheitsbewusstsein bei Jugendlichen.* Berlin: Springer.
Fydrich, T. & Sommer, G. (2003). Diagnostik sozialer Unterstützung. In: M. Jerusalem & H. Weber (Hrsg.), *Psychische Gesundheitsförderung* (S. 79–104). Göttingen: Hogrefe.
Glaser, B. & Strauss, A. (1967): *The Discovery of Grounded Theory.* Chicago: Aldine.
Gräsel, C., Fussangel, K. & Pröbstel, C. (2006). Lehrkräfte zur Kooperation anregen – eine Aufgabe für Sisyphos? *Zeitschrift für Pädagogik, 52*, 205–219.
Groeben, N. (1988). Explikation des Konstrukts „Subjektive Theorie". In: N. Groeben, D. Wahl, J. Schlee & B. Scheele (Hrsg.), *Das Forschungsprogramm Subjektive Theorie: eine Einführung in die Psychologie des reflexiven Subjekts* (S. 17–23). Tübingen: Francke.
Groeben, N. (1988a). Fragen, Einwände, Antworten. In: N. Groeben, D. Wahl, J. Schlee & B. Scheele (Hrsg.), *Das Forschungsprogramm Subjektive Theorie: eine Einführung in die Psychologie des reflexiven Subjekts* (S. 206–253). Tübingen: Francke.
Groeben, N., Wahl, D., Schlee, J. & Scheele,B. (Hrsg.) (1988). *Das Forschungsprogramm Subjektive Theorie: eine Einführung in die Psychologie des reflexiven Subjekts.* Tübingen: Francke.
Halbheer, U. & Kunz, A. (2011). *Kooperation von Lehrpersonen an Gymnasien. Eine qualitative und quantitative Analyse der Wahrnehmung von Lehrpersonen aus schul- und governancetheoretischer Perspektive.* Wiesbaden: VS-Verlag.
Hasselhorn, H.-W. & Nübling, M. (2004). Arbeitsbedingte psychische Erschöpfung bei Erwerbstätigen in Deutschland. *Arbeitsmedizin, Sozialmedizin, Umweltmedizin, 39*, 568–576.
Hattie, J. (2009). *Visible Learning: A synthesis of over 800 meta-analyses relating to achievement.* London: Routledge.
Helfferich, C. (1994). Zwang von Natur und Gesellschaft: Alltagsbilder vom Körper aus Sicht der Frauen. In: I. Vogt & M. Bormann (Hrsg.), *Frauenkörper. Lust und Last* (S. 9–37). Tübingen: DGVT.
Helsper, W. (1996). Antinomien des Lehrerhandelns in modernisierten pädagogischen Kulturen. Paradoxe Verwendungsweisen von Autonomie und Selbstverantwortlichkeit. In: A. Combe & W. Helsper (Hrsg.), *Pädagogische Professionalität. Untersuchungen zum Typus pädagogischen Handelns* (S. 521–569). Frankfurt a. M.: Suhrkamp.
Helsper, W. (2000). Antinomien des Lehrerhandelns und die Bedeutung der Fallrekonstruktion – Überlegungen zu einer Professionalisierung im Rahmen universitärer Lehrerbildung. In: E. Cloer, D. Klika & H. Kunert (Hrsg.), *Welche Lehrer braucht das Land? Notwendige und mögliche Reformen der Lehrerbildung* (S. 142–177). Weinheim, München: Juventa.
Herzog, S. (2007). *Beanspruchung und Bewältigung im Lehrerberuf.* Münster: Waxmann.
Hintze, K. (2013). *Entwicklung und Ausbildung des Gesundheitsbegriffs im Grundschulalter. Gesundheitsbildung nach der Lehr-Lernstrategie des Aufsteigens vom Abstrakten zum Konkreten.* Berlin: Lehmanns.
Hobfoll, S. E. (1989). Conservation of resources: A new attempt at conceptualizing stress. *American Psychologist, 44*, 513–524.
Hofer, M. (1986). *Sozialpsychologie erzieherischen Handelns.* Göttingen: Hogrefe.
Huber, S.G. & Ahlgrimm, F. (2012). Zu diesem Buch. In: S.G. Huber & F. Ahlgrimm (Hrsg.), *Kooperation: Aktuelle Forschung zur Kooperation in und zwischen Schulen sowie mit anderen Partnern* (S. 7–16). Münster: Waxmann.

Hunt, S.M. & Macleod, M. (1987). Health and behavioral change: Some lay perspectives. *Community Medicine, 9,* 68–76.

Hurrelmann, K. (2006). *Gesundheitssoziologie. Eine Einführung in sozialwissenschaftliche Theorien von Krankheitsprävention und Gesundheitsförderung.* Weinheim: Juventa.

Idel, T.-S., Ullrich, H. & Baum, E. (2012). Kollegialität und Kooperation in der Schule – Zur Einleitung in diesem Band. In: E. Baum ,T.-S. Idel & H. Ullrich (Hrsg.), *Kollegialität und Kooperation in der Schule. Theoretische Konzepte und empirische Befunde* (S. 9–25). Wiesbaden: Springer VS.

Kammermeyer, G. (2000). *Schulfähigkeit. Kriterien und diagnostische/prognostische Kompetenz von Lehrerinnen, Lehrern und Erzieherinnen.* Bad Heilbrunn: Klinkhardt.

Kelle, U. & Kluge, S. (2010): .*Vom Einzelfall zum Typus. Fallvergleich und Fallkontrastierung in der qualitativen Sozialforschung.* Wiesbaden: VS Verlag.

Kelchtermans, G. (2006): Teacher collaboration and collegiality as workplace conditions. A review. *Zeitschrift für Pädagogik, 52(2),* 220–237.

Keller-Schneider, M. & Albisser, S. (2013). Kooperation von Lehrpersonen und die Bedeutung von individuellen und kollektiven Ressourcen. In: M. Keller-Schneider, S. Albisser & J. Wissinger (Hrsg.), *Professionalität und Kooperation in Schulen. Beiträge zur Diskussion über Schulqualität* (S. 33–56). Bad Heilbrunn: Julius Klinkhardt.

Kiel, E. (2009). Klassenführung. In: H. J. Apel, & W. Sacher (Hrsg.), *Studienbuch Schulpädagogik* (S. 337–354). Bad Heilbrunn: UTB.

Kindermann, K. & Riegel, U. (2016). *Subjektive Theorien von Lehrpersonen. Variationen und methodische Modifikationen eines Forschungsprogramms.* Forum Qualitative Sozialforschung. Forum: Qualitative Social Research, 17(2), Art. 1. https://www.qualitative-research.net/index.php/fqs/rt/printerFriendly/2486/3970 [28.07.2019].

Kindermann, K. (2017). *Die Welt als Klassenzimmer: Subjektive Theorien von Lehrkräften über außerschulisches Lernen.* Bielefeld: transcribt.

Kircher, V. (2016). *Wirtschaftsunterricht aus der Sicht von Lehrpersonen: eine qualitative Studie zu fachdidaktischen teachers' beliefs in der ökonomischen Bildung.* Wiesbaden: Springer VS.

Klauer, T. (2009). Soziale Unterstützung. In: J. Bengel & M. Jerusalem (Hrsg.), *Handbuch der Gesundheitspsychologie und Medizinischen Psychologie* (S. 80–85). Göttingen: Hogrefe.

Klesse, R., Sonntag, U., Brinkmann, M. & Maschewski-Schneider, U. (1992). *Gesundheitshandeln von Frauen. Leben zwischen Selbst-Losigkeit und Selbst-Bewußtsein.* Frankfurt a. M.: Campus.

Klieme, E., Eichler, W., Helmke, A., Lehmann, R. H., Nold, G., Rolff, H.-G., Schröder, K., Thomé, G. & Willenberg, H. (2006). *Unterricht und Kompetenzerwerb in Deutsch und Englisch. Zentrale Befunde der Studie Deutsch-Englisch-Schülerleistungen-International (DESI).* Frankfurt am Main: Deutsches Institut für Internationale Pädagogische Forschung.

Klusmann, U. (2011). Allgemeine berufliche Motivation und Selbstregulation. In: M. Kunter, J. Baumer, W. Blum, U. Klusmann, S. Krauss & M. Neubrand (Hrsg.), *Professionelle Kompetenz von Lehrkräften. Ergebnisse des Forschungsprogramms COACTIV* (S. 277–294). Münster/New York/München/Berlin: Waxmann.

KMK (Sekretariat der Ständigen Konferenz der Kultusminister der Länder in der Bundesrepublik Deutschland) (Hrsg.) (2004). *Standards für die Lehrerbildung: Bildungswissenschaften.* https://www.kmk.org/fileadmin/veroeffentlichungen_beschluesse/2004/2004_12_16-Standards-Lehrerbildung.pdf [03.05.2019].

Knight Wegenstein AG (1973). *Die Arbeitszeit der Lehrer in der Bundesrepublik Deutschland.* Zürich: Knight Wegenstein.

Koch-Priewe, B. (1986). *Subjektive didaktische Theorien von Lehrern.* Frankfurt a. Main: Haag und Herchen.

Köker, A. (2013). Das Autonomiebedürfnis von Lehrer/innen als Kooperationshindernis – ein Mythos? In: M. Keller-Schneider, S. Albisser & J. Wissinger (Hrsg.), *Professionalität und Kooperation in Schulen. Beiträge zur Diskussion über Schulqualität* (S. 152–166). Bad Heilbrunn: Verlag Julius Klinkhard.

König, E. (2002). Qualitative Forschung im Bereich subjektiver Theorien. In: E. König & P. Zedler (Hrsg.), *Qualitative Forschung* (S. 55–70). Weinheim: Beltz.

Kramis-Aebischer, K. (1995). *Stress, Belastung und Belastungsverarbeitung im Lehrberuf.* Bern: Paul Haupt.

Krause, A. (2002). *Psychische Belastungen im Unterricht – Ein aufgabenbezogener Untersuchungsansatz. Analyse der Tätigkeit von Lehrerinnen und Lehrern.* Dissertation, Universität Flensburg.

Krause, A., Dorsemagen, C. & Baeriswyl, S. (2013). Zur Arbeitssituation von Lehrerinnen und Lehrern: Ein Einstieg in die Lehrerbelastungs- und -gesundheitsforschung. In: M. Rothland (Hrsg.), *Belastung und Beanspruchung im Lehrerberuf, Wiesbaden. Modelle, Befunde, Interventionen* (S. 61–80). Wiesbaden: Springer.

Ksienzyk, B. & Schaarschmidt, U. (2005). Beanspruchungen und schulische Arbeitsbedingungen. In: U. Schaarschmidt (Hrsg.), *Halbtagsjobber? Psychische Gesundheit im Lehrerberuf – Analyse eines veränderungsbedürftigen Zustandes* (S. 72–86). Weinheim: Beltz.

Kuckarzt, U. (2012). *Qualitative Inhaltsanalyse. Methoden, Praxis, Computerunterstützung.* Weinheim: Beltz Juventa.

Kuckartz, U. (2016). Typenbildung und typenbildende Inhaltsanalyse in der empirischen Sozialforschung. In: M. Schnell, C. Schulz, U. Kuckartz & C. Dunger (Hrsg.), *Junge Menschen sprechen mit sterbenden Menschen. Eine Typologie* (S. 31–53). Wiesbaden: Springer V.S.

Kuhlmann, E. & Kolip, P. (1998). „…Lust und Freude am Leben“. Gesundheitsvorstellungen von Professorinnen und Professoren. In: U. Flick, (Hrsg.), *Wann fühlen wir uns gesund? Subjektive Vorstellungen von Gesundheit und Krankheit* (S. 105–118). Weinheim: Juventa.

Kullmann, H. (2010). *Lehrerkooperation. Ausprägung und Wirkung am Beispiel des naturwissenschaftlichen Unterrichts an Gymnasien.* Münster: Waxmann.

Kullmann, H. (2012). Erwünschte Charakteristika von Partner/-innen für Lehrerkooperation. Eine empirische Analyse anhand der Selbstbestimmungstheorie der Motivation. In: E. Baum, T.-S. Idel & H. Ullrich (Hrsg.), *Kollegialität und Kooperation in der Schule. Theoretische Konzepte und empirische Befunde* (S. 77–89). Wiesbaden: Springer VS.

Kunter, M. & Baumert, J. (2011): Das Kompetenzmodell von COACTIV. In: M. Kunter, J. Baumert, W. Blum, U. Klusmann, S. Krauss & M. Neubrand (Hrsg.): *Professionelle Kompetenz von Lehrkräften: Ergebnisse des Forschungsprogramms COACTIV* (S. 29–54). Münster/New York/München/Berlin: Waxmann.

Kunter, M , Baumert, J. , Blum, W. , Klusmann, U., Krauss, S. & Neubrand, M. (Hrsg.) (2011). *Professionelle Kompetenz von Lehrkräften. Ergebnisse des Forschungsprogramms COACTIV*. Münster/New York/München/Berlin: Waxmann.

Kunze, I. (2004). *Konzepte von Deutschunterricht: Eine Studie zu individuellen didaktischen Theorien von Lehrerinnen und Lehrern.* Wiesbaden: VS Verlag für Sozialwissenschaften.

Kurz A., Stockhammer C., Fuchs S. &Meinhard D. (2009). Das problemzentrierte Interview. In: R. Buber & H.H. Holzmüller (Hrsg.), *Qualitative Marktforschung* (S. 463–476). Wiesbaden: Gabler.

Kyriacou, C. (2001). Teacher stress: Directions for future research. *Educational Review, 53,* 27–35.

Kyriacou, C. & Sutcliffe, J. (1978). A model of teacher stress. *Educational Studies, 4,* 1–6.

Laireiter, A. (1993). Begriffe und Methoden der Netzwerk- und Unterstützungsforschung. In: A. Laireiter (Hrsg.), *Soziales Netzwerk und soziale Unterstützung. Konzepte, Methoden und Befunde* (S. 15–44). Bern: Huber.

Lamnek, S. (2002). Qualitative Interviews. In: E. König & P. Zedler (Hrsg.), *Qualitative Forschung* (S. 157–194). Weinheim & Basel: Beltz.

Lamnek, S. (2010). *Qualitative Sozialforschung.* Weinheim & Basel: Beltz.

Lang, S. & Ruesch Schweizer, C. (2020). *Idealtypische subjektive Theorien – eine theoretisch fundierte Konkretisierung der Kombination von zusammenfassender qualitativer Inhaltsanalyse und empirisch begründeter Typenbildung.* Forum Qualitative Sozialforschung/Forum: Qualitative Social Research, 21(1), Art. 18. https://doi.org/10.17169/fqs21.1.3433. [25.02.2020].

Lantermann, E-D., Döring-Seipel, E., Eierdanz, F. & Gerhold, L. (2009). *Selbstsorge in unsicheren Zeiten – Resignieren oder Gestalten.* Weinheim: Beltz PVU.

Lazarus, R. (1966). *Psychological stress and the coping process.* New York: McGraw-Hill.

Lazarus, R. S. & Folkman, S. (1984). *Stress, appraisal, and coping.* New York: Springer.

Lehner-Hartmann, A. (2014). *Religiöses Lernen: Subjektive Theorien von ReligionslehrerInnen.* Stuttgart: Kohlhammer.

Lehr, D. (2011). Belastung und Beanspruchung im Lehrerberuf in der personenbezogenen Forschung. Gesundheitliche Situation und Evidenz für Risikofaktoren. In E. Terhart, H. Bennewitz, M. Rothland (Hrsg.), *Handbuch der Forschung zum Lehrerberuf* (S. 757–773). Münster: Waxmann.

Lettke, F., Eirmbter, W.H., Hahn, A., Hennes, C. & Jacob, R. (1999). *Krankheit und Gesellschaft. Zur Bedeutung von Krankheitsbildern und Gesundheitsvorstellungen für die Prävention.* Konstanz: UVK.

Leuchter, M., Pauli, C., Reusser, K. & Lipowsky, F. (2006). Unterrichtsbezogene Überzeugungen und handlungsleitende Kognitionen von Lehrpersonen. *Zeitschrift für Erziehungswissenschaft, 9,* 562–579.

Lloyd, L.S. (2008). Health Beliefs. In: S.J Loue & M. Sajatovic (Hrsg.), *Encyclopedia of Aging and Public Health.* (S. 410–411). Boston: Springer.

Lortie, D.C. (1972). Team Teaching: Versuch der Beschreibung einer zukünftigen Schule. In: H.W. Dechert (Hrsg.), *Team teaching in der Schule* (37–76.). München: Piper.

Ludwig, C. (2009). Subjektive Gesundheitstheorien von Lehrern. In: K. Wüstner (Hrsg.), *Sozioökonomische Arbeitsforschung.* München: Rainer Hampp.

Lyons, A. (2000). Examining media representations: benefits for health psychology. *Journal of Health Psychology, 5,* 349–358.

Majer, S. (2008). *Verhaltensauffälligkeiten und Konzentrationsstörungen im Grundschulalter: subjektive Theorien von Lehrkräften.* Hamburg: Dr. Kovac.

Mandl, H. & Huber, G. (1982). Subjektive Theorien von Lehrern. In: Deutsches Institut für Fernstudien an der Universität Tübingen (Hrsg.), *Forschungsbericht 18.*
Maschewsky-Schneider, U. (1998). Frauen leben länger als Männer. Sind sie auch gesünder? In: U. Flick, (Hrsg.), *Wann fühlen wir uns gesund? Subjektive Vorstellungen von Gesundheit und Krankheit* (S. 129–138). Weinheim & Basel: Juventa.
Maslach, C. & Jackson, S. E. (1984). Burnout in Organizational Settings. In: S. Oskamp (Hrsg.), *Applied Social Psychology Annual: Applications in Organizational Settings (Vol.5)* (S. 133–153). Beverly Hills, CA: Sage.
Maslach, C. & Leiter, M. (2001) *Die Wahrheit über Burnout: Stress am Arbeitsplatz und was Sie dagegen tun können.* Wien: Springer.
Maslach, C. (2003). *The Cost of Caring.* Cambridge: Malor Books.
Mattes, P. (1991). Gesundheit und Krankheit im internationalen Vergleich: Einstellungen in Großbritannien und der Bundesrepublik. In: U. Flick (Hrsg.), *Alltagswissen über Gesundheit und Krankheit. Subjektive Theorien und soziale Repräsentationen* (S. 87–89). Heidelberg: Asanger.
Mayring, P., König, J., Birk, N. & Hurst, A. (2000). *Opfer der Einheit: eine Studie zur Lehrerarbeitslosigkeit in den neuen Bundesländern.* Opladen: Leske & Budrich.
Mayring, P. (2010). *Qualitative Inhaltsanalyse: Grundlagen und Techniken.* Weinheim: Beltz.
Mayring, P. & Brunner, E. (2010). Qualitative Inhaltsanalyse. In: B. Friebertshäuser, A. Langer & A. Prengel (Hrsg.), *Handbuch Qualitative Forschungsmethoden in der Erziehungswissenschaft* (S. 323–334). Weinheim: Juventa.
Mayring, P. (2016). *Einführung in die qualitative Sozialforschung. Eine Anleitung zum qualitativen Denken.* Weinheim: Beltz.
Mädler, I. (2007). Ein Weg zur gegenstandbezogenen Theoriebildung: Grounded Theory. In: A. Dinter, H.G. Heimbrock & K. Söderblom (Hrsg.), *Einführung in die empirische Theologie* (S. 242–253). Göttingen: Vandenhoek & Ruprecht.
Mehring, L. (2009). *Subjektive Theorien von Lehrenden zu erlebten Konflikten im Unterricht und der Umgang damit.* Bochum: Brockmeyer.
Merz-Atalik, K. (2001). *Interkulturelle Pädagogik in Integrationsklassen. Subjektive Theorien von Lehrern im gemeinsamen Unterricht von Kindern mit und ohne Behinderung.* Opladen: Leske & Budrich.
Metzger, M. (2006). *Subjektive Theorien über Lernschwierigkeiten.* Dissertation, Universität Zürich.
Meuser, M. & Nagel, U. (1991): ExpertInneninterviews – vielfach erprobt, wenig bedacht: ein Beitrag zur qualitativen Methodendiskussion. In: D. Garz & K. Kraimer (Hrsg.), *Qualitativ-empirische Sozialforschung: Konzepte, Methoden, Analysen.* Opladen: Westdt. Verlag. https://nbn-resolving.org/urn:nbn:de:0168-ssoar-24025 [20.07.2019].
Michalik, T. & Walter, U. (2015): Spätaussiedler und Gesundheitskonzepte im Alter – was wissen wir? *Public Health Forum, 23,* 88–90.
Millstein, S.G. & Irwin Jr., C.E. (1987). Concepts of health and illness: Different constructs or variations on a theme? *Health Psychology, 6,* 515–524.
Moscovici, S. (1976). *La Psychanalyse, son image et son public.* Paris: Presse Universitaire Francaise.
Müller, C. T. (2003). *Subjektive Theorien und handlungsleitende Kognitionen von Lehrern als Determinanten schulischer Lehr-Lern-Prozesse im Physikunterricht.* Berlin: Logos.

Nieskens, B., Rupprecht, S. & Erbring. S. (2012). Was hält Lehrkräfte gesund? Ergebnisse der Gesundheitsforschung für Lehrkräfte und Schulen. In: DAK-Gesundheit & Unfallkasse NRW (Hrsg.), *Handbuch Lehrergesundheit – Impulse für die Entwicklung guter gesunder Schulen* (S. 41–96). Köln: Carl Link.

Nübling, M., Vomstein, M., Haug, A., Nübling, T., Stößel, U., Hasselhorn, HM., Hofmann, F., Neuner, R., Wirtz, M. & Krause, A. (2012). *Personenbezogene Gefährdungsbeurteilung an öffentlichen Schulen in Baden-Württemberg – Erhebung psychosozialer Faktoren bei der Arbeit.* Freiburg. https://www.praevention-schule-bw.de/fileadmin/media/Dokumente/Personenbezogen/Abschlussbericht_FFAS.pdf [08.08.2019].

Obliers, R. & Vogel, G.(1992). Zusammenfassung Subjektiver Theorien: Zur Integration von Ideographik und Nomothetik. In: B. Scheele (Hrsg.), *Struktur-Lege-Verfahren als Dialog-Konsens-Methodik* (S. 296–332). Münster: Aschendorf.

OECD. (2018). *Effective Teacher Policies, Insights from PISA.* Paris: PISA, OECD Publishing.

Oesterreich, D. (1988). *Lehrerkooperation und Lehrersozialisation.* Weinheim: Deutscher Studien Verlag.

Oesterreich, R. (2008). Konstrukte und Methoden in der Forschung zur Lehrerbelastung. In: A. Krause, H. Schüpbach, E. Ulich & M. Wülser (Hrsg.), *Arbeitsort Schule. Organisations- und arbeitspsychologische Perspektiven* (S. 49–74). Wiesbaden: Gabler.

Ondracek, P. (2006). Bewältigung von Belastung. In: N. Rückert, P. Ondracek & L. Romanenkova (Hrsg.), *Leib und Seele: Salutogenese und Pathogenese* (S. 53–60). Berlin: Frank & Timme.

Oser, F. & Oelkers, J. (2001) (Hrsg.). *Die Wirksamkeit der Lehrerbildungssysteme: Von der Allrounderbildung zur Ausbildung professioneller Standards.* Chur: Rüegger.

Pajares, M. (1992). Teachers' beliefs and Educational Research: Cleaning Up a Messy Construct. *Review of Educational Research, 3,* 307–332. https://doi.org/10.3102/00346543062003307 [20.02.2017].

Palmer, B. B. (2015). Concepts of Mental Health in Malaysia. *International Journal of Mental Health, 44,* 253–258.

Parsons, T. (1967). Definitionen von Gesundheit und Krankheit im Lichte der Wertbegriffe und der sozialen Struktur Amerikas. In: A. Mitscherlich, T. Brocher, O. von Mering & K. Horn (Hrsg.), *Der Kranke in der modernen Gesellschaft* (S. 57–87). Köln: Kiepenheuer & Witsch.

Paulus, P. (2013). Mit Gesundheit gute Schule entwickeln: Zum Verhältnis von Gesundheit, Bildung und Schule. *Pädagogik, 6,* 6–9.

Peacock-Chambers, E. & Silverstein, M. (2017). Health Beliefs and the Developmental Treatment Cascade. *Pediatrics, 5,* e20172787.

Pfeifer, M. & Bergmann, K. (2008). Die Entwicklung von Arbeitszeit, Kooperation und Schülerlernen in neuen Arbeitszeitstrukturen: Befunde einer empirischen Längsschnittuntersuchung an Ganztagesschulen. In: E. Lankes. (Hrsg.), *Pädagogische Professionalität als Gegenstand empirischer Forschung* (S. 291–302). Münster: Waxmann.

Pierce, M.B. & Molloy, G.N. (1990). Psychological und biographical differences between secondary school teachers experiencing high and low levels of burnout. *British Journal of Educational Psychology,* 37–51.

Pierret, J. (1988). What social groups think they can do about health. In: S. Anderson, J.K. Davies, J. Kickbusch, D. V. McQueen & J. Turner (Hrsg.), *Health behaviour, research and promotion* (S. 45–52). Oxford: Oxford University Press.

Pill, R. & Stott, N.C.H. (1986). Looking after themselves: Health protective behavior among British working class women. *Health Education Research, 1*, 111–119.

Plugge, E., Douglas, N. & Fitzpatrick, R. (2008). Imprisoned Women's Concepts of Health and Illness: The Implications for Policy on Patient and Public Involvement in Healthcare. *Journal of Public Health Policy, 29*, 424–439.

Pohlmann, S. (2009). *Der Übergang am Ende der Grundschulzeit. Zur Formation der Übergangsempfehlung aus der Sicht der Lehrkräfte.* Münster. Waxmann.

Prenzel, M., Baumert, J., Blum, W., Lehmann, R., Leutner, D., Neubrand, M., Pekrun, R., Rolff, H.G., Rost, J. & Schiefele, U. (Hrsg.) (2004). *PISA 2003. Der Bildungsstand der Jugendlichen in Deutschland – Ergebnisse des zweiten internationalen Vergleichs.* Münster: Waxmann. file:///D:/Pro%20Vorhaben%202018/Literatur/PISA_BandI_Erge.pdf [04.08.2019].

Preussner, C.J. (2004). Von der schulischen Belastung zum Symptom: psychosomatische Konzepte und deren neuroendokrinologischen Korrelate bei Lehrkräften. In: A. Hillert & E. Schmitz (Hrsg.), *Psychosomatische Erkrankungen bei Lehrerinnen und Lehrern: Ursachen, Folgen, Lösungen* (S. 82–93). Stuttgart: Schattauer.

Pröbstel, C. & Soltau, A. (2012): Wieso Lehrkräfte (nicht) kooperieren – Die Bedeutung „personaler Faktoren" in der Zusammenarbeit am Arbeitsplatz Schule. In: E. Baum, T. S. Idel & H. Ullrich (Hrsg.), *Kollegialität und Kooperation in der Schule. Theoretische Konzepte und empirische Befunde* (S. 55–75). Wiesbaden: Springer VS.

Przyborski, A. & Wohlrab-Saar, M. (2014). *Qualitative Sozialforschung: Ein Arbeitsbuch.* München: Oldenbourg.

Pschyrembel, W. (2007). *Pschyrembel Klinisches Wörterbuch.* Berlin: Walter de Gruyter.

Raithelhuber, E. (2011). *Übergänge und Agency: Eine sozialtheoretische Reflexion des Lebenslaufkonzepts.* Opladen: Budrich.

Ramsenthaler, C. (2013): Was ist „Qualitative Inhaltsanalyse?". In: M. Schnell, C. Schulz, H. Kolbe & C. Dunger (Hrsg.)*: Der Patient am Lebensende: Eine Qualitative Inhaltsanalyse* (S .23–43). Wiesbaden: Springer.

Raths, J. (2003) (Hrsg.). *Teacher Beliefs and Classroom Performance: The Impact of Teacher Education.* Greenwich: Information Age Publishing.

Rimm-Kaufman, S. E., Storm, M. D., Sawyer, B. E., Pianta, R. C. & LaParo, K. M. (2006). The Teacher Belief Q-Sort: A measure of teachers' priorities in relation to disciplinary practices, teaching practices, and beliefs about children. *Journal of School Psychology, 44*, 141–165.

Robinson, G. & McCluskey, D. (1992). *Health conceptions of women and men.* Leipzig: Vortrag auf der 6th European Psychology Society Conference.

Rolff, H.-G. (1980). *Soziologie der Schulreform.* Weinheim: Beltz.

Röhrle, B. (1994). *Soziale Netzwerke und soziale Unterstützung.* Weinheim: Psychologische Verlagsunion.

Rothland, M. (2012). Lehrerbildung und Lehrerkooperation. Programmatik, Ausbildungsrealität und Befunde zu den Voraussetzungen von Lehramtsstudierenden für die kollegiale Zusammenarbeit im Beruf. In: E. Baum, T.-S. Idel & H. Ullrich (Hrsg.), *Kollegialität und Kooperation in der Schule. Theoretische Konzepte und empirische Befunde* (S. 191–204). Wiesbaden: Springer VS.

Rothland, M. (2013). Belastung und Beanspruchung im Lehrerberuf und die Modellierung professioneller Kompetenz von Lehrerinnen und Lehrern. In: M. Rothland (Hrsg.); *Belastung und Beanspruchung im Lehrerberuf: Modelle, Befunde, Interventionen* (S. 2–20): Wiesbaden: Springer.

Rothland, M. (2013a). Soziale Unterstützung. Bedeutung und Bedingungen im Lehrerberuf. In: M. Rothland (Hrsg.), *Belastung und Beanspruchung im Lehrerberuf: Modelle, Befunde. Interventionen* (S. 231–250). Wiesbaden: Springer.

Rudow, B. (1994). *Die Arbeit des Lehrers: Zur Psychologie der Lehrertätigkeit, Lehrerbelastung und Lehrergesundheit*. Bern: Huber.

Rumpelsberger, K. (2013). *Gesund ist, wer nicht krank ist? Subjektive Gesundheitsvorstellungen oberösterreichischer Hausärzte und ihre gegenwärtige und zukünftige Rolle.* Linz: OÖ Gebietskrankenkasse.

Russel, D.W., Altmaier, E. & vanVelzen, D. (1987). Job-related stress, social support, and burnout among classroom teachers. *Journal of Applied Psychology, 72*, 269–274.

Schaarschmidt, U. (2000). Psychische Gesundheit und Motivation bei Lehrkräften. In: D. Smolka (Hrsg.), *Motivation und Mitarbeiterführung in der Schule. Empfehlungen für die Schulpraxis* (S. 187–197). Neuwied: Luchterhand.

Schaarschmidt, U. (2004). Die Beanspruchungssituation von Lehrern aus differentialpsychologischer Perspektive. In: A. Hillert, & E. Schmitz (Hrsg.), *Psychosomatische Erkrankungen bei Lehrerinnen und Lehrern* (S. 97–112). Stuttgart: Schattauer.

Schaarschmidt, U. (Hrsg.) (2005). *Halbtagsjobber? Psychische Gesundheit im Lehrerberuf – Analyse eines veränderungsbedürftigen Zustandes*. Weinheim: Beltz.

Schaarschmidt, U. (2005a). Potsdamer Lehrerstudie – Anliegen und Konzept. In: U. Schaarschmidt (Hrsg.), *Halbtagsjobber? Psychische Gesundheit im Lehrerberuf – Analyse eines veränderungsbedürftigen Zustandes* (S. 15–40). Weinheim: Beltz.

Schaarschmidt, U. (2005b). Situationsanalyse. In: *Halbtagsjobber? Psychische Gesundheit im Lehrerberuf – Analyse eines veränderungsbedürftigen Zustandes* (S. 41–71). Weinheim: Beltz.

Schaarschmidt, U., Kieschke, U. & Fischer, A.W. (2017). *Lehrereignung*. Stuttgart: Kohlhammer.

Scherr, A. (2013): Agency – ein Theorie- und Forschungsprogramm für die Soziale Arbeit? In: G. Graßhoff (Hrsg.), *Adressaten, Nutzer, Agency. Akteursbezogene Forschungsperspektiven in der Sozialen Arbeit* (S. 229–242). Wiesbaden: Springer.

Scheunpflug, A. (2001). *Evolutionäre Didaktik. Unterricht aus system- und evolutionstheoretischer Perspektive*. Weinheim: Beltz.

Schlee, J. (1988). Forschungsstruktur: Dialog-Konsens und Falsifikation. In: N. Groeben, D. Wahl, J. Schlee & B. Scheele (1988). *Das Forschungsprogramm Subjektive Theorie: eine Einführung in die Psychologie des reflexiven Subjekts* (S. 24–29). Tübingen: Francke.

Schmidt, L.R. (1998). Zur Dimensionalität von Gesundheit (und Krankheit). *Zeitschrift für Gesundheitspsychologie*, 6, 161–178.

Schmidt, L.R. & Fröhling, H. (1998). Gesundheits- und Krankheitsvorstellungen von Kindern und Jugendlichen. In: U. Flick (Hrsg.), *Wann fühlen wir uns gesund? Subjektive Vorstellungen von Gesundheit und Krankheit* (S. 33–44). Weinheim: Juventa.

Schmidt-Hertha, B. & Tippelt, R. (2011). Typologien. *REPORT Zeitschrift für Weiterbildungsforschung, 1*, 23–35. https://www.die-bonn.de/id/9185 [29.07.2019].

Schmitt, S. (2011). *Subjektive Gesundheitskonzepte und Gesundheitsförderung im Alter. Eine Analyse gesundheitsbezogener Bedürfnisse von Bewohnern/innen stationärer Altenpflegeeinrichtungen und ihre Relevanz für pflegerische Interventionen.* Dissertation, Universität Bremen.

Schmitz, G.S. (2000). *Zur Struktur und Dynamik der Selbstwirksamkeitserwartung von Lehrern. Ein protektiver Faktor gegen Belastung und Burnout?,* Dissertation, Freie Universität Berlin. https://refubium.fu-berlin.de/handle/fub188/12208 [23.09.2017].

Schmitz, G.S. & Schwarzer, R. (2002). Individuelle und kollektive Selbstwirksamkeitserwartung von Lehrern. In: M. Jerusalem & D. Hopf (Hrsg.), Selbstwirksamkeits- und Motivationsprozesse in Bildungsinstitutionen. *Zeitschrift für Pädagogik, 44 Beiheft,* 192–214. https://www.pedocs.de/volltexte/2011/3936/pdf/ZfPaed_44_Beiheft_Schmitz_Schwarzer_Individuelle_und_kollektive_Selbstwirksamkeitserwartung_D_A.pdf [04.08.2019].

Schneider, S. (2014). *Salutogene Führung: Die Kunst der gesunden Schulleitung.* Köln: Carl Link.

Schnell, A. (2016). *Subjektive Gesundheit im Nachwuchsleistungssport.* Dissertation, Universität Tübingen.

Schönwälder, H., Berndt, J., Ströver, F.& Tiesler, G. (2003). *Belastung und Beanspruchung von Lehrerinnen und Lehrern.* Dortmund: Wirtschaftsverlag NW.

Schopenhauer, A. (1956). *Aphorismen zur Lebensweisheit.* Stuttgart: Kröner.

Schulze, C & Welters, L. (1998). Geschlechts- und altersspezifisches Gesundheitsverständnis. In: U. Flick (Hrsg.), *Wann fühlen wir uns gesund? Subjektive Vorstellungen von Gesundheit und Krankheit* (S. 88–104). Weinheim: Juventa.

Schröder, A. (2008). *Dienstfähigkeit im Lehrberuf. Ermittlung von Risiko- und Protektivfaktoren in einer vergleichenden Studie von dienstfähigen und dienstunfähigen Lehrerinnen und Lehrern in Hamburg.* Saarbrücken: VDM Verlag Dr. Müller.

Schweer, M. & Thies, B. (2000). Situationswahrnehmung und interpersonales Verhalten im Klassenzimmer. In: M. Schweer (Hrsg.), *Lehrer-Schüler-Interaktion. Pädagogisch-psychologische Aspekte des Lehrens und Lernens in der Schule* (S. 59–78). Opladen: Leske & Budrich.

Sharp, J. & Forman,S. (1985). A comparison of two approaches to anxiety management for teachers. *Behaviour Therapy, 16,* 370–383.

Shinn, M., Wong, N.W., Simko, P.A. & Ortiz-Torres, B. (1989). Promoting the wellbeing of working parents: Coping, social support, and flexible job schedules. *American Journal of Community Psychology, 17,* 31–55.

Skott, J. (2015). The Promises, Problems, and Prospects of Research on Teachers' Beliefs. In: H. Fives & G. Gregoire (Hrsg.), *International Handbook of Research on Teachers' Beliefs* (S. 13–30). New York: Taylor & Francis.

Sek, H., Scigala, I., Pasikowski, T., Beisert, M.& Bleja, A. (1992). *Subjective health concepts of Polish people. Personal and societal determinants.* Paper presented at the 5th European Health Psychology Conference, Leipzig, 25.–28.1992.

Seidlein, A.H., Buchholz, I., Buchholz, M. & Salloch, S. (2019). Concepts of health in long-term home care: An empirical-ethical exploration. *Nursing Ethics*, 1–14.

Soltau, A., Berthe, S. & Mienert, M. (2012). Das Autonomie-Paritäts-Muster. Der Lehrer im Spannungsfeld von kollegialer Norm und Entwicklungsanspruch. In: S.G.Huber & F.

Ahlgrimm (Hrsg.), *Kooperation. Aktuelle Forschung zur Kooperation in und zwischen Schulen sowie mit anderen Partnern* (S. 89–102). Münster: Waxmann.

Sosnowsky-Waschek, N. (2013). Burnout – Kritische Diskussion eines vielseitigen Phänomens. In: M. Rothland (Hrsg.), *Belastung und Beanspruchung im Lehrerberuf. Modelle, Befunde, Interventionen* (S. 117–135). Wiesbaden: Springer VS.

Staub, F. & Stern, E. (2002). The nature of teachers' pedagogical content beliefs matters for students´achievement gains: quasi – experimental evidence from elemantary mathematics. *The journal of educational psychology, 94,* 344–355

Steinert, B. & Klieme, E. (2003). *Levels of teacher cooperation as levels of school development: A criterion-referenced approachto school evaluation.* Paper presented at the European Conference on Educational Research, Hamburg.

Steinert, B., Klieme, E., Maag Merki, K., Döbrich, P., Halbheer, U. & Kunz, A. (2006). Lehrerkooperation in der Schule: Konzeption, Erfassung, Ergebnisse. *Zeitschrift für Pädagogik, 52,* 185–204.

Stiller, M. (2015). *Belastungen, Ressourcen und Beanspruchungen bei Lehrkräfte.* Bad Heilbrunn: Klinkhardt.

Strittmatter, R. (1995). *Alltagswissen über Gesundheit und gesundheitliche Protektivfaktoren.* Frankfurt a. M. u. a.: Lang.

Syring. M. (2017). *Classroom Management. Theorien, Befunde, Fälle – Hilfen für die Praxis.* Göttingen: Vandenhoek & Ruprecht.

Terhart, E. (2000) (Hrsg.). *Perspektiven der Lehrerbildung in Deutschland. Abschlussbericht der von der Kultusministerkonferenz eingesetzten Kommission.* Weinheim: Beltz.

Travers, C.J. & Cooper, C.L. (1993). Mental health, job satisfaction and occupational stress among UK teachers. *Work and Stress, 7,* 203–219.

Udris, I., Ammann-Mosimann, K., Bösch-Billing, H., Huber, H. & Kunz, F. (1991). *Subjektive theories of health and stress.* Referat an der 5th European Health Psychology Society Conference/Congress of the Swiss Society of Psychology, Lausanne.

Unterbrink, T., Zimmermann, L., Pfeifer, R., Wirsching, M., Brähler, E. & Bauer, J. (2008). Parameters influencing health variables in a sample of 949 German teachers. *International Archives of Occupational and Environmental Health, 82,* 117–123.

van Dick, R. (1999). *Streß und Arbeitszufriedenheit im Lehrerberuf: Eine Analyse von Belastung und Beanspruchung im Kontext sozialpsychologischer, klinisch-psychologischer und organisationspsychologischer Konzepte.* Marburg: Tectum.

van Dick, R. & Stegmann, S. (2013). Belastung, Beanspruchung und Stress im Lehrerberuf – Theorien und Modelle. In: M. Rothland (Hrsg.): *Belastung und Beanspruchung im Lehrerberuf, Wiesbaden. Modelle, Befunde, Interventionen* (S. 43–60). Wiesbaden: Springer.

Vbw – Vereinigung der Bayerischen Wirtschaft e. V. (2014). *Psychische Belastung und Burnout beim Bildungspersonal – Empfehlungen zur Kompetenz- und Organisationsentwicklung.* Münster: Waxmann.

Verres, R. (1998). Gesundheitsforschung und Verantwortung. Gedanken zur Differenzierung und Vertiefung der Rekonstruktion subjektiver Gesundheits- und Krankheitstheorien. In: U. Flick (Hrsg.), *Wann fühlen wir uns gesund? Subjektive Vorstellungen von Gesundheit und Krankheit* (S. 301–313). Weinheim: Juventa.

Versteegen, U. (1988). *Zur Bedeutung des Konzepts der „Lebensweisen" für die Gesundheitspsychologie. Eine empirische Untersuchung zu den Determinanten des Gesundheitsverhaltens 30–50-jähriger Frauen.* Dissertation, Universität Freiburg.

Viebrock, B. (2007). *Bilingualer Erdkundeunterricht: subjektive didaktische Theorien von Lehrerinnen und Lehrern.* Frankfurt a. M.: Lang.

Wagner, R. (2016). *Unterricht aus Sicht der Lehrerinnen und Lehrer: subjektive Theorien zur Unterrichtsgestaltung und ihre Veränderung durch ein Training zu neuen Unterrichtsmethoden.* Bad Heilbrunn: Julius Klinkhardt.

Wahl, D., Schlee, J., Krauth, J. & Mureck, J. (1983): *Naive Verhaltenstheorie von Lehrern. Abschlußbericht eines Forschungsvorhabens zur Rekonstruktion und Validierung Subjektiver psychologischer* Theorien. Oldenburg.

Wahl, D. (1988). Die bisherige Entwicklung des FST. In: N. Groeben, D. Wahl, J. Schlee & B. Scheele (Hrsg.), *Das Forschungsprogramm Subjektive Theorie: eine Einführung in die Psychologie des reflexiven Subjekts* (S. 254–291). Tübingen: Francke.

Weber, A., Weltke, D. & Lederer, P. (2004). Frühinvalidität im Lehrerberuf: Sozial- und arbeitsmedizinische Aspekte. *Deutsches Ärzteblatt, 101,* 850–869.

Weber, M. (1922). *Gesammelte Aufsätze zur Wissenschaftslehre.* Tübingen: Mohr.

Weber, M. (1984): *Soziologische Grundbegriffe.* Tübingen: Mohr.

Weinert, F. E. (2001). Vergleichende Leistungsmessung in Schulen – eine umstrittene Selbstverständlichkeit. In: F.E. Weinert. (Hrsg.), *Leistungsmessungen in Schulen* (S. 17–31). Weinheim: Beltz.

Weinert, F.E. & Helmke, A. Theoretischer Ertrag und praktischer Nutzen der SCHOLASTIK-Studie zur Entwicklung im Grundschulalter. In: F.E. Weinert & A. Helmke (Hrsg.), *Entwicklung im Grundschulalter* (S. 457–474). Weinheim: Beltz.

Wendt, W. (2001). *Belastung von Lehrkräften. Fakten zu Schwerpunkten, Strukturen und Belastungstypen. Eine repräsentative Befragung von Berliner Lehrerinnen und Lehrern.* Landau: Empirische Pädagogik.

Wesselborg, B. (2015). *Lehrergesundheit: eine empirische Studie zu Anforderungen und Ressourcen im Lehrerberuf aus verschiedenen Perspektiven.* Baltmannsweiler: Schneider Hohengehren.

Wilson, T.P. (1973). Theorien der Interaktion und Modelle soziologischer Erklärung. In: Arbeitsgruppe Bielefelder Soziologen (Hrsg.), *Alltagswissen, Interaktion und gesellschaftliche Wirklichkeit. Bd. 1: Symbolischer Interaktionismus und Ethnomethodologie* (S. 54–79). Reinbeck bei Hamburg: Rowohlt.

Winkelmann, C. & Gienke, F. (2007). Schülerbedingte Hindernisse im Unterricht: Eine Beobachtungsstudie zur Lehrerbelastung an berufsbildenden Schulen. *Arbeitsmedizin, Sozialmedizin, Umweltmedizin, 42,* 296–402.

Witzel, A. (1982). *Verfahren der qualitativen Sozialforschung. Überblick und Alternativen.* Frankfurt am Main: Campus.

World Health Organisation (WHO) (1948). *Präambel zur Satzung.* Genf: WHO.

Printed in Poland
by Amazon Fulfillment
Poland Sp. z o.o., Wrocław

92845353R00134